wt*v*-campus

Wir bedanken uns bei

dem Verleger Michael Maaß für die produktive Zusammenarbeit und die spontane Bereitschaft, eine differenzierte Sicht auf die Vergangenheit in die Öffentlichkeit zu bringen,

bei Professor Norbert Frei und dem Jena Center für die unkomplizierte und bedingungslose Hilfe bei der Realisierung dieses Buches,

beim Thüringer Archiv für Zeitgeschichte für die Kooperation,

beim Deutsch-Deutschen Museum Mödlareuth und dem Heimatmuseum Greußen sowie dem Erfurter Stadtarchiv

sowie der Thüringischen Landeszeitung für die freundliche Unterstützung.

wtv-campus im Weimarer Taschenbuch Verlag

Agnès Arp / Annette Leo (Hg.)

Mein Land verschwand so schnell ...

16 Lebensgeschichten und die Wende 1989/90

Bearbeitet von:

Martin Boeck
Kathleen Butz
Tom Fleischhauer
Madeleine Göring
Sandra Hartz
Natalie Elisabeth Helbing
Enrico Hinz
Kathrin Jakob
Sara Köhler
Robin Korb
André Ksionek
Timo Leimbach
Carolin Mittenentzwei
Marleen Poenicke
Nina Schlegel
Michael Schneider

w*t*v-campus

Agnès Arp / Annette Leo (Hg.)

Mein Land verschwand so schnell ...
16 Lebensgeschichten und die Wende 1989/90

ISBN: 978-3-939964-48-3

Alle Rechte, auch die der Übersetzung,
Vervielfältigung und Verbreitung
(ganz oder teilweise) für alle Länder vorbehalten.

© 2009 wtv-campus im Weimarer Taschenbuch Verlag

Weimarer Taschenbuch Verlag in der
Weimarer Verlagsgesellschaft Ltd.
Eduard-Rosenthal-Str. 30, 99423 Weimar
Tel.: +49 3643 4933910
Fax: +49 3643 4933919
info@verlag-weimar.de
www.verlag-weimar.de

Umschlaggestaltung: acdesign / Anja Carrà, Weimar
Layout und Satz: Typelicious Ltd. & Co. KG, Mathias Karge, Berlin

Redaktion und Koordination: Julia Roßberg, Weimar

Endlektorat: Katja Völkel

Dieser Titel ist in „Walbaum" gesetzt als Reminiszenz an den bedeutenden Weimarer Drucker und Schriftsetzer Justus Walbaum.

Titelfoto: Tom Fleischhauer

Gedruckt bei Gutenberg in Weimar / Thüringen

Auf Wunsch der Interviewten wurden einige Namen geändert. Diese sind mit einem * gekennzeichnet.

Inhalt

Vorwort
Sechzehn Variationen einer Zäsur　　　　　　　　　　　　7

Morgen-Land-Fahrt　　　　　　　　　　　　　　　　　　11
Der erste Blick in den Westen

„… da wurde ganz einfach die Fassade weggezogen."　　　21
*Jakob Arnold**

„Für mich war es zu spät."　　　　　　　　　　　　　　31
Ingrid Sittkus

„Ich habe die Leichtigkeit des Seins verloren,
aber meinen eigenen Weg gefunden."　　　　　　　　　　40
*Christine Ott**

„Eins und eins war bei mir drei."　　　　　　　　　　　54
Landolf Scherzer

„Es ist lächerlich, wenn man heute daran denkt,
aber es war so"　　　　　　　　　　　　　　　　　　　69
*Hans Schneider**

„Es gab einige Reibereien, aber da musste man durch."　79
Erwin Brand

„Ich wollte bleiben und Zeitzeuge sein."　　　　　　　87
Günter Ullmann

„Nur die Farbe des Frühstückseis hat sich geändert."　98
Reinhold Andert

„Ich dachte, im Westen scheint immer die Sonne."　　107
Bernd Henning

„Es war halt ein Experiment,
was leider Gottes schief gegangen ist." 118
*Carola Müller**

„Die Figur muss sichtbar werden, ganz einfach." 125
Karl-Heinz Rothin

„Habe ich verkehrt gelebt?" 137
Karin Schrappe

„Dir wurde nichts mehr in den Schoß gelegt." 150
Ellen Sanow

„Ich wollte lange Zeit die DDR, aber eine bessere." 160
Wolfgang Höwing

„Eine Art Opposition" 172
Baldur Schlegel

„Im Zweifelsfalle immer für die Kunst." 183
Dietmar Ebert

Wende-Bilanzen 195

Glossar 208

Zeittafel 211

Vorwort

Sechzehn Variationen einer Zäsur

1989 war das Jahr der massenhaften Botschaftsbesetzungen und der Montagsdemonstrationen, das Jahr der Maueröffnung und des Zusammenbruchs der SED-Herrschaft. Es folgten einige Monate später Währungsunion und deutsche Vereinigung. Eine gewaltige Erschütterung hatte den europäischen Kontinent erfasst und „der Wirkung tektonischer Beben analog" traten in der Folge, wie der Historiker Dan Diner schreibt, „in der Konstruktion der Geschichte [...] fundamentale Verschiebungen ein".[1] In Polen errangen die Kandidaten von Solidarnosc einen überwältigenden Wahlerfolg, in Prag siegte die „samtene Revolution", während in Bukarest der Diktator Ceauşescu an die Wand gestellt und erschossen wurde. Das mächtige Sowjet-Imperium, von dem einige Jahre zuvor die ersten Reformversuche unter dem Namen „Glasnost und Perestroika" ausgegangen waren, begann zu zerfallen.

Für diesen welthistorischen Prozess der Umwälzung hat sich in Deutschland der Begriff „Wende" eingebürgert. Dieses Wort, ursprünglich vom Honecker-Nachfolger Egon Krenz geprägt, sagt zugleich alles und nichts. In seiner unverbindlichen Schwammigkeit ist es anscheinend am ehesten in der Lage, die unterschiedlichsten Ereignisse, Erinnerungen und Bewertungen dieser Wochen und Monate aufzunehmen, sie zu einem widersprüchlichen, vielschichtigen Ganzen zu verbinden, das viele Anfänge und Enden hat, das aber noch längst nicht zu einem Ende gekommen ist.

Studierende an der Friedrich-Schiller-Universität Jena fragten im Jahr 2008 im Rahmen eines Seminars am Historischen Institut sechzehn Thüringerinnen und Thüringer nach ihren Lebensgeschichten und nach jener entscheidenden Zäsur am Ende der Achtzigerjahre, die alle ostdeutschen Biografien in der Rückschau unweigerlich in ein „Vorher" und ein „Nachher" teilt, wobei dieses „Vorher" längst die Selbstverständlichkeit eingebüßt hat, die es offensichtlich einmal besaß und das nunmehr der Rechtfertigung, Verteidigung oder Distanzierung bedarf.

---

[1] Dan Diner, Das Jahrhundert verstehen. Eine universalhistorische Deutung, Frankfurt/Main 2000, S. 11.

Im Jahr 1989 war der älteste der befragten Zeitzeugen 62 Jahre alt, der jüngste erst 26. Ihre Interviewerinnen und Interviewer dagegen hatten damals erst ein Alter zwischen drei und acht Jahren. Bis auf einen Studenten, der aus einem Ort in Hessen nahe der thüringischen Grenze stammt, wurden sie alle in der DDR geboren. Zwei von ihnen hatten noch das Pionierhalstuch überreicht bekommen, die anderen waren gerade eingeschult worden oder noch im Kindergartenalter, als die Verhältnisse begannen, sich grundlegend zu verändern. Der ostdeutsche Staat ist für ihre Generation Vergangenheit, eine untergegangene Welt, deren politische und wirtschaftliche Strukturen inzwischen im Fach Geschichte in der Schule und an der Universität gelehrt werden. Gleichzeitig ist die DDR diesen jungen Leuten seit ihrer Kindheit nah und präsent, wenn sie den Erzählungen am Familientisch zuhören, die oftmals ein anderes Bild vermitteln als Lehrbücher, historische Ausstellungen und Fernsehserien. Ausgestattet mit einer solchen Mischung aus Prägung und Wissen näherten sie sich Männern und Frauen, die ihre Eltern oder Großeltern hätten sein können. Doch vermutlich gerade weil es sich (mit einer einzigen Ausnahme) nicht um die eigenen Eltern oder Großeltern handelte, konnte sich ein von Neugier und Unbefangenheit getragener Dialog zwischen den Generationen entfalten, an dem die Fragenden mit ihrer Aufmerksamkeit, mit ihrem Verständnis bzw. Nichtverständnis einen großen Anteil hatten und in dessen Verlauf die Befragten ihnen ihre Erinnerungen anvertrauen konnten. Die Autorinnen und Autoren dieses Bandes haben die Erzählungen der Zeitzeugen im Gespräch natürlich hier und da hinterfragt. Die Ergebnisse dieser Befragung – die Präsentation der eigenen Geschichte, die jeweilige Deutung und Bewertung der persönlichen Erfahrungen wie des politischen Kontextes – haben sie angenommen, aufgezeichnet und hier wiedergegeben, unabhängig davon, ob sie sie plausibel fanden oder gar damit übereinstimmten.

In diesen Band werden Auszüge aus sechzehn Interviews vorgestellt. Fünf Frauen und elf Männer unterschiedlichen Alters erzählen ihre Lebensgeschichte und ihre Version der Wende. Die Auswahl ergab sich eher zufällig. Die Zeitzeugen kommen aus verschiedenen sozialen und kulturellen Milieus – vom Elektromonteur über den Meister in einem Großbetrieb, die Musiklehrerin, den Professor für

Marxismus-Leninismus, die Verwaltungsangestellte und den Schriftsteller. Gleichwohl gibt es ein leichtes Übergewicht von Hochschulabsolventen und Künstlern. Das Spektrum der damaligen politischen Positionen und Überzeugungen reicht von der SED-Kreissekretärin Karin Schrappe bis zum Dissidenten und Dichter Günter Ullmann, von Baldur Schlegel, der seine Mitgliedschaft in der Ost-CDU als „eine Art Opposition" ansah, bis zu Ingrid Sittkus, die aufgrund ihrer Kindheitserlebnisse nie einer Partei angehören wollte. Aber die Äußerungen der Zeitzeugen lassen sich nicht einfach in pro oder contra DDR-Sozialismus einteilen. Es handelt sich vielmehr um sechzehn unterschiedliche Perspektiven auf das Leben im ostdeutschen Staat und auf die Jahre 1989/90, nicht schwarz und weiß, sondern mit vielen Abstufungen von Farb- und Grautönen. Bernd Henning schildert das Leben im Grenzgebiet mit der alltäglichen Präsenz von Flucht und Gewalt, Karl-Heinz Rothin gibt einen Einblick in die Erfolge und Zwänge eines Kabarettleiters und Carola Müller berichtet von der gewöhnlichen „Zahlenschönung" im Büro eines Kombinatsdirektors. Die Erzählungen zeugen von Identifikation mit dem DDR-Staat, die sich in kritische Distanz wandelte, von pragmatischer bis widerwilliger Anpassung an die alltäglichen Zumutungen der Diktatur, aber auch von leisen und lauten Bekundungen von Eigensinn und Widerstand. Keineswegs zufällig kulminierten eine Reihe von Konflikten im Zusammenhang mit den Kommunalwahlen 1989: So fügt sich Dietmar Ebert als frisch gekürter Stadtrat von Jena ratlos und verzweifelt einer Anweisung zur Manipulation der Wählerlisten – eine Variante der Wahlfälschung übrigens, die bisher weniger bekannt war – die Lehrerin Ellen Sanow muss sich vor ihrem Direktor rechtfertigen, weil sie eine Wahlkabine aufgesucht hat, und Erwin Brand, der in seiner Gemeinde eine andere als die von oben vorgegebene Kandidatenliste durchsetzen wollte, wird deshalb von seinem Posten als Bürgermeister abgesetzt.

Je nach Lebenssituation und der eigenen Rolle im Geschehen lassen die Gesprächspartner den Prozess der Wende mit ganz unterschiedlichen Ereignissen beginnen und enden. Während der Schriftsteller Landolf Scherzer im Machtantritt von Gorbatschow in der Sowjetunion wichtige Veränderungszeichen sieht, wird Erwin Brand von der Fluchtwelle im Sommer 1989 aufgerüttelt, für den oppositionellen Schriftsteller Günter Ullmann erlangen die Demonstrationen in Leipzig und in seiner Heimatstadt Greiz sowie die Verhandlungen am Runden Tisch die größte Bedeutung. Viele der Interviewpartner sind sich einig, dass die Maueröffnung am 9. November die entscheidende Zäsur darstellt, während andere den Begriff Wende eher mit der Währungsunion, der deutschen Vereinigung oder gar mit der Schließung ihres Betriebs und dem Verlust des eigenen Arbeitsplatzes assoziieren.

Aus diesen unterschiedlichen Perspektiven und gefärbt durch die spätere Erfahrung von Erfolgen und Niederlagen, von Auseinandersetzung und Wandlung, erscheint die Zäsur von 1989/90 in den Äußerungen der Zeitzeugen in immer anderer Gestalt – als plötzliches und schockierendes Ereignis des Zusammenbruchs, als lange voraussehbare, aber nicht unbedingt erhoffte Veränderung, als Befreiung schließlich, die neue Möglichkeiten eröffnet und neue Enttäuschungen bereit hält. So eröffnen die sechzehn Interviews den Blick auf viele Facetten des Alltags im untergegangenen ostdeutschen Staat, auf ebenso viele Arten, den dramatischen Bruch 1989/90 zu erleben und zwanzig Jahre später eine Bilanz zu ziehen.

Annette Leo, Berlin / Jena und Agnès Arp, Jena im Februar 2009.

Morgen-Land-Fahrt

Der erste Blick in den Westen

„Privatreisen nach dem Ausland können ohne Vorliegen von Voraussetzungen, Reiseanlässen und Verwandtschaftsverhältnissen beantragt werden. Die Genehmigungen werden kurzfristig erteilt." Es ist eine fast beiläufige Erklärung, die das Ende der DDR besiegelt und die bekannteste Mauer Europas zum Einsturz bringt. Günther Schabowski gibt sie am 9. November 1989 kurz vor 19.00 Uhr bekannt. Von nun an lässt sich der Zusammenbruch der DDR nicht mehr verhindern, nur noch verlangsamen. Als die „Aktuelle Kamera" um 19.34 Uhr die Informationen der Pressekonferenz sendet, ist es an der Grenze zu Westberlin noch ruhig. Die Grenzposten sind weiterhin dazu angehalten, niemandem die Ausreise zu genehmigen. Doch schon gut eine Stunde später stehen viele Ostberliner neugierig am Grenzübergang Bornholmer Straße und warten darauf, ihn nach Westberlin passieren zu dürfen. Der Andrang wird immer größer, es bilden sich Staus auf den Zufahrtsstraßen, die Menschen sind aufgeregt und ungeduldig. „Aufmachen!" und „Tor auf!" rufen sie, denn sie wollen nicht länger warten, fühlen sich erneut von ihrem Staat betrogen.

Trabikolonne am Grenzübergang Rudolphstein/Hirschberg am 11. November 1989.

Es ist 22.30 Uhr, als der Druck der Massen zu groß wird und die Grenzer ohne ausdrücklichen Befehl entscheiden, den Weg nach Westberlin freizugeben. Der Eiserne Vorhang ist an diesem Abend nur noch ein Schlagbaum und wird von unzähligen Händen einfach beiseite geschoben.

Plötzlich treffen Menschen aus Ost und West mit all ihren Hoffnungen und Bedenken aufeinander. Die DDR-Bürger wollen sich selbst ein Bild von „drüben" machen, wollen wissen, was ihnen vorenthalten wurde, schauen, was wahr ist an der sozialistischen Propaganda und an den eigenen Vorstellungen. Die Reisen in den Westen an diesem ersten Abend und vor allem in den folgenden Wochen werden für viele zu Erkundungstouren, auf denen sie nicht nur den unbekannten Teil Deutschlands kennen lernen, sondern auch sich selbst, denn wie auch immer der einzelne den Mauerfall bewertet, stellt er doch für jeden eine Zäsur in seiner Biographie dar. Von nun an wird alles anders.

Einige DDR-Bürger hatten allerdings bereits vor der Wende unterschiedliche Kontakte zu Westdeutschen.

Die Geraer Musiklehrerin Ellen Sanow, Jahrgang 1958, die den Fall der Mauer im Fernsehen verfolgt, aber kurze Zeit später eine Reise nach Berlin antritt und zum Andenken einen Stein aus der Mauer mitnimmt, hat lernte durch eine außergewöhnliche Aktion 1988 ein Bremer Ehepaar kennen und hält zu diesem bis heute den Kontakt aufrecht.

„Ich hatte eigentlich keine Verwandtschaft drüben. Mein Schlüsselerlebnis war 1988. In einem Betrieb in Wünschendorf, da muss ein Betriebsjubiläum oder was gewesen sein. Es wurden dort auf jeden Fall Luftballons mit Adressen gestartet, die dann irgendwo niedergegangen sind und einer davon in Bremen. Es war unser Nachbar, der diesen Luftballon geschickt hatte und die sind dann, es war ein Bremer Ehepaar mit einer Tochter, die sind dann 1988 mal rüber gekommen. Mein Sohn war erst 9 Jahre alt und die Tochter war im gleichen Alter und da hat das altersmäßig zusammen gepasst. Dadurch hatten wir den ersten Kontakt, sag ich mal, zu realen Westpersonen. Das war eben keine Verwandtschaft. Aber es sind Freunde geworden. Erst einmal waren es Bekannte, über die man sich vorsichtig rangetastet hat, aber immer unter dem Deckmantel: Es darf eigentlich nicht sein, denn dein Mann ist bei den bewaffneten Organen. Du hast Kontakt mit dem Feind. Du musst diesen Kontakt melden, schon wenn sie dich grüßen, hast du die Leute nicht anzugucken! Das haben wir natürlich nicht gemacht. Wir haben zusammen Silvester gefeiert und es ist zum Glück auch nie raus gekommen, aber es hätte, wenn es weiter gegangen wäre, vielleicht böse enden können. Wir wissen es nicht. Aber daraus hat sich dann eine sehr nette Freundschaft entwickelt, die auch noch andauert."

Kontakt und Austausch mit der Bundesrepublik war vor allem Künstlern und Funktionären möglich, denn das Privileg der Westreise war ausschließlich den auserwählten „Reisekadern" vorbehalten. Der Schriftsteller und Liedermacher Reinhold Andert hat bis zu seinem Auftrittsverbot und Ausschluss aus der SED 1980 regelmäßig Auftritte in der BRD.

„Bis 1980 war ich fast regelmäßig in der Bundesrepublik, so als ‚Geschenkpaket', bin hier bezahlt worden und dann bin ich da aufgetreten. Für die DKP und linken Studentenorganisationen habe ich Konzerte gemacht. Ich konnte eigentlich immer fahren, wenn ich wollte. Ich hatte eine Ausgangskarte. Das war ein Privileg, ja ich gebe es zu. Ich habe mich komischerweise nie länger dort aufgehalten. Es war natürlich auch ein finanzielles Problem. Ich kriegte ja dreißig Mark am Tag und da sollst du dir deine Nase am Schaufenster platt drücken? Wenn du dich da nicht ordentlich benehmen kannst. Und irgendwie war mir das auch fremd, diese Art zu leben und die Anschauungen. Es war schockierend. Wie die Wessis eben sind. Eine völlig andere Welt."

Eine häufigere Möglichkeit der Begegnung zwischen Bürgern der beiden deutschen Staaten vor dem Mauerfall war eine Reise in die DDR. Viele Bundesbürger besuchten ihre Verwandten oder unternahmen Tagesausflüge nach Ostberlin. Der Journalist und Schriftsteller Landolf Scherzer, dessen Bücher auch im Westen erschienen, wurde von einem seiner Leser besucht.

„Westverwandtschaft hatte ich nicht, aber Bekanntschaft im Westen – schon durch meine Bücher. Mir schrieben dann manche Leute.

Eine Beziehung gibt es, die hielt ganz lange. Er war Eisenbahner von Beruf, stammte aus Oberhausen und hatte meine Bücher gelesen und schrieb mir, ob er mich nicht mal besuchen könnte. Das war gerade die Zeit, als die Aufrüstung mit den Mittelstreckenraketen begann: Die Amerikaner mit der Pershing und die Sowjets mit der SS-20. Und da weiß ich noch genau, als der westdeutsche Eisenbahner in Meiningen ankam und mich besuchte, zeigte er in seine Tasche und sagte: ‚Ich komme ohne Pershing.' Stattdessen brachte er - und das fand ich auch sehr schön - holländischen Käse und frischen holländischen Matjes mit. Und wir haben uns dann sehr, sehr lange geschrieben. Er kam auch regelmäßig jedes Jahr und fand das wunderbar, dass diese Kommunikationsmöglichkeit bestand. Und er schätzte auch dieses Herzliche und Warme, diese Thüringer Gastfreundschaft."

Die Bekanntgabe des neuen Reisegesetzes durch Günter Schabowski und der Mauerfall am 9. November 1989 lässt die Ausnahme der Westreise zur Normalität werden, zahlreiche Menschen stürmen die Grenzübergänge in Berlin. Allerdings gibt es auch DDR-Bürger, die verhalten reagieren und diesem Ereignis abwartend oder kritisch gegenüber stehen.

Erwin Brand, der 1988 seinen Posten als Bürgermeister in Andisleben verlor und sich fortan aus der Politik zurückzog, arbeitete im Herbst 1989 in der LPG des Ortes.

„Als die Mauer gefallen ist, war ich draußen im Stall und habe gearbeitet. Ich war nicht woanders. Ich war hier. Wir waren eine ganze Weile später im Westen und haben uns das so genannte Begrüßungsgeld abgeholt. Es war bestimmt schon ein Vierteljahr nach dem Mauerfall. Vorher sind wir nicht gleich rüber gesaust. Wir hatten gar nicht so die Intention dazu. Wir hatten auch kein Fahrzeug. Mich hat das eigentlich gar nicht so sehr interessiert, wie die da drüben leben. Ich bin nur rüber gefahren wegen des Geldes. Muss ich ganz ehrlich sagen. Und das Geld haben wir gleich da drüben auf den Kopf gehauen. Wir haben uns gleich ein Radio gekauft. Und irgendwas für die Kinder, das weiß ich noch. Denn die Kinder waren auch dabei, denn sonst hätten wir kein Begrüßungsgeld gekriegt."

Dietmar Ebert, der ab 1989 die Position des Kulturdezernenten im Rat der Stadt Jena inne hat, verweist vor allem auf die Rasanz der Wende und steht dieser skeptisch gegenüber. Als er vom Mauerfall aus dem Radio erfährt, erscheint ihm diese Nachricht als endgültige Zäsur im politischen Geschehen.

„Ich dachte: ‚Jetzt ist die friedliche Revolution zu Ende.' Ich gehörte nicht zu den Euphorikern und ich hatte keine Verwandten im Westen. Ich hatte ein paar gute Freunde dort, die aber alle irgendwo im linken Milieu gesteckt haben. Ich hatte keine gefühlsmäßigen Beziehungen zu diesem anderen Teil Deutschlands. Das erste Mal, wo ich es dann wirklich kapierte, das war im Hölderlinturm in Tübingen, als mir dann wirklich die Tränen gekommen sind. Als ich wirklich dachte: ‚Mein Gott. Das ist der andere Teil der deutschen Kulturgeschichte und den hast du 40 Jahre lang versäumt.' Da habe ich es dann geschnallt. Für manches braucht der Mensch eben ein wenig länger."

Die Geschichten über die erste Fahrt in den Westen sind vielfältig und zeugen von den Wünschen, die sich mit dem Mauerfall verbanden, dokumentieren aber auch den fremden Blick auf eine Gesellschaft, die anders war, als das was die meisten Menschen der DDR kannten und tagtäglich erfuhren.

Baldur Schlegel hat als Elektriker zeitweilig direkt an den Grenzanlagen im Sperrgebiet Probstzellas gearbeitet und erlebt, wie Flüchtende angeschossen wurden. Nach der Grenzöffnung besucht er mit seiner Familie eine Patentante im Westen.

„Meine Frau, meine Tochter Nina und ich, wir sind für zwei oder drei Tage nach Heppenheim gefahren. Ohne Voranmeldung. Wir hatten zwar Telefon, aber die telefonischen Verbindungen waren schwierig. Das musste alles vorher langfristig beim Fernmeldeamt immer angemeldet werden, das hat Stunden gedauert. Dann musste ja auch der Teilnehmer am anderen Ende da sein. Das war alles viel zu schwierig. Briefe haben wir auch nicht geschrieben. Wir sind da einfach hin. Die Tante hat sich riesig gefreut.

Wir haben bewusst keine Autobahn genutzt. Sind mit dem Lada praktisch nach Heppenheim gefahren. Also meine persönlichen ersten Eindrücke, als wir dann ankamen und in die Supermärkte schauten – an den Fleischtheken, den Fischtheken – waren folgende: Wie kann das nur gehen – so viel? Und was wird mit den ganzen Sachen? Da wird doch viel weggeschmissen?! Es entsteht viel mehr Müll am Ende als Nutzen und muss das überhaupt so sein?"

Schlegel schildert zwei sehr gegensätzliche Erlebnisse mit unbekannten Bundesbürgern.

„Als wir mit dem Lada zu der Tante unterwegs waren, hat uns da in so einer kurvenreichen Strecke jemand versucht zu überholen. Er gab ständig Lichthupe und alles. Und ich habe zu meiner Frau gesagt: ‚Guck doch mal! Irgendetwas stimmt nicht. Der zeigt immerzu was!' Ich dachte, es ist was mit dem Auto. Dann hat er doch irgendwann die Chance an einer Stelle gekriegt. Er hat überholt. Fährt rechts ran. Zeigt wir sollen anhalten. Wir haben da angehalten und er hat uns eine Flasche Sekt gegeben. Hat gesagt: ‚Ich freue mich, dass ihr da seid!' So ein ganz wildfremder Mensch und ist einfach wieder weitergefahren. Ja, wir standen dort: Flasche Sekt in der Hand. Mund und Ohren offen. Und gar nicht begriffen, was jetzt hier eigentlich losgegangen ist. Und das war ein sehr positives Erlebnis.

Wir hatten dann aber auch ein Dreivierteljahr später – also im Sommer 1990 – ein negatives Erlebnis: Wir waren nach wie vor mit dem Lada unterwegs. Da wollten wir nach Coburg, um für den Sohn Valentin, der Konfirmation hatte, mal nach einem Anzug zu gucken. Bei uns im Saalfelder Raum haben wir für ihn definitiv nichts Ansprechendes gekriegt, weil er so groß ist. Und da hat uns direkt an einer Kreuzung ein Mann, Mitte 50, auf das Auto draufgespuckt: ‚Verpisst euch!' Und das war eine Kehrseite dieser ganzen Geschichte."

Karl-Heinz Rothins erste Fahrt über die Grenze ist geprägt von Freude und Verwunderung. Der Schauspieler und ehemalige Leiter des Geraer Kabaretts „Fettnäppchen" fährt mit seiner Frau nach Westberlin. Nachdem er in der Nacht zum 13. August 1961 von seinem letzten Kinobesuch in Westberlin zurückgekehrt war, sieht er nun nach 28 Jahren eine veränderte Stadt.

„Nie wieder Sozialismus", Wahlplakat von CDU und DSU 1990 in Gera.

„Ich war ja früher immer in Westberlin, bevor die Mauer kam, und habe mir viele Filme angeguckt und mir viel angeeignet im Theater am Kurfürstendamm. Vor allem habe ich viele Kinofilme gesehen. Nach der Wende sind wir dann mit dem Auto über die Grenze gefahren. Wir sind ausgestiegen, so umhergeirrt und ich sagte: ‚Ich muss mal allein sein, ich muss mir das alles mal anschauen, ich muss dahin und dorthin, mir das alles mal anschauen.'

Meine Frau war dann bei Aldi einkaufen, am Kurfürstendamm war der früher, und ich kam nach. Dort war so ein Betrieb, ich habe so was noch nie gesehen, Menschen über Menschen. Die lagen übereinander, die kauften den Laden leer. Aber das Komische war, nicht mal viele Einheimische waren das, eigentlich alles Türken und Araber die dort einkauften. Und da war so viel Gedränge, dass meine Frau einen Schreikrampf gekriegt hat und furchtbar geweint hat, weil so viel gedrängelt wurde. Wir hatten also viele Sachen zu Weihnachten im Korb, aber meine Frau sagte: ‚Nie wieder nach Berlin, nie wieder Westberlin!'

Und trotzdem, die Mauer war offen, ich habe Westberlin wieder gesehen, das war eigentlich so der Punkt, an dem ich dachte: ‚Die Wende ist da! Die Mauer ist auf! Du kannst wieder reisen.' Richtig begriffen habe ich es aber erst später. 1990 oder 1991, als wir mit dem Trabant über die Grenze gefahren sind, da wo du immer aufgehört hast, wo du immer wenden musstest, wo wir oft gastiert haben als ‚Fettnäppchen', weil wir ja die Grenztruppen bespielt haben, da sind wir drüber gefahren. Das war ein Gefühl, da kamen mir die Tränen. Das ist ein Gefühl gewesen: Verdammt und zugenäht, dass du das noch mal erleben kannst."

Karin Schrappe, zur Zeit der Maueröffnung 2. SED-Kreissekretärin in Bad Langensalza, empfindet angesichts der Grenzöffnung weder Euphorie noch Neugierde. Sie sieht keinen Anlass, sofort in den Westen zu reisen.

„Das hat aber einfach was damit zu tun gehabt, dass ich Diplom-Gesellschaftswissenschaftler war. Theoretisch habe ich immer für mich in Anspruch genommen, dass ich zumindest in der Lage bin, das auch irgendwo sachlich zu verarbeiten, nicht einfach nur euphorisch an irgendwas ranzugehen. Und insofern hielt sich meine Neugier in Grenzen. Ich musste nun nicht mit dem ersten, zweiten, dritten Zug unbedingt in den Westen fahren, um zu sehen, wie bunt diese schillernde Welt ist.

Ich bin später gefahren, das war im Januar. Ich hatte ein paar Tage Urlaub und bin mit meinem Mann mal nach Kassel rüber. Und da saßen Rumänen in der Einkaufsstraße und bettelten. Und mein Mann legte da jedem was hin. Und dann habe ich zu ihm gesagt: ‚Du kannst das meinetwegen machen, wenn du heute hier zu Besuch bist. Aber das kann kein Normalzustand werden. Du kannst doch jetzt nicht anfangen, hier dein Gehalt zu verteilen. Du musst mal nachdenken.' Und dann hab ich gesagt: ‚Und eins kannst du wissen, in einem Vierteljahr sind die bei uns, und dann kannst du weiterverteilen. Du musst mal überlegen! Willst du verteilen und die kleine Not des Einzelnen lindern, was auch wichtig ist, was ich in dem einen oder anderen Falle auch tun kann. Oder willst du generell was dagegen tun? Darüber musst du mal nachdenken!' Und es war so: Ein Vierteljahr später waren die bei uns auf dem Anger. Da hat er dann zu mir gesagt: ‚Woher hast du das gewusst?' Ich sagte: ‚Wenn man nachdenkt, kommt man dahin. Das ist doch ganz einfach.'"

Jakob Arnold, der im Herbst 1989 eine leitende Position bei den städtischen Verkehrsbetrieben übernommen hat, muss seine erste Fahrt in den Westen immer wieder aufschieben.

„Mein Trabi war immer noch in Reparatur, die überfüllten Züge wollte ich nicht besiedeln, ich habe also dann bis in die Winterszeit hinein gebraucht, bis ich dann mal mit meiner Frau und mit meinem Sohn nach Potsdam gefahren bin, wo seit vielen Jahren eine meiner beiden Schwestern lebte. Wir wollten zu ihr und von dort mal nach Westberlin rüber und da mal reingucken. Mein erster Gang in ein westdeutsches Kaufhaus war das KaDeWe – also da hat man seinen Kulturschock weg, wenn man den Konsum unserer Stadt kennt. Das war geeignet, um sich die Augen zu verblitzen und festzustellen, es gibt nichts, was es nicht gibt, nur bezahlen können müsste man es, wenn man es denn wollte."

Hans Schneider lebt zur Zeit des Mauerfalls in Jena und arbeitet bei Zeiss. Begeistert von der Möglichkeit zu reisen, besucht er einen alten Bekannten im Ruhrgebiet. Er ist fasziniert vom Warenangebot, sieht aber auch die Schattenseiten und macht sich seine Gedanken darüber.

„Ich hatte damals seit über 30 Jahren einen Briefmarkentauschpartner in Gelsenkirchen. Wir haben uns im Mai 1990 den Ausweis stempeln lassen, die Ausreisegenehmigung geholt und sind nach Gelsenkirchen gefahren, um meinen langjährigen Freund, mit dem ich Briefmarken tauschte, zu besuchen. Wir wussten zwar aus dem Fernsehen alles, aber es ist immer was anderes, wenn man es dann selber erlebt. Und die Eindrücke waren dann für uns überwältigend.

Was doch alles möglich war. Wir wussten das ja schon. Mein Bekannter im Westen hatte Kinder, die mit unseren in einem Alter waren. Und da wurden auch die Entwicklungen ausgetauscht. Und wenn ich dann gesehen habe, was unsere Kinder für Möglichkeiten hatten und was die drüben für Möglichkeiten hatten, da macht man sich dann immer seinen Vers daraus. Auch die Stadt an sich kannte ich aus der Zeit nach dem Krieg nur als Dreckloch und als ich dahin kam, war das eine einzige Parklandschaft geworden. Das ist überwältigend gewesen, was mir dort mein Sammlerkollege gezeigt hat. Solche riesigen Parkanlagen hab ich noch nie erlebt. Und wunderbar in Schuss alles. Wenn ich dann hier in Jena an die Parkanlagen denke, wie verlottert und heruntergekommen das alles war. Das war schon ein Riesen-Unterschied. Auch die Kaufhäuser waren riesige Einkaufstempel, wenn man da durchgegangen ist, ach Gott, was hab ich mich gefreut. Ein Busch-Album hab ich mitgebracht. Das war immer mein Wunsch, ein Wilhelm-Busch-Album. Ja, und da lag es für fünf Mark bei Hertie. Einen Schraubenzieher mit auswechselbaren Bits, gab es doch hier nicht. Ja, da drüben lag er für ein paar Mark. Es war eben alles selbstverständlich. Da lag das und niemand hat sich darum gekümmert. Für uns waren das schon kleine Schätze.

Es war natürlich auch vieles ernüchternd. Wenn wir einkaufen gegangen sind, dass dann eben ein Brot nicht 80 Pfennig gekostet hat, wie bei uns, sondern dass man da zwei oder drei Mark bezahlt hat. Oder wenn man Fisch gekauft hat, dass der schon damals recht teuer war im Vergleich zu hier. Dafür gab es aber bei uns keinen. War zwar billig, aber man bekam ihn nicht. Ich habe mich dann mit meinem Tauschpartner sehr intensiv über die ganzen Sachen unterhalten, denn für mich war vieles neu. Gott sei Dank konnte ich mich darüber sehr ausgiebig unterhalten. Und das hat mir sehr bewusst gemacht, was einmal auf uns zukommt, wenn das alles anders wird."

Madeleine Göring & Robin Korb

„... da wurde ganz einfach die Fassade weggezogen."
Jakob Arnold*

Die Wende und die Jahre danach waren eine sehr, sehr spannende Zeit für mich. Nächstes Jahr werde ich 60. Ich hätte nicht gedacht, dass ich noch so viel Aufregendes nach meinem Studium erleben werde. Ich war mehr so darauf eingerichtet: „Naja, mach deinen Dienst so, wie du es gewohnt bist, fall nicht auf, da wird man dich in Ruhe lassen."

Jakob Arnold wurde 1948 in Thüringen geboren. Seine Eltern kamen aus dem Arbeitermilieu, waren allerdings stark christlich geprägt, was auch Herrn Arnolds Leben beeinflusste. Er war nicht Mitglied der sozialistischen Jugendorganisationen und trat auch nicht der SED bei.

Herr Arnold wollte Orgelbauer werden, musste allerdings die Ausbildung abbrechen, weil er zur Armee eingezogen wurde. Nach dem Wehrdienst arbeitete Jakob Arnold in seiner Heimatstadt eine Zeit lang als Möbeltischler. Nachdem er eine Familie gegründet hatte, wechselte er wegen der höheren Bezahlung als Busfahrer zu den städtischen Verkehrsbetrieben. Hier absolvierte er zusätzlich eine Ausbildung zum Fahrlehrer. Im Jahr 1984 schloss er ein Studium der Verkehrstechnologie ab und übernahm nach kurzer Zeit die Verantwortung über die Fahr- und Dienstplangestaltung. Nach der Wende wurde er von seinen Kollegen als Geschäftsführer vorgeschlagen. Diese Tätigkeit übt er bis heute aus.

Ich bin in den ganzen Jahren einigermaßen mit Distanz zu dem System DDR unterwegs gewesen, insofern, dass ich in meiner Kindheit ein fast strenggläubig zu nennendes kirchliches Elternhaus hatte - da passte das nicht. Entweder du kannst sonntags in die Kirche gehen und das Glaubensbekenntnis aufsagen oder kannst am Montag irgendwelche atheistischen Grundlagen studieren. Das verbot sich auch irgendwo ein bisschen. Trotzdem, auch das will ich auch an dieser Stelle gleich schon sagen, bin ich angepasst gewesen an das System, das war halt so, das musste man fast durchgängig hinnehmen.

In der Schule gab es natürlich gelegentlich Reibereien, da ich weder bei den Jungen Pionieren noch bei der FDJ war, aber das war halt so, auch nichts Schreckliches.

Das erste nennenswerte Problem war dann eben in meinem Wehrdienst bei der NVA. Ich wurde aus der Berufsausbildung abgezogen, was keinem meiner Vorgänger in dieser Branche je passiert war. Das hat mir den Stachel ordentlich gesetzt. Und dann kam ich auch noch zu den Grenztruppen und wurde dort mit den Dingen konfrontiert, die man heute gelegentlich diskutiert - ob es da einen Schießbefehl oder etwas Ähnliches gab. Ich weiß genau, dass es da einen gab. Das Ding hieß Vergatterung – und da standen wir, hatten eine Waffe, scharf geladen, und da hatte man zu schießen.

Wegen einer unbedachten Äußerung bei der Ausbildung zum Grenzdienst wurde Jakob Arnold nur zum Wachdienst vor der Kaserne und zu diversen „Sonderaufgaben" eingesetzt.

Das war so richtig eine Politschule gewesen. So ein junger Unteroffizier, vielleicht zwei Jahre älter als ich, erzählte dann also: „Und hier der Grenzwall - und da wird geschossen und da ist es völlig egal, wer das ist. Und wenn wir dann dahin kommen, da ist das eben euer Vater gewesen, und da hat er als Grenzverletzer..." Ich sag dann: „Da scheißt du dich in die Hosen", wörtliche Rede! Also wenn das sein Vater war ... weil solcher Schwachsinn, egal von wem abgesondert, das hätte mir auch ein anderer Mensch in einer anderen Armee erzählen können - ich hätte ihm nicht geglaubt. Das war mir nicht vermittelbar. Und durch so ein paar Bemerkungen hab ich offensichtlich die Weiche hinten rum gestellt und bin nie in die Verlegenheit gekommen, an der westdeutschen Grenze Dienst machen zu müssen.

Ich wurde nicht entlassen, ich wurde auch nicht eingesperrt, aber ich habe dann im rückwärtigen Dienst ... sehr oft Offizierstischdienste ... ich durfte viel Toiletten sauber machen. Ich habe Betten für die Offiziere gemacht und ähnliche Sachen, die ganz wichtig waren, die es also besonders berechtigt erscheinen ließen, in meinen Augen, dass ich deswegen diese berufliche Ausbildung nicht zu Ende bringen konnte.

Ich bin die meiste Zeit meiner Dienstzeit in Rudolstadt gewesen. Die Hauptaufgabe damals war für mich Wachdienst an dieser Kaserne, aber eben nicht an der Westgrenze. Und selbstverständlich hatte ich dort auch eine Maschinenpistole mit 60 Schuss scharfer Munition und bin bei jedem Dienst, den ich gemacht habe, vergattert worden. Das hieß, wenn hier ein Angriff ist, dann wird geschossen. Auf wen auch immer - wie gesagt, das wundert mich, dass das immer so ein heftig diskutiertes Thema ist. Ist aber nach meinem Dafürhalten in der Bundeswehr nicht anders. Also ein Wachposten geht nicht mit grünen Erbsen in der Patronentasche los. Egal ob hier oder dort.

Wir mussten einmal in Saalfeld einen Grenzsoldaten mit allen militärischen Ehren zum Friedhof begleiten, der in Berlin an der Grenze erschossen worden ist. Damals war das ein Versuch von Rotarmisten, die bewaffnet über Bord gehen wollten und sich den Weg freizuschießen versucht hatten. Insofern weiß ich, dass es da schon auch richtiges menschliches Leid in Richtung und Gegenrichtung gegeben hat. Also ich glaube, Tote kann man nicht miteinander aufrechnen.

Da bin ich dann doch im Nachhinein froh gewesen, dass mir da die kesse Lippe dieses Problem erspart hat, solche Entscheidungen treffen zu müssen.

Im Jahr 1984 schloss Jakob Arnold ein Studium als Diplom-Verkehrstechnologe ab und wurde bei den Verkehrsbetrieben in den Bereich Dienst- und Fahrplangestaltung versetzt. Weitere Aufstiegschancen boten sich ihm zunächst nicht, da er eine Mitgliedschaft in der SED ablehnte.

Auf die nächsten Hierarchieebenen bin ich nie vorgedrungen, einfach deswegen, weil ich auf die verschiedenen Anwerbungsversuche nicht eingegangen bin: Ich müsste doch nun auch merken - und wenn ich doch nun in dieser SED wäre, das wäre doch viel schöner für viele und so und für mich. Da habe ich mir dann immer mal ein Antragsformular geben lassen, wenn die wieder zur Tür raus waren, kam das dann in den Rundordner. Das ist so das Einzige, wo ich mir mal so ein bisschen die verborgene genüsslich betriebene Opposition gegönnt hab. Wo ich also so gedacht habe, ihr könnt einen Haufen Schwachsinn erzählen – interessiert dich nicht – ich mache meinen Job. Die Erfahrung hatte ich irgendwann auch schon in der Schule gemacht, ich machte in der Schule mein Zeug und wurde ansonsten in Ruhe gelassen. Habe also so ein bisschen die Nische aufgesucht.

Aufgrund seiner Arbeit bekam Herr Arnold einen Einblick in die wirtschaftliche Situation der Verkehrsbetriebe.

Wir kriegten in den Jahren Omnibusse geliefert, die waren alle gebraucht, weil die neuen Busse alle erst nach Berlin kamen. Wenn sie dann nicht mehr so richtig funktionierten, wenn sie reparaturbedürftig wurden, kriegte sie auch eine Stadt wie unsere. Und wenn dann noch irgendwo die Mangelsituation einsetzte, zum Beispiel, dass die Reifen nicht reichten, dann standen eben ein paar Busse hochgebockt, damit die Räder auf die anderen kamen – oder da war dann bei denen auch gerade der Motor kaputt.

Wir haben uns ja gegenseitig in die Taschen gelogen. All die hübschen Potemkinschen Dörfer, die aufgebaut wurden, wenn irgendein hoher Feiertag gefeiert wurde und wenn meinetwegen Erich Honecker hierher kam. Da wurde wieder ein Stückchen Fassade gemacht und dahinter sah es aus wie eh und je - das war unbefriedigend. Wir haben auch damals im Kollegenkreis offen geredet: Ich weiß nicht, wie lange das noch gehen soll. Und trotzdem sind wir nicht auf die Straße gegangen zum Protestieren. Das ist der Opportunismus.

Ich war kein Widerstandskämpfer, das wäre völlig falsch dargestellt, da wunder ich mich manchmal, wie viele es davon gegeben haben soll, die habe ich dann alle nicht richtig wahrgenommen.

Während er sich bis dahin in erster Linie mit den Problemen in seinem Betrieb auseinandergesetzt hatte, begann Jakob Arnold sich im Sommer 1989 mehr und mehr für die politischen Hintergründe zu interessieren.

Und währenddessen kam dann im Rundfunk die eine Nachricht, jene Nachricht und noch eine und was nun so alles erörtert wurde, was das Volk auch auf die Straße getrieben hat. Ich bin dann irgendwann mal in die Stadtkirche gegangen, da lagen Listen für das Neue Forum aus. Und die hatten dann auch Informationen darüber an die Wand gepinnt. Ich hab eine ganze Weile dort gestanden. Das war mir schon bewusst: also wenn du da hingehst, wirst du ja wohl gesehen. Das war jetzt für mich auch kein Glaubensbekenntnis, aber ich wollte es wissen. Und dann habe ich locker so ein Papier mit unterschrieben, ohne zu wissen, was es, wenn die Wende anders verlaufen wäre, vielleicht hätte bedeuten können – mit vielen anderen auch. Bin also nicht irgendwo Gründungsmitglied von irgendetwas ganz Tollem gewesen.

Die Wendeereignisse selbst, bevor es dann zur Öffnung der Grenze kam, haben mich ziemlich wütend gemacht. Jemand, der sich so wenig mit dem Thema auseinandergesetzt hat, wie ich das getan hatte, dem wurde ja gerade dadurch, dass vieles offen gelegt wurde, so ein bisschen die Fassade weggezogen, gezeigt, was steht vielleicht dahinter. Was haben die uns für dumm verkauft! Aber ich habe auch die euphorischen Veranstaltungen, in denen der Bundeskanzler der deutschen Einheit von den blühenden Landschaften gesprochen hat, mit Skepsis gehört. Ja, die Grenzöffnung habe ich tatsächlich ungläubig vor dem Fernseher erlebt, mit diesen Bemerkungen des berühmten Herrn Schabowski. Ich hab meine Frau angeguckt: Also meinen die das jetzt echt? Was ist denn jetzt hier los? Sind die völlig durchgeknallt?

Unmittelbar danach kamen ihm erste Zweifel, wie es politisch weitergehen sollte.

Ich habe also ganz klar die Meinung mit mir herumgetragen, die beiden Gesellschaftsformen die können nicht ... also das kannst du nicht in einen Eimer schmeißen, die sind wie Feuer und Wasser, das passt nicht. Wie soll das gehen? Nach den Erfahrungen über die ganzen Jahre mit dieser stringenten Abgrenzung, nichts miteinander zu tun – und die „besten" Menschen, die es hier gab, waren ja welche, die drüben niemanden kannten, die nicht mal eine Postanschrift von vielleicht Drüben gehabt hätten.

Die Entwicklungen der Wende eröffneten Jakob Arnold ganz neue Möglichkeiten im Unternehmen.

Ich bin dann allerdings sehr schnell, das muss Mitte 1990 gewesen sein, zu dem Arbeitsgebiet Geschäftsführung gekommen. Ich

Sozialistischer Alltag im Nahverkehr – Warten auf den Bus nach Jena-Lobeda (Foto: Jürgen Hohmut).

war im Urlaub und komme dann zurück und bekomme dann vom ersten Geschäftsführer die Frage gestellt: „Also pass auf, da hat ein Aufsichtsrat" - ich wusste gar nicht, dass wir so was haben - „hier getagt und es müsse jetzt noch einen stellvertretenden Geschäftsführer geben" - und da sei also ein anderer Mitarbeiter des Hauses vorgeschlagen worden, aber die Belegschaft hat gesagt, „den wollen wir nicht, wir würden den Arnold vorschlagen." Und der Arnold bekam jetzt die Frage gestellt: „Würdest du das denn machen?" Ich hatte überhaupt keine Ahnung was ein Geschäftsführer macht und hab mir dann also eine sehr kurze Bedenkzeit, nämlich von einem Tag auf den anderen, erbeten. Also das musste ich erstmal wenigstens überschlafen. Und hab dann am nächsten Tag gesagt: „Okay, mach ich".

Ich gehöre zu den glücklichen Menschen, die unmittelbar aus der Wende heraus nicht nur die Arbeit behalten haben, sondern - ohne Ellenbogen draußen gehabt zu haben – Karriere gemacht haben, kleine Karriere, muss man nicht überbetonen, ist halt so. Wenn man bedenkt, wie viele andere Leute zu dem Zeitpunkt aus dem System ausgestoßen, ihre Arbeit nicht mehr behalten konnten und viele davon die ganzen Jahre nicht wieder in Lohn und Brot gekommen sind, dann muss man das als ganz, ganz großes Glück sehen.

Ich habe eine überwiegend positive Sicht des Ganzen. Weil aber die Begleiterscheinung für viele Menschen überhaupt nicht so positiv sein mussten und auch viel stärkere Veränderungen stattfanden, als sie mit den „blühenden Landschaften" angekündigt wurden, da hab ich eigentlich von Anfang an meine kritische Distanz von dem einen System ein bisschen zu dem anderen übernommen. Ich hab es nicht vorbehaltlos und mit Hurra und ganz toll und mit Westgeld wird alles viel schöner ...

Mit der Wende ist eine Veränderung eingetreten, die ich so nie erwartet hätte, weil ich eben geglaubt habe, das geht nicht, man kriegt das nicht ohne Mord und Totschlag, ohne Blut und Krawall und irgendwas, was in Mitteleuropa ich mir dann lieber nicht gewünscht hätte als Veränderungsprozess, das kriegt man nicht hin - das hat man hingekriegt. Das ist nach meinem Dafürhalten das Erstaunlichste an der ganzen Geschichte. Da haben - da ging dann ein bisschen bei mir so meine frühkindliche kirchliche, gläubige Erziehung rein - sehr gute Mächte im Hintergrund mitgewirkt. Da müssen sehr viele vernünftige Gesprächspartner zufällig zur gleichen Zeit an die entscheidenden Tische getreten sein. Wenn da irgend ein richtiger Scharfmacher darunter gewesen wäre, wenn der Mann in Russland nicht Gorbi geheißen hätte, der offensichtlich eine ganz andere Auffassung zur Politik hatte als alle seine Vorgänger, die ich in den Jahren bis dahin so distanziert per Fernsehen kennen gelernt habe, dann wäre das nichts geworden. Also das ist das Große daran, dass die Deutschen, die enorme Trennung die vielen Jahre nach dem Zweiten Weltkrieg erleben mussten, dass die zusammen kommen konnten und dass in der Folge ein europäischer Einigungsprozess in noch viel größerer Dimension stattgefunden, angefangen hat, ist schon das große Glück einer Generation, für die ich stehe.

Es begegnen einem häufiger Schilderungen dessen, wie schwierig das Zusammengehen Ostdeutscher und Westdeutscher ist, und es gibt sicherlich auch die Erfahrung, dass nach der Wende der Wissensvorsprung gelegentlich nicht allzu erschrocken von westdeutscher Seite in Anspruch genommen wurde, um wirtschaftliche Vorteile zu erlangen. Ich glaube das ist dem System immanent, also wenn ich jemandem sage: „Du musst jetzt die Chance erkennen und in jedem Risiko möglichst abgeklärt beurteilen, wie groß die Chance ist und wenn sie da ist, dann pack sie, dafür bist du Manager, dafür machst du es, dafür kriegst du die Kohle." Ich habe sehr viele, sehr angenehme, sehr menschliche und hilfreiche Gesprächspartner in Westdeutschland, beziehungsweise dann hier, getroffen, die von Westdeutschland kamen und hier eine Zeitlang gearbeitet haben, manche die immer noch hier arbeiten.

Im Herbst 1990 fuhr Jakob Arnold nach Westdeutschland, um für die Verkehrsbetriebe einen Reisebus zu erwerben. Dies war seine erste berufliche Begegnung mit dem neuen System.

Und dann war unsere Überlegung, na gut, dann schaffen wir uns vielleicht einen Reisebus an, es war die Zeit, als alle Leute das erste Mal nach Nürnberg zum Christkindlmarkt fahren mussten und wir hatten mit unserem klapprigen Ikarus nie die Chance, jemanden irgendwohin zu fahren. Also – Arnold noch zwei Leute mitgenommen, fahren wir eben nach Stuttgart auf die Messe. Der Kontakt war hergestellt worden durch einen Herstellervertreter, der hier im Osten dann schon Gebietsaufgaben hatte und der selber aus dem sächsischen Verkehrskombinat kam und demzufolge wusste, was im Osten los ist. Der hatte uns hier besucht: „Kommt da hin, guckt euch das an, da sind auch Fahrzeuge dabei, a) bezahlbar und b) in einem guten Zustand" - na gut, also hingekommen, staunend sich das ganze Ding da angeschaut. Laufleistung stimmte, Zustand stimmte, war zwar irgendwie eine komische Werbung drauf, aber es war ein richtiger Reisebus mit Toilette und Küche – wunderschön – „Gut, den würde ich nehmen, aber wie bezahlen?" Dass ich so viel Westgeld nicht einstecken hatte, war schon klar. Und jetzt kamen zwei Begriffe: also eine selbstschuldnerische Bankerklärung oder eine Ermächtigung der Kommune. Kannte ich alles nicht. Dinge, die offensichtlich zu dem Zeitpunkt ein Westdeutscher alle gekannt hätte, also eine Verbindlichkeitserklärung der Kommune, die da sagt, also für das Geld, was die jetzt ausgeben, bürge ich und das bekommt ihr dann. „Och, das haben Sie gar nicht mit?" Ich nehme an, die haben hinterm Rücken vielleicht ein bisschen geschmunzelt. Aber da kam dann folgender Vorschlag: „Also Herr Arnold, das können wir jetzt heute leider nicht mehr mit Ihnen abschließend besprechen, aber Sie haben ja sowieso ein Hotelzimmer genommen und sind morgen noch da, wir kümmern uns drum." Nächsten Früh wieder in die Firma gekommen – und um es kurz zu machen, er sagte: „Was machen wir denn nun mit Ihnen? Sie haben ja nun überhaupt kein Geld mit." Ich sag: „Ich hab keinen Scheck mit, hab keine Berechtigung, hab nur den Auftrag zu gucken und wenn das Ding hier stimmt, soll ich den vielleicht kaufen." „Naja", sagt er, „woher sollen Sie es auch wissen. Also jetzt gucken wir uns scharf an, Sie kommen aus einem ehemaligen kommunalen Unternehmen. Ich hab schon viele Jahre gute Erfahrung mit kommunalen Unternehmen, und ich möchte mit Ihnen auch gute Geschäfte machen, Handschlag gilt." Ich habe ein Fahrzeug für mehrere hunderttausend D-Mark ohne einen Silberling, nur mit meiner Unterschrift gekauft. Ich kann Ihnen schon sagen, dass ich ein bisschen Gänsehaut auf dem Rücken hatte. Ich bekam den Bus noch vollgetankt, die haben an dem Tag die Werbung noch runter gemacht und das Auto noch poliert. Mit den freundlichsten Empfehlungen wurde ich nach Hause entlassen. Und da hab ich so ein bisschen gedacht: Gut – Kapitalismus, aber sie wissen, was sie tun. Sie wollen Geschäfte machen und dazu gehört eben, dass man sich bewegen kann. Ein Ossi hätte doch nie, egal bei welchem Geschäft, eine Unterschrift für irgendwas machen können. Diesen Auftakt werde ich nie vergessen.

Ich bin dann an dem Sonntagnachmittag hinter dem Omnibus her in einem alten Moskwitsch von Stuttgart wieder zurück gefahren, es war scheußlichstes Wetter, es hat furchtbar geregnet. Und hinter dem Bus herfahrend hatte ich zu tun, dass meine Scheibenwischer irgendwie ein bisschen - und da hab ich mir so hinmeditiert und hab gedacht, also es war ein ganz seltsames Gefühl, das erste Mal mit einem Verantwortlichen ... mit der Verantwortung eine Entscheidung zu treffen nach Drüben zu fahren. Die Denke war es damals noch, es war noch „Drüben". Natürlich mit diesem Gefühl auch über die Grenze gefahren und dann so was erlebt. Ich hab gedacht, also du musst jetzt ein bisschen umdenken, es begegnen dir Menschen und du musst jeden einzeln vermutlich neu einchecken, was es für ein Typ ist. Es gibt nicht den Kapitalisten, der dich kleines Schweinchen jetzt kaputt machen will.

Das Verhältnis heute zwischen Ost- und Westdeutschen sieht Herr Arnold eher unbefangen. Für ihn ist die Wende ein Prozess, der noch längst nicht abgeschlossen ist.

Ich habe kein Problem damit, dass es hier immer noch Ost und West gibt. Das sind genau so Begriffe wie Nord und Süd. Und wir haben es vielleicht – wir diese Generation – noch mit diesem besonderen Beigeschmack im Kopf. Wir müssen aber nicht so leben, als sei da noch irgendwas. Da ist mir zu viel normale, freundliche Menschlichkeit hier und dort begegnet, als dass ich da jetzt irgendwelche Grenzziehungen gern machen würde. Obwohl es mir trotzdem bewusst ist, dass die Menschen hier und da noch lange mit den Unterschieden beschäftigt sein werden, die dank 40-jähriger getrennter Entwicklung entstanden sind.

Ich glaube, dass die Wende eine Sache ist, die nicht zwischen dem so-und-so-vielten und so-und-so-vielten stattfindet. Wende ist für jeden subjektiv ein Thema. Wende ist für die Gesellschaft glaub ich auch ein besonderes Thema, für die verschiedenen Gruppen innerhalb der Gesellschaft noch mal ein separates Thema und sie wird – nach meinem Dafürhalten – uns noch lange beschäftigen. Wende findet in Zukunft weiter statt, hoffentlich immer mit einer vernünftigen Orientierung und nicht noch mal mit 180 Grad in die Gegenrichtung. Das würde ich mir nicht wünschen. Das wäre es nicht. Nur schade, dass die ganzen sozialen Ansätze, die – wenn sie denn funktioniert hätten und ernst gemeint, konsequent und ohne Abstriche umgesetzt worden wären – die hätten ja fast das Elysium auf Erden bewirkt. Nur da muss sich eben jeder jetzt mal selber fragen: Ist es realistisch daran zu glauben?

Interview geführt und bearbeitet von Martin Boeck

„Für mich war es zu spät."
Ingrid Sittkus

1953 bin ich aus der Schule gekommen und da ging es bei mir nicht mehr so nach Plan, da durfte ich nicht in eine höhere Schule gehen, weil mein Vater ein Großbauer war. Sie haben gesagt, das sei ein Mensch, den sie nicht brauchen. Gerade in dem Jahr, in dem ich aus der Schule kam, ist er enteignet worden. Die haben alles bei uns rausgeholt. Wir durften nicht mehr den Hof betreten, nicht mehr die ganze Wohnung bewohnen.

Ingrid Sittkus wurde 1939 im thüringischen Greußen geboren. 1953 wurden ihre Eltern enteignet und mussten den gesamten Besitz abgeben. Sie hätte sehr gern studiert. Sie wollte Apothekerin werden. Stattdessen ging sie nach der 8. Klasse von der Schule ab und begann eine Lehre als Großhandelskauffrau im Rechnungswesen. Die Ereignisse vom Aufstand am 17. Juni 1953 sind für Ingrid Sittkus bis heute verknüpft mit ihrer größten Enttäuschung.

Der 17. Juni 1953, da waren wir gerade enteignet worden. Ich wollte zur Oberschule gehen. Aber weil mein Vater selbstständig war, hätte ich Schulgeld bezahlen müssen. Da waren wir finanziell überhaupt nicht in der Lage dazu, weil mein Vater in der DDR keine Arbeit bekommen hat. Als er in die LPG rein wollte, ist ihm vom Rat des Kreises gesagt worden: „Die LPG ist kein Asyl für Großbauern!" Da kam er nicht rein. Er war bis 1956 arbeitslos. Vom Aufstand habe ich nichts mitgekriegt. Wir waren hier ein bisschen hinter dem Mond. Wir haben nur mitgekriegt, dass das dann ein bisschen gelockert wurde. Da durften wir wieder in unsere Wohnung, da wohnte schon jemand drin und wir mussten warten, bis derjenige raus war, aber wir konnten dann wenigstens mal die Wäsche auf den Hof hängen. Ich habe immer die Wäsche in die Nachbarschaft gebracht und sie da auf die Leine gehangen. Die LPG hatte uns ja den ganzen Hof weggenommen, und wir durften das ganze Grundstück nicht mehr betreten. Gar nichts. Das waren wirklich ganz, ganz schlimme Zeiten. Ich musste sogar mein bisschen Lehrlingsgeld zu Hause abgeben, damit die überhaupt mal ein Brot kaufen konnten. Die hatten

Festveranstaltung der LPG „Glückliche Zukunft" in Greußen im Oktober 1959. Der Vater von Ingrid Sittkus „durfte" 1956 in diese Genossenschaft eintreten.

keinen Pfennig Geld und vier Kinder. Das kann man sich gar nicht vorstellen. Als sie dann einen neuen LPG-Vorsitzenden hatten, hat der gesagt: „Na ja, da vergessen wir mal, was alles früher war. Du kannst in die LPG rein gehen." Na und dann war er eben in der LPG. Weil die ihn gnädiger Weise aufgenommen haben, durften meine jüngeren Schwestern dann auch in eine höhere Schule. Ich durfte ja nur acht Jahre hingehen und die konnten dann studieren. Da ging das dann. Aber ich durfte es nie! Ich hätte als Erwachsene vielleicht, und ich hab ja auch alles Mögliche wie Fernstudium und so gemacht, aber es war eben nicht das! Ich bin eben nur in der Verwaltung groß geworden und ich wollte eigentlich Apotheker werden. So und das war es dann. Ich hab dann mit 21 geheiratet und mit 22 das erste Kind gekriegt und ich habe dann mein ganzes Leben lang, 30 Jahre lang hintereinander, in der Pädagogischen Hochschule gearbeitet.

Ingrid Sittkus heiratete 1960. Eine Tochter und ein Sohn wurden geboren. Die kleine Familie zog 1965 nach Erfurt. Dort arbeitete Ingrid Sittkus bis zur ihrer Rente 1997 in der Personalabteilung der Pädagogischen Hochschule.

Mein Mann, der ist schon mit mir in die Grundschule gegangen und ab der Tanzstunde war er mein Freund. Eigentlich ganz schön jung, mit 16 Jahren. Aber das war nicht so wie heute, der durfte nicht bei uns rein und ich bin nicht zu denen rein. Ich konnte abends trotzdem nicht weg. Ab und zu mal ins Kino bis halb neun, das war schon viel. Mein Mann ging in die Polytechnische Oberschule und hat Abitur gemacht. Er studierte dann in Halle (Saale) Volkswirtschaft. Der durfte studieren, weil er ein Arbeiterkind war. Dann war er hier in Erfurt als Abteilungsleiter beim Wirtschaftsrat angestellt und ist von dort ins Bekleidungskombinat gekommen. Dort ist er jahrelang bis zu seinem Tod als Kombinatschef tätig gewesen. Am Ende war er noch zum Generaldirektor vom Bekleidungskombinat berufen worden, aber er ist leider schon, mit 48 Jahren, gestorben. Da hatte er schon den fünften Herzinfarkt gehabt. Und seitdem bin ich alleine.

Nachdem der Ehemann das Studium beendet hatte, wollte das junge Paar die DDR mit ihrer kleinen Tochter verlassen. Durch den Bau der Mauer 1961 fanden diese Pläne ein jähes Ende.

Ich hätte mit dem Baby über die Mauer klettern müssen und da habe ich gesagt: „Das mache ich nicht mit!" Wir sind schön dageblieben. Da waren wir artige Bürger in der DDR. Damals wollten wir noch weg. Dann ist mein Mann in die Partei gegangen, weil sie alle rein wollten, oder mussten, wenn sie was werden wollten. Er hatte ja nicht umsonst studiert und wollte ja auch irgendwann einmal was zu sagen haben. Im Großen und Ganzen musste man da rein. Man hätte vielleicht auch in eine andere Partei gehen können, aber er kam aus einem sozialistischen Elternhaus. Das waren alles gute Genossen. Und mein Mann war ganz groß da. Der hat bis zuletzt alles mitgemacht und war überall sozusagen „Meister Matz". Nachdem er sämtliche Auszeichnungen schon weg hatte, war es am Ende dann noch der „Vaterländische Verdienstorden". Er war ein ganz Guter. Wir haben uns aber über Politik zu Hause nicht unterhalten. Da fiel kein Wort darüber. Mich wollten sie immer mal für die Partei werben. Aber da bin ich extra nicht rein. Weil die mich damals nicht gelassen haben, habe ich auch nichts Besonderes für die DDR gemacht. Ich habe zwar ordentlich gearbeitet, was meine Pflicht war, aber keinen Schlag mehr. Auch mein Mann hat immer gesagt: „Da brauchst du auch nicht rein zu gehen. Wir haben einen teuren Genossen in der Familie und das reicht." Das war nämlich immer ganz schön teuer mit den (Partei)-Beiträgen.

Mein Mann war in dem Regime als Kombinatsdirektor groß da, aber er hat mir nicht erzählt, was da war und ich habe ihn nicht behindert. Ich habe mich immer und überall schön fein raus gehalten. Vor allen Dingen war ich immer voll beschäftigt. Ich hatte viel zu tun und viel Verantwortung. Wenn ich nach Hause kam, hatte ich weiter die ganze Verantwortung, weil mein Mann fast nie zu Hause war. Der war immer unterwegs und war dann auch ganz ausgebrannt, wenn er nach Hause kam.

Die hohe Funktion des Mannes war auch mit Einschränkungen verbunden. Die Familie durfte keinen Kontakt zum Bruder aus Köln haben und fühlte sich durch die Staatssicherheit ständig beobachtet.

Weil mein Mann ein strammer Genosse war, durfte der nicht mal mit seinem Bruder sprechen. Ich konnte früher nicht einmal Briefe hinschreiben oder nach drüben telefonieren. Das haben die sofort abgehört. Da war er den anderen Tag Mode. Ich nicht, mit mir hatten sie nichts vor, weil ich ja nirgendwo dabei war. Aber der war immer gleich dran. Trotzdem haben wir manchmal mit meinem Schwager gesprochen, heimlich. Das hat funktioniert, weil der Vater von meinem Mann hier in Greußen wohnte und als der 80 wurde, kam auch der Sohn aus Köln zum Geburtstag. Bei solchen Gelegenheiten haben sie sich getroffen, aber das hätte er nicht gedurft. Mein Mann hat sofort am nächsten Tag von der Partei eine vor den Latz bekommen, er wurde doch immer bespitzelt von irgendwelchen Leuten. Man musste in der DDR genau wissen, mit wem man spricht und auch dann ist es noch mit Vorsicht zu nehmen. Wenn man zum Beispiel in einer Gaststätte saß, musste man damit rechnen, dass die IM's mit drin saßen. Wir haben nicht immer gewusst, ob die alle sauber sind. Also haben wir lieber den Mund gehalten. Es hat keiner groß direkt über Politik gesprochen. Ich wusste nicht, wer bespitzelt mich jetzt und geht nachher hin und verrät mich. Die waren wirklich überall dazwischen. Es war äußerst gefährlich.

Das politische Engagement und die berufliche Tätigkeit des Mannes verschafften der Familie gewisse Privilegien, was im Umfeld Neid und Missgunst auslöste.

Also das muss ich sagen, mir ist es in der DDR gut gegangen. Dadurch, dass mein Mann Kombinatsdirektor war und oft nach Berlin gefahren ist, konnte er all das einkaufen, was es hier in Erfurt nicht gab. Da hat er gesagt: „Was soll ich morgen mitbringen? Ich fahre morgen nach Berlin und da bring ich das alles mit." Unsere Kinder haben gerne Nudossi gegessen und dann hat der das eben von Berlin mitgebracht. Hier gab es so etwas überhaupt nicht. In Berlin gab es alles. Außerdem brauchtest du Beziehungen zur Verkäuferin, wenn du deinem Kind auch mal Apfelsinen oder Bananen kaufen wolltest. Die Beziehung hatte ich. Wir hatten sie wirklich. Das gebe ich offen zu. Uns ist es wirklich auch in der DDR gut gegangen. Wir haben auch immer irgendwo einen Ferienplatz gehabt. Damit waren wir so gut gestellt, dass wir die gesamte Verwandtschaft mitgeschleift haben. Natürlich waren wir nur in den Ostländern oder innerhalb der DDR im Urlaub. Ich hätte vielleicht auch gerne mal was anderes gemacht, aber es ging eben nicht und ich kann nicht sagen, dass ich das unbedingt brauchte. Aber ich hatte immer Glück, dass ich jemanden hatte, der alles bekommen hat, aber keine Zeit hatte, das für sich persönlich auszunutzen. Was die Nachbarn nicht alles hinter mir her gerufen haben: „Du altes Bonzenschwein!" Solche Sachen hat es gegeben. Mein Mann wurde jeden Morgen mit dem Auto abgeholt und abends wieder nach Hause gebracht. „Das fette Schwein, der alte Bonze, der könnte ruhig mal laufen", so etwas haben sie schon gesagt. Aber, dass die

Leute sich hinter vorgehaltener Hand darüber unterhalten haben, das habe ich erst hinterher erfahren. Ich habe mich nie so um die Leute gekümmert.

Die Entwicklungen in den Achtzigerjahren waren von persönlichen Schicksalsschlägen überschattet.

Da hatte ich nur jahrelang große Sorgen, denn jedes Jahr war mein Mann neu krank, immer krank und dann ist er schon 1986 gestorben. Ich habe in den Achtzigerjahren zu viel selbst gehabt, dass ich überhaupt nicht richtig denken konnte. Als mein Mann 1986 starb, da hatte ich keine Zeit überhaupt noch zu denken. Ich habe mir auch Mühe gegeben, nicht immer an alles zu denken. Außerdem hatte ich ja in der Hochschule einen ziemlich verantwortungsvollen Posten. Ich war der stellvertretende Personalchef in dem ganzen Laden. Da konnte ich auch nicht mit einem Professor reden, wie ich vielleicht gerne gewollt hätte. Da musste man immer schön artig sein und sagen, was sich gehört. Wer da nämlich politisch quer gepfiffen hätte, der konnte sein Säckchen packen. Die wurden entlassen oder wer weiß wohin gebracht. Die ganzen Abteilungen waren durchsetzt mit Genossen und da konnten wir den Mund nicht aufmachen. Dass es jemals zu einer Wende kommt, hat keiner gedacht. Wir haben gedacht, wenn, dann knallt es richtig. Aber damit hat niemand gerechnet, dass das so friedlich abgeht. Also wir nicht jedenfalls. Ich hätte gedacht, ehe das wieder zurückgeht, da kracht es zwischen den Genossen und dem Volk, weil sich die Leute das nicht mehr bieten lassen. Aber eigentlich habe ich wirklich nicht gerade sehr politisch gelebt. Die Wende habe ich dann nicht so bewusst wie viele Andere mitgekriegt.

Am 9. November, da habe ich abends noch Nachrichten gehört. Am anderen Morgen um sieben, war ich wieder schön auf Arbeit und da waren viele Leute überhaupt nicht gekommen. Und da haben alle gesagt: „Hast du es gehört, dass die Mauer gefallen ist, diese Nacht." Das habe ich nicht gemerkt. Ich nicht. Die Montagsdemonstrationen, so etwas habe ich im Fernsehen mitgekriegt. Da habe ich mir auch jeden Tag große Notizen gemacht. Ich habe mir schon aufgeschrieben: Jetzt ist der weg, oder der. Ich habe auch heute noch so einen dicken Hefter voll damit. Das hat mich schon ein bisschen interessiert, was aus den ganzen Genossen wurde. Heute kümmert mich das eigentlich auch nicht mehr. Aber damals habe ich gedacht, das müsste dein Mann noch miterleben. Da könntest du ihn fragen, was ist mit dem und mit dem?

Die Wende bedeutete für Ingrid Sittkus persönlich kaum Veränderungen. Seither genießt sie vor allem die Freiheit, überall hin reisen zu können. Andererseits ist ihr bewusst, dass mit dem Ende der DDR viele Menschen aus ihrer Region ihre Arbeit verloren haben.

Endlich gab es wieder ein einheitliches Deutschland. Aber hier für uns ist es doch sehr schwer gewesen, für viele Leute. Da braucht man jetzt nur mal Greußen zu nehmen, da gibt es bald keinen Betrieb mehr. Alle Leute stehen auf der Straße oder wissen nicht wohin. Also da ist es ganz schön schlimm. Ob das immer so nötig war? Das glaube ich nicht. Früher gab es hier keine Arbeitslosen. Da hatte jeder Asoziale Arbeit. Das kenne ich ja aus persönlicher Erfahrung, weil ich Personalchefin war. Wir hatten Hofkehrer oder Küchenhilfen, die aus Gefängnissen kamen und die wir nehmen mussten. Da gab es überhaupt keine Diskussion. Die hatten dann einen Arbeitsplatz, aber kamen einfach nicht zur Arbeit. Um die paar Asozialen musste ich mich manchmal mehr kümmern, als um die tausend anderen. Wir sind immer hinter denen hergelaufen und haben sie zur Arbeit geholt. Das war ganz schlimm. Nach der Wende haben sie sofort aufgehört, bei uns zu arbeiten: „Na das haben wir doch jetzt nicht mehr nötig." Die sind garantiert daran kaputt gegangen. Die haben ja nie wieder Arbeit bekommen. Solche hat doch niemand mehr genommen und das mit Recht. Ich habe immer gesagt, daran sieht man, dass man sich die größte Mühe geben kann mit manchen Leuten, und das haben wir gemacht, und trotzdem sind die nichts geworden, wollten nicht. Solche Leute sitzen jetzt überall rum und betteln, das ist solches Volk. Das müsste auch heute keiner. Es gibt jetzt Sozialhilfe, es gibt für solche Kunden Miete und alles. Auf der Straße bräuchte niemand zu sitzen, aber das wollen ja die ganzen Asozialen. Das gefällt denen. Ja es ist wahr.

Was haben wir damals gesagt? Der Sozialismus ist eine feine Sache, er ist nur nicht für alle da. Das haben Marx und Engels in ihrem „Kapital" wunderschön beschrieben. Nur haben sie vergessen, den Menschen da mit einzubeziehen. Denn es gibt immer Menschen, die schlecht sind und gut sind und faul und fleißig und das geht nicht so. Die haben immer gesagt im „Kapital", jeder muss das Gleiche bekommen, es wird alles gemeinsam gemacht und alles geht gemeinsam in gleiche Teile. Da hätte ja jeder faule Hund das Gleiche bekommen, wie einer der sich aufopfert. Das war das, was die in ihrem „Kapital" vergessen haben. Die haben den Menschen vergessen.

Deswegen sind ja die Leute auch so auf die Barrikaden gegangen 1989.

In der rückblickenden Bilanz mischen sich bei Ingrid Sittkus Stolz auf die persönlichen Erfolge und tiefe Bitterkeit.

Ich kann vieles nicht sagen, weil ich nicht so ein politischer Mensch war. Aber so schlecht war die DDR wiederum auch nicht. Viele sehen viel Negatives, aber mir ist es früher nicht schlecht gegangen und danach auch nicht. Ich hatte zwei ordentliche Kinder, die ordentlich was gelernt und gearbeitet haben. Darauf bin ich an und für sich stolz. Wir haben Gott sei Dank eine Familie, in der alle nicht schlecht eingeschlagen sind. Wer einigermaßen ordentlich ist, der wird in jedem Land etwas. Die geben sich dann auch Mühe, dass sie wieder irgendwo reinkommen und wenn es etwas anderes ist. Mein Schwiegersohn war in der Pädagogischen Hochschule und er ist seitdem an der Fachhochschule in Erfurt. Er hat Glück gehabt. Es ist gut gelaufen. Auch meine Tochter, als Soziologe, hat auch von Anfang an Arbeit gehabt, beim Arbeitsamt. Die hatte es in der DDR gut und hat es auch jetzt noch gut. Die Familie meiner Schwester konnte sich dann selbstständig machen, für die war es ja etwas Besonderes. Für mich war ja das alles zu spät, weil ich dann schon alt war und alleine. Ich habe bis 1997 in meinem Beruf weiter gearbeitet, als Personalchef. Ich habe auch die ganzen Angestellten von der Hochschule eingestellt und entlassen. Nach der Wende wurden die ja massenhaft entlassen. Ich habe sie alle auf dem Tisch gehabt. Mir ist dann gemeldet worden, der muss morgen gehen und der geht. Da wusste ich dann, hier brauche ich nicht mehr viel zu fragen. Die waren dann in der Partei oder haben eben auch für die Stasi gearbeitet oder wer weiß was. Schlimm. Ich habe ja eine ganz saubere Akte.

Ich habe alles gut überstanden, aber bei mir ist alles zu spät gewesen. Wäre die Wende zwanzig Jahre früher gewesen, dann hätte ich vielleicht noch mal was mit einem Studium machen können oder irgendetwas, das sich lohnt. Aber so? Für mich war es zu spät. Das habe ich immer gesagt: Blöd, dass das jetzt erst kommt. Ja, die Wende kam viel zu spät für mich, die hätte ich früher haben wollen. Bei mir ist alles so weiter gelaufen wie vor der Wende. Ich habe nichts verloren. Ich habe deutlich mehr Geld verdient, das hätte ich zwar lieber schon früher gehabt, aber das ging eben nicht. Das war man nun mal nicht anders gewöhnt. Ich habe weiter so gelebt wie immer und mir auch nicht mehr gegönnt. Ich hatte doch alles. Aber, dass ich nicht meinen Beruf lernen konnte, den ich wollte, darüber ärgere ich mich bis zu meinem Tod.

Interview geführt von Kathrin Jakob; bearbeitet von Kathleen Butz

„Ich habe die Leichtigkeit des Seins verloren, aber meinen eigenen Weg gefunden."

Christine Ott*

Jetzt, wo wir so darüber reden, kommen die Erinnerungen. Taucht jetzt auf, das weinrote Jackett und die weinroten Schuhe. Ja, ja in weinrot. Weiß ich noch wie heute. Und ich kann mich gut erinnern, da habe ich so geweint, weil ich kam da mit diesen Schuhen, wie man das ja immer so tut, mit neuen Schuhen, in einen fürchterlichen Regen und da hatte ich dann also solche wunderbaren Ränder auf meinem dunkelweinroten Leder. Und es hat Monate, Wochen gedauert, bis ich die wieder weg hatte, mit Schuhputzcreme, furchtbar. Ich konnte sie nicht zurückbringen.

Christine Ott wurde an einem kalten Januartag im Jahr 1962 als Tochter von Renate und Lothar Frey geboren. Ihre Mutter stammt aus einer Kleinbauernfamilie aus dem kleinen Ort Kaltenlengsfeld. Bei der Ausbildung zur technischen Zeichnerin in Erfurt lernte sie ihren zukünftigen Mann Lothar Frey kennen. Er wurde als Sohn eines Malermeisters geboren, lernte im Starkstromanlagenbau Leipzig-Halle und studierte dann an der TU in Zittau. Renate und Lothar Frey heirateten 1960 und bezogen eine kleine Neubauwohnung. Christine Ott wuchs mit ihrem jüngeren Bruder in Erfurt auf, wo sie im Jahr 1968 eingeschult wurde. Zwei Jahre später wechselte sie an eine Schule mit erweitertem Russischunterricht, wo sie ihr Abitur in der russischen Sprache ablegte.

Zur Schule gegangen bin ich eigentlich schon immer gerne. Das hat Spaß gemacht. Wir waren eigentlich auch immer eine dufte Truppe. Also ich kann mich noch erinnern, dass wir in der 11. Klasse noch eine super geile Weihnachtsfete hatten, weil bei uns auch einige Musik gemacht haben und in dieser Kneipe haben wir also eine riesen Party gemacht. Dort fand am selben Abend auch noch eine Hochzeitsfeier statt und da durften wir dann mitfeiern und das war außerdem noch freitags. Und wer natürlich sonnabends früh in der Schule war, war Christine, so blöd wie man war. Die andere Hälfte der Klasse war nicht anwesend. Selbst unser

Klassenstreber erschien nicht zum Unterricht. Natürlich bin auch ich in der 7. Klasse in die FDJ eingetreten, ich war dann, glaub ich, auch FDJ-Sekretärin in der Klasse. Wir haben also Seminare gehabt, wo ich schon nicht mehr weiß, wie sie hießen. Aber das ist bei mir ein riesengroßes schwarzes Loch. Das ist einfach weg. Wir hatten halt unsere Gruppennachmittage und das ging von Weihnachtsbasteln bis über irgendwelche Lieder singen. Ich kann nicht mehr sagen, was wir dort gesungen haben. Das hat halt Spaß gemacht und mehr, mehr auch nicht. Eigentlich war ich seit der 5. Klasse in der Sportgemeinschaft, da spielten sich meine Freizeitaktivitäten und mein gesellschaftliches Leben ab. Ich habe also viermal in der Woche Training gehabt im Geräteturnen bei Dynamo Erfurt-Mitte und arbeitete dann ab der 9./10. Klasse auch selber dort als Übungsleiterin. Also wir sind viel in Trainingslager und zu den Wettkämpfen gefahren. Was dann noch übrig geblieben ist an Freizeit, fand dann bei meinen Großeltern statt.

Im Vergleich zu anderen Schulen soll es an der Schule von Christine Ott sehr streng zugegangen sein.

Aber das war für mich normal, auf so eine Schule zu gehen und ich habe das auch nicht in Frage gestellt. Ich kann mich auch dunkelschwarz erinnern, dass in der 6. oder 7. Klasse, von heute auf morgen irgendwie zwei oder drei Schüler nicht mehr da waren. Es hieß dann: die sind in den Westen abgehauen. Aber das hat die Gemüter nicht weiter beunruhigt. Das war halt so. Allerdings ist darüber auch nicht geredet worden. Später war das dann schon anders. Also in der 11. und 12. Klasse, da hat sich dann schon ne Verwandlung vollzogen, weil wir erwachsener geworden sind oder einfach auch mehr wussten. Wir hatten permanent Diskussionen mit unserem Staatsbürgerkundelehrer geführt. Sehr zum Ärger der Schulleitung, wo ich dann auch wieder hinzitiert wurde als FDJ-Sekretärin: Warum wir denn solche Debatten führen würden? Anlass der Auseinandersetzung war, dass der Vater eines Schülers bei einem Besuch seines Vaters im Westen geblieben ist. Da gingen schon die Wogen hoch, weil Jens unversehens von der Schule entfernt werden sollte. Wir haben uns als Klasse aber dagegen gewehrt und gestellt. Und auch Jens hat sein Abitur noch machen können. Allerdings ist er dann auch später in den Westen ausgereist, was nicht verwunderlich ist, so wie sie dann anschließend mit ihm umgegangen sind.

Die Eltern von Christine Ott haben den DDR-Staat nie in Frage gestellt, obwohl auch ihre Familie durch die Mauer getrennt wurde, was Christine Ott als normal empfand.

Es gab auch nichts in Frage zu stellen, weil es meinen Eltern relativ gut ging. Sie hatten eine Neubauwohnung, die sie sich einrichteten. Meine Mutti war zuhause und mein Vater konnte die Familie trotzdem ernähren, alleine. Über die Arbeit hat mein Vater nie zu Hause geredet. Er hat das im Prinzip eigentlich vor unserer Familie abgeschirmt und wenn mal auf ner Parteiversammlung irgendein großer Krach war, dann hat er gesagt, es ist sowieso alles nur Käse. Und damit war die Sache für ihn erledigt. Über das haben sich meine Eltern im Beisein der Kinder nicht unterhalten. Es wurde nur das Thema abgehandelt, wofür wir Kinder schon in Frage kamen und das war nicht viel. Also ne richtige politische Debatte mit meinem Vater hab ich nie geführt. Er hat auch nichts in Frage gestellt, obwohl er nicht unpolitisch war. Der ist auch in den 60er-Jahren in die Partei gegangen. Er war in seinem Betrieb verantwortlich dafür, dass kreative Lösungen gefunden wurden, um bestimmte Engpässe zu überbrücken. Aber er hat nie darüber geredet, dass es Engpässe gab. Es hat in meiner Erziehung keine Rolle gespielt. Ich bin von Haus aus autoritär und streng erzogen worden, in dem Sinne, dass man die Dinge des Lebens ernst zu nehmen hat, dass man höflich ist und seine Aufgaben jeden Tag erledigt, dass man seine Schuhe putzt und seine Bude einmal in der Woche sauber machen muss. Das stand also für meine Eltern in der Erziehung ganz oben. Von mir wurde auch erwartet, dass ich besondere Leistungen nach Hause bringe. Also das Lernen ist mir nie schwergefallen, aber wenn die Note schlechter war als ne Drei, gab es dann schon zu Hause erhebliche Diskussionen.

Nach dem Abitur wollte Christine Ott ihr Hobby zum Beruf machen und Sport studieren, aber ein Sportunfall in der 11. Klasse machte ihre Zukunftspläne zunichte. Verschiedene Alternativen dazu blieben Christine Ott versperrt. Ein Geschichtsstudium scheiterte an der fehlenden berufspraktischen Ausbildung, ein Auslandsstudium an einer verpassten Bewerbungsfrist.

So kam es, dass ich mich für Außenwirtschaft an der Hochschule für Ökonomie in Berlin-Karlshorst beworben habe, obwohl ich einen Onkel im Westen hatte. Das war ja der Pferdefuß, wo ich dann eigentlich gedacht habe: Mann, dich lehnen sie sowieso ab zu diesem Studium. Natürlich haben die mich zu meinem Onkel im Westen befragt, was denn wäre, wenn mir der auf einer Reise in den Westen begegnen würde, ob ich das melden würde. Da habe ich dann pflichtgemäß gesagt: „Natürlich melde ich das." Aber sie haben mich nicht gefragt, ob ich den Kontakt zu meinem Onkel abbrechen will. Mir wurden nur so allgemeine Fragen gestellt. Zu dieser Zeit gab es solche Familiengespräche, die auch zu diesem Weltbild gehört haben. Durch meinen Onkel wusste ich, dass es eben auch so Dinge im Westen gab, wie zum Beispiel die Arbeitslosigkeit. Da kann ich mich noch lebhaft an Diskussionen erinnern, wenn mein Onkel aus dem Westen da war, über die Butterberge, die in meinem Staatsbürgerkundelehrbuch vorkamen, und die Vernichtung von Butter in Spanien oder Apfelsinen in der EU. Ich konnte überhaupt nicht verstehen, warum der Kapitalismus sie nicht nach Afrika schickt, wo die Leute nichts zu Essen haben.

Nach dem Abitur 1980 musste Christine Ott zunächst eine einjährige berufsbegleitende Qualifizierung in der Außenhandelsbank in Erfurt durchlaufen. Zum Studienbeginn dann wurde sie als ehemalige FDJ-Sekretärin schon vor den anderen Studenten nach Berlin zur so genannten „roten Woche" eingeladen. Während dieser Woche lernte sie ihren späteren Mann Roland Ott kennen. Am Anfang des zweiten Studienjahres 1982 wollte Christine Ott ihr Studium aufgeben, weil sie sich mit den Studieninhalten und der Atmosphäre an der Schule immer weniger identifizieren konnte. Hinzu kamen private Schicksalsschläge, ihre geliebte Großmutter, einziger Bezugspunkt zum Rhöngebiet, verstarb 1982, und Christine war unglücklich in Roland verliebt. Am Ende des Semesters hatten sie und Roland sich endlich gefunden. Sie entschied sich, die Fachrichtung zu wechseln und Politische Ökonomie zu studieren. Das junge Paar wollte eine Familie gründen und suchte nun nach einem eigenen Heim.

Zum Entsetzen meiner Eltern habe ich ihnen dann im Januar 1984 mitgeteilt, dass ich schwanger bin, und dass ich im August ein Kind kriege. Rolands Eltern haben das sehr gelassen gesehen. Und währenddessen also Roland und ich das auch sehr gelassen gesehen haben, hat's bei meinen Eltern schieres Entsetzen ausgelöst: Wieso ich nicht mein Studium fertig mache, und so weiter und so fort. Im Januar 1984 haben wir dann schon geheiratet, ein Haus gekauft und ein Kind gekriegt. Nee, erst ein Haus gekauft, dann geheiratet und dann ein Kind gekriegt. Roland hatte zum Glück auf Drängen seiner Mutter, als er 18 war, in Fredersdorf bei Berlin einen Wohnungsantrag gestellt, weil du brauchtest ja irgendeinen Schein, um überhaupt eine Wohnung zu kriegen. In Fredersdorf gab's aber keine Wohnung. Aber es gab ganz viele leerstehende kleine Häuser. Leerstehende kleine private Häuser wurden damals auch als Wohnraum erfasst. Früher brauchtest du für erfassten Wohnraum einen Schein von der Gemeinde, und da reihtest du dich in die lange Liste der Wartenden auf eine Wohnung ein. Wir aber sind Wochenende für Wochenende die ganzen leerstehenden Grundstücke und Häuser abgeklappert und sind mit Penetranz jeden Dienstagabend bei der kommunalen Wohnungsverwaltung aufgetaucht und haben gesagt: „Was ist mit dem Haus, das da leer steht und wo die Fensterscheiben schon blind sind. Ist das erfasster Wohnraum?" Nachdem auch Rolands Schwestern und Mutter sich bei der Suche eingeklinkt haben, und wir nicht lockerließen, bekam meine Schwägerin Anne irgendwann eine Adresse von einem Häuschen, was wir als leer gemeldet haben, eine Privatadresse im Erzgebirge. Die Leute hatten ein Häuschen in Fredersdorf. Ja und dann sind wir mit denen innerhalb von vierzehn Tagen handelseinig geworden. Ich bin dann wieder ins Erzgebirge gefahren, schwanger, wurde immer dicker und dann hab ich, als Studentin, und Roland, als Student, ein Haus gekauft.

Hochschwanger absolvierte Christine Ott noch ihre Prüfungen, bis am 15. August 1984 ihr erster Sohn Bernhard zur Welt kam. Ganz allein, Roland befand sich im Studentensommer, kümmerte sie sich nun um die Baustelle und um das neugeborene Kind und fand keinen Krippenplatz.

Ich hab dann also nach viel Überredungskunst ab Januar eine private Tagesmutti gefunden. Justament 1985 im Januar fiel jede Menge Schnee, auch in Fredersdorf. Ich bin dann also fünf Kilometer mit dem Schlitten, mit Bernhard durch den Schnee. Hab den zu seiner Tagesmutti gebracht. Dann bin ich noch mal anderthalb Kilometer bis zum S-Bahnhof gelaufen. Also das hat sich für mich auch unauslöschlich eingebrannt. Muss ich ganz ehrlich sagen. Diese erste Zeit.

Christine Ott nahm Nachhilfeangebote und Sonderreglungen für junge Mütter der Hochschule in Anspruch, wodurch sie schon im Winter 1985 weiterstudieren konnte. Auf diese Weise lernte sie ihren Doktorvater kennen, der ihr ein Forschungsstudium anbot, das in eine Dissertation münden sollte.

Damit hatte ich mich nicht befasst, also ich war ja frisch verliebt, verheiratet, ein Kind an der Backe, ein noch nicht fertiges Haus und Garten und, also alle dreitausend Probleme, die man in dem Alter auch mit Leichtigkeit bewältigt. Ich hab dann innerhalb von einem halben Jahr meine Diplomarbeit geschrieben. Da hab ich gesagt: „Ja, ich mach das Forschungsstudium." Ich bin meinem Doktorvater dann allerdings in die Parade gefahren, denn ich hab ihm unmittelbar nach der Verteidigung der Diplomarbeit gesagt, dass ich schwanger bin mit dem zweiten Kind. Und da war er eigentlich ziemlich locker und hat gesagt, das erwartet er eigentlich auch bei ner Frau, dass sie Kinder kriegt.

Vor der Geburt von Robert war ich drei oder vier Mal im Krankenhaus und bin jedes Mal nach Hause geschickt worden. Irgendwann habe ich dann gesagt: „Wir sind so weit übern Termin, machen Sie irgendwas, und wenn Sie sich mir auf'm Bauch setzen. Das kann echt nicht sein." Ich hatte über Stunden Wehen und die wollten nichts machen. Aber dann ging's eben irgendwann los, und dann kam für mich eigentlich das einschneidendste Erlebnis, das ich sicher auch nie vergessen werde. Erst war überhaupt keine hektische Betriebsamkeit um mich herum, weil ich stöhnte da halt für mich alleine. Roland konnte nicht mit rein, weil er sich ja um das andere Kind kümmern musste. Ich durfte nicht mal ein Buch mitnehmen in den Kreißsaal, und ich hätte so gern ein Buch gelesen über diese vie-

45

len Stunden. So hast du immer nur das Ticken der Uhr gehabt. Heute ist das vielleicht anders und man muss nicht unbedingt den Mann dabei haben, aber es ist schön, wenn jemand da ist, den man festhalten, was erzählen kann. Jedenfalls stimmte dann irgendetwas nicht mit dem Robert und mir und dann waren auf einmal dreitausend Ärzte da und dreitausend Schwestern, und alle kümmerten sich um mich und sahen zu, wie sie den Robert da aus mir rauskriegten. Dann rannten sie alle weg und ließen mich da alleine liegen. Das war meine bis heute tiefgreifendste Erinnerung an diesen Tag. Robert hatte die Nabelschnur um den Hals und hat nicht geatmet als sie ihn dann raushatten. Ich hörte nichts, die ließen mich da ganz alleine liegen. Aber das war die schlimmste Sekunde, Minute, die ich erlebt hatte. Es waren vielleicht auch nicht mal 30 Sekunden, aber für mich war es ne Unendlichkeit.

Es ging noch einmal alles gut. Christine Ott konnte mit ihrem Sohn ein Jahr bezahlt zu Hause bleiben. Während Roland 1987 bei dem internationalen Handelszentrum Transinter in Berlin arbeitete, fiel ihr mit den zwei Kindern beinahe die Decke auf dem Kopf. Sie konnte sich durchsetzen und wenigstens ihren ältesten Sohn Bernhard in die Kinderkrippe bringen, um so weiter an ihrer Dissertation zu arbeiten.

Als ich dann mit dem Studium 1987 wieder anfing, platzte da eine politische Bombe nach der anderen. Ich erfuhr da zum Beispiel das erste Mal, dass unser Seniorprofessor, der Professor Hans Matek, Jude ist. Das Jüdisch-Sein hatte in der DDR überhaupt keine Rolle gespielt. Ich wusste dann auch, dass wir zum Beispiel mit Professor Nathan Steinberger jemanden hatten, der also 1955 mit dem letzten Zug aus Sibirien aus einem Stalinlager zurückgekommen ist. Das spielte zuvor in unserem Bewusstsein überhaupt gar keine Rolle, und das löste natürlich erhebliche Debatten aus. Ich war da in einer Phase des Entsetzens, weil immer mehr verschwiegene historische Fakten nach oben schwammen, die einem immer wieder die Beine weggehauen haben. Dass ich als Historikerin das alles nicht wusste, das hat mich damals sehr mitgenommen und erschüttert. Dass zum Beispiel die Kollektivierung der Landwirtschaft in Russland und die ganze Geschichte der Industrialisierung der Sowjetunion in den

Christine Ott mit ihrem Mann und ihren zwei Söhnen.

zwanziger und dreißiger Jahren entsetzlich viele Tote verursacht hatte, das wollte ich zu dem Zeitpunkt einfach nicht wahrhaben, das waren für mich Lügen, die da erzählt worden sind, bis es dann tatsächlich so war, wie es halt war. Diese Verlogenheit war besonders schlimm. Ich kann mich auch noch an das Sputnik-Verbot erinnern. Sputnik war ein populärwissenschaftliches Heft, was die Sowjetunion verlegt hat, wir hatten das abonniert. Dann sickerte auch durch, dass irgendein hoher Orden an den rumänischen Staatschef Ceaușescu vergeben werden sollte, worüber sich also alle Welt echauffierte.[2] Es kochte also alles hoch und durch, was mir aus meiner Geschichtskenntnis, meiner Erziehung, der Schule verborgen geblieben ist oder uns nicht erzählt worden ist. Das war nicht erst nach der Wende, sondern das war halt schon vorher. 1986/87 habe ich ja in einem relativ luftleeren „Loch" gelebt und war eher mit familiären Angelegenheiten beschäftigt. Wir haben über das ein oder andere sicher politisch diskutiert. Aber daran kann ich mich jetzt nicht erinnern. Ich weiß nur, dass ich genug zu tun hatte, um mich auf diese Seminare ... und ich hatte ja auch den Haushalt mit zwei Kindern an der Backe. 1987 haben wir ja auch an unserem Haus ge-

---

2 Gemeint ist der Karl-Marx-Orden, den die DDR-Regierung 1988 an den rumänischen Diktator Nicolae Ceaușescu verlieh.

baut, wir haben permanent auf drei Baustellen gewirkt. Und darum rankte sich dann eigentlich mehr oder minder das familiäre und verwandtschaftliche Leben.

Als Mitarbeiter der Außenhandelsfirma Transinter besuchte Roland Ott seit 1985 die Leipziger Messe. In den folgenden Jahren begleitete ihn seine Frau mit den Kindern.

Meine Klassenkameradin Ulrike hat mit ihrem Mann Joe und mit ihren Kindern in einer Altbauwohnung in Leipzig gewohnt, wo eigentlich ein Teil schon gesperrt war, weil oben drüber das Dach kaputt war und da nisteten Tauben. In Leipzig gab es nicht so viele Hotels und da haben wir und die anderen Messebesucher in diesen Zimmern übernachtet. Dann lief das so ab, dass am Sonnabend früh, nach einer feucht-fröhlichen Nacht, immer bestimmt wurde, wer am nächsten Tag früh aufsteht und mit den Kindern Frühstück macht. Dann wurden die Kinder versorgt und der Rest der Mannschaft aus dem Bett geschmissen, und dann sind wir meistens in den Tierpark mit den Kindern. Am Abend wurde zusammen Essen gekocht und dann gingen die nächsten, wilden, wüsten politischen oder unpolitischen Debatten los. Da wurde über Gott und die Welt diskutiert und über das, was von uns aus gesehen politisch in Ordnung war und was nicht in Ordnung gewesen ist. Aber nicht irgendwie aufrührerisch und umstürzlerisch, sondern in dem jugendlichen Elan und Wahnsinn, irgendwas an seiner Stelle, wo man arbeitet, verändern zu können. Also ich denke schon, dass alle, die da am Tisch saßen, gesehen haben, dass da Vieles nicht gestimmt hat, einige waren auch richtig mittendrin in der Produktion, aber alle meinten, dass das System an sich in Ordnung ist. Wie groß die Engpässe in der Produktion tatsächlich waren, hat sich uns jungen Leuten, die wir dann in der Messe am Wochenende saßen und diskutiert haben, tatsächlich nicht erschlossen. Ich glaube aber schon, dass ich durch das Studium gelernt habe, die Welt zu hinterfragen, was sie tatsächlich im Innersten zusammenhält. Das ist eigentlich die Methode des Marxismus-Leninismus, die Dinge auch zu hinterfragen. Das ist schon eine meiner Grundüberzeugungen, dass da vieles auch heute dran richtig ist, an bestimmten Dingen. Also alles hab ich ja auch nicht gelesen, aber das, was wir zum Teil gelesen haben und in endlosen Nächten bei vielen Gläsern Rotwein und

Alkohol debattiert haben, hat ja letzten Endes immer wieder darin gemündet, dass wir einfach die Welt verändern wollten, was uns nicht gefallen hat. Dass dann vielleicht über die Jahre da auch Schranken gewachsen sind, das wollte von uns keiner in dem Moment wahrhaben. Kannste auch gar nicht. Wenn du mitten drin bist in dem Prozess. Ich hab bestimmte Dinge einfach nicht wahrgenommen.

1989 befand sich Christine Ott in der Endphase ihrer Dissertation.

1989, was soll ich dazu sagen? Also diese ganzen Entwicklungen und Ereignisse, die sind mehr oder minder an mir vorbeigegangen, weil ich mit meiner Dissertation beschäftigt war.

Wir sind 1989 das erste Mal in den Urlaub gefahren ins Zittauer Gebirge. Da haben wir einen Ferienplatz gehabt von meiner Hochschule, wo wir mit den beiden Kindern waren und da ging das dann schon los, dass die Leute alle im August, September nach Prag sind. Aber was das nun im Einzelnen für gravierende Fälle gewesen sind, muss ich dir ganz ehrlich sagen, das hat mich nicht so interessiert, weil es hat einfach bei mir zu Hause keine Rolle gespielt.

An der Hochschule sind die Probleme in der DDR diskutiert worden, aber es wurde keine Lösungsmöglichkeit angeboten. Natürlich haben wir die heftigsten Debatten da geführt, weil uns Jungen das nie gereicht hat, immer den Maulkorb umgehalten zu bekommen. Nachdem Honecker abgedankt hatte, da war eigentlich die Hoffnung bei uns jungen Leuten, dass jemand Jüngeres an die Macht kommt und das da irgendwie wieder hinbiegt. Aber über das ganze Ausmaß, auch der wirtschaftlichen Instabilität, also ich habe das nicht gewusst, oder auch nicht erahnt, oder wie auch immer. Also ich war eher mit meinen Kindern, mit meinem Haushalt und mit meiner dämlichen Dissertation beschäftigt.

Um konzentriert an ihrer Dissertation arbeiten zu können, zog Christine Ott im Herbst 1989 für einige Wochen wieder in das Studentenwohnheim in Berlin-Karlshorst ein.

Das war der 7. Oktober, draußen war ein total grauer Tag. Ich habe da in Karlshorst eigentlich nichts mitgekriegt, weder Nachrichten gehört noch das Radio angehabt und wusste so gar nicht, was um mich herum war. Ich war wie in Watte eingepackt. Danach bin ich krank geworden, so dass ich dann diese berühmte Nachricht vom 9. November auch nicht gesehen habe. Da lag ich krank im Bett. So wurde mir eigentlich erst Weinachten 1989 alles richtig bewusst. Ich empfand Weihnachten 1989 als ziemlich heftig. Also irgendwie war das so eine Untergangsatmosphäre. Das hing aber auch mit familiären Dingen dann zusammen.

Wir waren bei meinen Eltern 1989 zu Weihnachten und ich schenkte meiner Mutter zwei Bilder von unserem Haus in Kaltenlengsfeld, ihrem Elternhaus. Meine Mutter fing an zu weinen und ich wusste gar nicht warum. Aber sie weinte einfach aus einem ganz persönlichen Moment heraus, weil sie sich an ihre Eltern erinnerte und da ich ja auch sehr nahe am Wasser gebaut war, heulten wir dann alle beide und mussten dann erstmal ins andere Zimmer gehen, unsere Kinder waren etwas konsterniert, die waren ja klein und verstanden das ja nun gar nicht. Irgendwann, nachdem wir dann diese Weihnachtsgeschichte hinter uns gebracht hatten, machte mein Vater die Spätnachrichten an und da brachten die eine Meldung von so einem Kinderheim in Rumänien. Das weiß ich noch genau wie heute, es prägen sich einem eben doch so manche Dinge ein, wo andere Sachen einen total verlassen. Bei diesen Aufnahmen, als ich da die Kinder gesehen habe und diese Gräuel, die im Namen der Gerechtigkeit oder die im Namen des Sozialismus den Kindern angetan wurden, da war's bei mir aus. Da war bei mir eigentlich auch so innerlich klar ... Die nächsten Tage waren wie im Nebel, dann auch der Januar noch, und ich wollte eigentlich auch nichts mehr sehen und nichts mehr hören. Also von wegen Freude oder Wende oder wie auch immer. Nach und nach begriff ich, dass die Masse der Bevölkerung nicht den Weg will, den wir gehen wollten oder den ich gehen wollte. Das ist auch das, was auch heute noch nach den vielen Jahren immer noch schmerzt, wie diese Vision einer Alternative zum Kapitalismus auf Dauer für die nächsten wie viel hundert Jahre zerstört worden ist, von Leuten, die von Tuten und Blasen einfach keine Ahnung hatten. Wohin der Weg führte, das wusste ich bestimmt im Januar auch noch nicht, das wussten wir aber dann alle im März. Spätestens als Kohl die Zusage gemacht hatte, dass alles Eins zu Eins übertragen wird, war jedem klar, der ein bisschen wirtschaftliches Verständnis hatte -

und das hatten wir, Roland und ich - dass das alles sozusagen mit Pauken und Trompeten in sich zusammenfällt. Jedenfalls war ich damals schon froh, dass es bei uns unblutig ausgegangen ist. Und ich kann nur immer sagen, das ist ein Wunder, ein sehr schönes Wunder.

Als die Grenzen in den Westen offen waren, fand Christine Ott in den Westberliner Bibliotheken die so dringend benötigten Quellen für ihre Dissertation. Sie musste dort aber auch feststellen, dass das Buch schon existierte, welches ihre Doktorarbeit werden sollte.

Das habe ich mir ausgeliehen und sagte zu meinem Professor: „So und was machen wir jetzt damit? Schmeißen wir das auf den Müllhaufen der Geschichte?" und dann sagte er: „Ja Christine, das wirst du wohl machen müssen." Ja das war dann schon relativ klar. Aber was nicht klar war, war das Ausmaß der „feindlichen Übernahme". Das tat schon sehr weh. Ich war dann bis zum Sommer 1990 noch an der Hochschule für Ökonomie. Man hat uns im März/April schon die Erlaubnis zum Unterrichten entzogen. Dann kam die Aberkennung der Abschlüsse, kein jemals an der Hochschule für Ökonomie erteiltes Diplom sollte seine Gültigkeit behalten. Das war also eine Abstrafung von Generationen.

Zum Jahresende 1990 wurde die Hochschule Karlshorst abgewickelt. Christine Ott verlor nicht nur alle Hochschulabschlüsse sondern auch die Arbeit. Sie hatte noch keinen Anspruch auf finanzielle Unterstützung. In der SED/PDS engagierte sie sich in der Arbeitsgemeinschaft Junge Genossen in Strausberg, wo sie Kulturveranstaltungen organisierte. Im Januar 1991 fand Christine Ott eine Anstellung in dem Baubetrieb einer Bekannten als Buchhalterin, leitete dann im Sommer ein Öko-Workcamp für Jugendliche. Roland arbeitete in Hamburg bei einer Leasing-Gesellschaft. Über weitere Bekannte konnte Christine Ott schließlich bei einer Versicherung in Westberlin eine Stelle bekommen.

Also das war eine schöne Zeit, das war ja auch alles im Aufbruch. Es hat auch unheimlich Spaß gemacht, weil es sehr nette Kollegen waren. Wir waren im Prinzip eine Eins-zu-Eins-Mischung zwischen

Ost und West und ich bin auch seit dieser Zeit felsenfester Überzeugung, dass man zu einem Ossi einen Wessi spannen muss und zu einem Wessi einen Ossi. Nur da an der Schnittstelle, wo tatsächlich Ost und West jeden Tag miteinander arbeiten und sich verzahnen müssen, wächst auch das Verständnis für die Entwicklung in den zwei Systemen, die meiner Meinung nach Ergebnis eines sehr schlimmen Weltkrieges waren und die ich nie in Frage gestellt habe. Punkt. Ich glaube, dass einfach die einzelnen Menschen aufgerufen sind, sich ihre Geschichten zu erzählen. Aber ich denke, dass das noch lange Zeit braucht, die Geschichte der DDR und die Geschichte der Bundesrepublik.

Obwohl sich Christine Ott in der Versicherungsgesellschaft wohlfühlte, war sie familiär überfordert, da Roland immer noch in Hamburg arbeitete und sie sich nun allein um die zwei Jungen und das alte Haus kümmerte. Weil es nicht möglich war, die Arbeitszeit bei der Versicherung zu verkürzen, kündigte Christine Ott 1994. Sie engagierte sich nun wieder verstärkt ehrenamtlich in der Jugend- und Kulturarbeit. Daraufhin wurde sie über eine ABM beim Märkischen Kulturbund angestellt und organisierte hier vor allem ökologische und literarische Veranstaltungen. Als Roland Ott 1998 arbeitslos wurde und nach einer Umschulung immer noch keine Arbeit bekam, stieg der finanzielle Druck. Aus diesem Grund nahm Christine Ott 1999 eine befristete Stelle in der Verwaltung der Stadt Frankfurt (Oder) an. Danach bewarb sie sich für die Stelle der Leiterin des Kreiskulturhauses in Seelow.

Ich hab mich beworben und war dann doch erstaunt, dass ich also zu einem Bewerbungsgespräch eingeladen wurde, weil alle anderen vorherigen Bewerbungen fruchteten nichts. Jedenfalls kriegte ich dann also am 23. Dezember 2001 Post, und da stand drin, dass ich die Stelle habe. Es war also ein sehr tränenreiches, freudiges Weihnachten. Tränen, oh ja, Freudentränen. Und ich war ja vorher in nem ziemlichen Loch versackt und hab versucht, da herauszukrabbeln und bin dann als nächstes erstmal richtig krank geworden. Das weiß ich auch noch, dass ich an meinem ersten Arbeitstag dort ziemlich verschnupft erschienen bin, im Januar 2002.

Christine Ott versucht nun in das alte Kulturhaus neue Strukturen und neue Konzepte zu bringen. Immer noch hält sie Kontakte mit den Jugendnetzwerken im Landkreis. Auch Roland Ott hat seit 2000 wieder eine Arbeit gefunden. In einem Callcenter in Frankfurt (Oder) leitet er eine Abteilung und nimmt auch schwierige Arbeitsbedingungen in Kauf. Der älteste Sohn Bernhard hat im Jahr 2004 sein Abitur in Seelow abgelegt und wird jetzt in Hannover zum Wirtschaftsinformatiker ausgebildet. Robert besuchte ein naturwissenschaftliches Gymnasium in Frankfurt (Oder) und studiert an der Technischen Universität in Dresden Elektrotechnik.

Ja, das ist halt der Gang der Dinge. Roland und ich, wir erzählen uns gegenseitig unsere Sorgen und Nöte und versuchen damit unseren Alltag mit den Höhen und Tiefen zu meistern.

Interview geführt und bearbeitet von Kathleen Butz

„Eins und eins war bei mir drei."
Landolf Scherzer

Ich habe mir viele Gedanken gemacht über diesen Sozialismus, auch in meinen Büchern. Aber beim Zusammenzählen der Details kam immer raus: Wir müssen den Sozialismus besser machen, anders machen. Bei mir kam nie raus: Den Sozialismus zu errichten, ist nicht möglich.

Landolf Scherzer wurde 1941 in Dresden geboren und studierte nach dem Abitur Journalismus an der Karl-Marx-Universität in Leipzig. 1965 wurde er wegen seiner kritischen Diplomarbeit exmatrikuliert und arbeitete anschließend bei der Suhler Zeitung „Freies Wort". Seit 1975 ist Landolf Scherzer freier Schriftsteller; bekannt wurde er vor allem durch sein Buch „Der Erste". Die Ereignisse des 9. Novembers 1989 erfuhr er in der Sowjetunion aus dem Fernsehen.

Landolf Scherzer auf der Buchmesse 1983 in Rostock.

Ich habe diese Revolution 1989 nicht in der DDR erlebt, da ich Anfang Oktober aus der DDR geflohen bin. Ich bin allerdings nicht über Ungarn nach Österreich geflohen, auch nicht in die tschechische Botschaft, sondern in die Sowjetunion abgehauen. Im Oktober 1989 waren Gorbatschow, Perestroika, Glasnost – also alles, was sich in der Sowjetunion entwickelt hatte – für mich die große Hoffnung, diesen Sozialismus anders zu machen.

Dass es in der DDR nicht so weiter gehen konnte, war mir klar, aber ich bin nicht nach Ungarn oder Westdeutschland gegangen. Ich fuhr in die Sowjetunion in die Städte Kamyschin und Saratow, weil ich dachte, das musst du dir jetzt angucken, zwei, drei Monate, wie die das dort machen. Die hatten also schon Pressefreiheit und Betriebsräte gebildet. Alles Dinge, die für mich auch ganz wichtig waren. Ich habe dann dort mitbekommen, dass Erich Honecker abgesetzt wurde und Egon Krenz an die Macht kam.

Ich habe dort auch die sowjetische Tagesschau – die Wremja – gesehen, allerdings ohne Ton und in extrem schlechter Bildqualität. Zu Hause haben wir immer Silberpapier um die Antenne gewickelt, um das Bild etwas zu stabilisieren. Die hatten aber scheinbar kein Silberpapier in dem Arbeiterwohnheim, in dem wir lebten und das Bild flackerte. Und trotzdem konnte ich die Mauer erkennen, die Berliner Mauer, die ich ja kannte. Darauf saßen Leute und tranken Sekt. Es war ein Bild, wie ich es nie wieder vergessen werde.

Als er Ende November 1989 wieder aus der Sowjetunion zurückkehrte, wurde er am Bahnhof in Halle (Saale) mit einer Kindheitserinnerung konfrontiert.

Wir fuhren 1944 nach Dresden mit dem Zug, da waren die ersten Bombenangriffe auf Dresden – nicht dieser schreckliche, den ich dann auch miterlebt habe. Als Dreijähriger sah ich dann dort zum ersten Mal in meinem Leben Ruinen. Und zwischen diesen Häusern überall Silberfäden, wie ich sie vom Weihnachtsbaum kannte. Erst später habe ich dann erfahren, dass es Markierungen waren, die von Leitflugzeugen abgeworfen wurden, damit sie genau wussten, wo die Bomben abgeworfen werden sollen. Das war ganz schrecklich, ich habe ganz furchtbar geheult. Meine Mutter und ich kamen dann also im Bahnhof in Dresden-Neustadt an und der Zug war schrecklich voll mit Leuten, die aus dem Osten kamen. Ich hatte große Angst. Meine Mutter reichte mich durch ein Fenster in den Zug, weil sie selbst nicht mehr reinkam. Dann legte man mich oben in ein Gepäcknetz, aber meine Mutter kam nicht mehr mit. Ich fuhr allein mit dem Zug und nach zwei Stationen hat man mich wieder zurück gebracht, da ich schrie. Und seitdem habe ich ein Riesentrauma vor überfüllten Zügen.

Ich kam also 1989 aus der Sowjetunion zurück, bin am Flughafen Schönefeld gelandet, auf der Zugfahrt nach Thüringen musste ich in Halle (Saale) umsteigen. Da sah ich am Bahnhof Züge, die Leute drängeln sich rein und ich habe es nicht begriffen, was da eigentlich los war. Und die Leute blieben draußen stehen und bildeten Schlangen vor den Zügen. Ein Bild vergesse ich nicht: Da kam ein junges Ehepaar und sie brachten auf einer Trage den Großvater, der nicht mehr laufen konnte. Sie stellten die Trage hochkant und schoben den Großvater, umfallen konnte er nicht, so in den Zug rein. Sie reichten Kinder durch die Fenster rein, genau wie mich damals! Dann habe ich zum Bahner ganz verzweifelt gesagt: „Was ist passiert? Ist hier ein Bürgerkrieg ausgebrochen?" „Nee", sagte der, „es ist nichts. Kein Bürgerkrieg. Nur wenn der Großvater oder das Baby lebendig in Kassel oder Fulda ankommen, bekommen sie 100 D-Mark Begrüßungsgeld." Dafür danach meine zweite blöde Frage: „Ist in der DDR in der Zwischenzeit eine Hungersnot ausgebrochen?" „Nee, das ist für die Extras, die man sich kaufen kann, für das Westgeld". Und ich kam gerade aus dem Land, in dem 100 Westmark eine Existenz bedeutet hätten!

Landolf Scherzer verbrachte seine Kindheit in Lohmen in der Sächsischen Schweiz. Sein Vater war im Zweiten Weltkrieg an der West- und an der Ostfront eingesetzt. Zu dieser Zeit lebte Scherzer mit seiner Mutter bei den Großeltern.

Mein Vater hat mir damals als Kind vom Krieg erzählt. Über Frankreich hat er alles erzählt. Er hat aber nie von der Sowjetunion erzählt, nie. Ich habe deswegen immer auch ein sehr gestörtes Verhältnis gehabt, wenn ich in der Sowjetunion war. Ich war beispielsweise in Stalingrad[3], dort ist die „Mutter Heimat" das höchste Denkmal. Jedes Mal, wenn ich dort war, hatte ich ein ungutes Ge-

---

3 Heute Wolgograd.

fühl. Ich wusste nicht, was mein Vater dort damals gemacht hat. Ob er vielleicht irgendwann Gefangene oder Partisanen umgebracht hat? Ich weiß es nicht, er hat eben nie darüber gesprochen. Mein Vater hat nur folgendes gemacht, wie viele andere vielleicht auch: Er hat sich bedingungslos den Siegern verschrieben; er hat sich sofort zu dem Neuen bekannt – zur Sowjetunion und zum Kommunismus. Er hat keine Fragen zugelassen. Später war er dann in der Partei und ist zum Studium nach Potsdam-Babelsberg gegangen, da gab es eine Hochschule für Staat und Recht. Dort hat er sich als Staatsanwalt ausbilden lassen und hat später auch als Staatsanwalt gearbeitet.

Sich selbst beschreibt Scherzer als „von den Dingen überzeugter Pionier". Später nahm er an der ersten Jugendweihe der DDR teil (1955) und bekam das Buch „Weltall Erde Mensch" als Jugendweihegeschenk überreicht.

Ich weiß nicht, ob man das sagen kann: Es war alles politisch in der Schule. Es hatte alles einen Sinn. Und als Kind merkst du noch nicht, ob es ein Sinn oder ein Unsinn ist. Beispielsweise gab es ein Buch, was für uns ganz wichtig war und im Unterricht behandelt wurde: „Timur und sein Trupp" von Arkadi Gaidar. Dieser Timur war einer, der immer alten Leuten geholfen hat, immer Gutes getan hat. Eine kleine Mutter Theresa unter Pionieren. Da haben wir Flaschen gesammelt, Altpapier, Beeren und Kastanien für die Wildfütterung und haben so Nützliches getan. Also etwas zunächst tief Humanistisches erstmal. Aber verbrämt eben mit Arkadi Gaidars Sowjetunion: Die sowjetischen Pioniere und die sowjetischen Menschen sind uns ein Vorbild. Dort hatte man über etwas zutiefst Humanistischem schon wieder die ideologische Haube gestülpt. Oder aber die Völkerfreundschaft, also Freundschaft zu den Kindern in Afrika. Da kam hintendran schon wieder dieses besondere: Freundschaft haben wir zu den Kindern in Afrika und in den Ländern, die sich von den bösen Imperialisten befreit haben, also die Kolonialmächte abgeschüttelt haben. Das hatte schon wieder so eine Wertung hinten dran: Denen müssen wir besonders helfen. Es waren nur die Gebote für Menschlichsein – wir nannten es damals „Gebote der sozialistischen Moral und Ethik" –, aber sie hatten alle diesen Deckmantel der Ideologie und der Politik.

Es gab sogar ein Erlebnis, bei dem ich merkte, wie sehr ich diesen Gedanken geglaubt habe; an Sozialismus und all das, was man uns sagte. Das war zu Stalins Tod 1953. Stalin als der Übervater in der Schule. Ich weiß noch, der Lehrer sagte es und alle weinten fast. Als ich nach Hause ging, war ich auch ganz traurig, weil Stalin gestorben war. Aber ich konnte das den Großeltern, bei denen ich wohnte, nicht zeigen. Denn mein Opa war gegen die Sowjetunion. Er hätte mich zwar nicht verprügelt, aber ich habe mich nicht getraut. Aber irgendwo musste ich weinen. Dann bin ich in den Ziegenstall gegangen, ich hatte da so eine Lieblingsziege. Da habe ich diese Ziege umarmt und mich am Hals der Ziege um Stalin ausgeweint.

Noch vor dem Abitur zog er mit seiner Familie nach Forst in der Lausitz. Er wollte Journalistik in Leipzig studieren, musste vorher noch zur Nationalen Volksarmee und anschließend ein Volontariat bei der „Lausitzer Rundschau" ableisten. Zu dieser Zeit erlebte er den Bau der Berliner Mauer.

Nach dem Abitur habe ich mich beworben für das Journalismus-Studium. Es sofort zu beginnen war kaum möglich, denn die Armee war so etwas wie eine Bedingung. Zur Armee bin ich nicht aus Überzeugung gegangen, Armee war nicht meins. Ich leistete dann die zwei Jahre Wehrpflicht als Schütze im motorisierten Schützenregiment in Marienberg (Erzgebirge) ab. Es gab vielleicht nur ein Positives dabei: Das Wachestehen. Da habe ich dann angefangen Gedichte zu schreiben und Erzählungen. Es war toll, während der Wache zu schreiben, in den zwei Stunden nachts. Ja, das war das einzig Produktive in der Armeezeit. Außerdem habe ich dort Leichtathletik gemacht und Fußball gespielt. Und von daher war die Armee ganz gut, also körperlich hat es mir nicht wehgetan. Wehgetan hat mir eigentlich nur eines: Dass da keiner war, mit dem ich mich mal ordentlich unterhalten konnte. Die waren ganz primitiv.

Mein großes Glück war, dass ich 1961 zum Studium kam. Die Armee ging immer von September bis September. Meine zwei Jahre wären erst im September 1961 vorbei gewesen. Aber da ich zum Studium wollte, wurde ich drei Monate vorher von der Armee entlassen, weil im September schon das Studium anfing. Vorher fanden noch Vorbereitungslehrgänge statt. Ich bin also kurz vor dem Mauerbau aus der Armee entlassen worden, ansonsten hätte ich die ganze Scheiße an der Mauer mitgemacht. Dann gab es auch eine Entlassungssperre, also die im September entlassen werden sollten, die mussten dann noch länger bleiben, soviel ich weiß. Ich habe da großes Glück gehabt, dass ich studiert habe, sonst hätte ich den Mauerbau als Soldat miterlebt.

Und so habe ich ihn „nur" als angehender Volontär bei der Zeitung erlebt. Und das klingt jetzt fast wie eine Ausrede, aber es ist so: Ich habe es nicht als so bedeutend empfunden, weil für mich ein ganz neuer Lebensabschnitt anfing. Ich bin zuerst von der Armee entlassen worden und begann dann ein Volontariat in einer Zeitung. Und da war ich so aufgeregt – ich habe selber darüber nicht schreiben müssen. Ich war Volontär! Ich habe geschrieben, wie die Küchenabfälle an Jolante[4] verfüttert wurden. So einen Artikel durfte ich da schreiben, damit war ich vollkommen beschäftigt, dass ich mir über die Mauer keine großen Gedanken gemacht habe.

Erste Zweifel am Sozialismus kamen Landolf Scherzer während des Studiums. Nachdem er seine Diplomarbeit fertig geschrieben hatte, wurde er exmatrikuliert und nach Suhl versetzt.

Journalistik wollte ich deswegen studieren, weil ich gut quatschen konnte. Ich war in allen Schulfächern gut, in denen man nichts richtig wissen musste: Staatsbürgerkunde, Deutsch, in denen man also erzählen konnte. Aber Chemie oder Mathe, so richtig mit Formeln, das war schrecklich. Wir haben uns damals geschworen, als das Abitur vorbei war, nie wieder in ein Buch zu schauen, wo Formeln drin stehen.

Und jetzt kommt eigentlich diese Phase im Journalistikstudium, wo ich sagen würde, da fingen die Zweifel am Sozialismus an. Ich hatte dort einen guten Lehrer an der Journalistischen Fakultät und auch später beim Praktikum: Jean Villain[5], ein Schweizer, der für die „Weltbühne" geschrieben hat. Er hat einen Reportagekurs für die „Neue Berliner Illustrierte" – die bekam man nur unterm Ladentisch – geleitet. Und dort haben wir versucht, neue Reportagen zu machen. Und Jean Villain hat uns gelehrt, Kisch, Hemingway, John Reed und die ganzen Muckraker[6] zu verstehen und wie man die Wirklichkeit beschreibt, wie man recherchiert. Übrigens hatten wir in diesem Re-

---

4 Jolante – DDR-Symbolfigur, ein Schwein das für die Sammlung von Küchenabfällen warb.
5 Jean Villain (1928-2006): Schweizer Schriftsteller und Journalist, der ab 1961 in der DDR lebte.
6 Muckraker – Bezeichnung für US-amerikanische Journalisten zu Beginn des 20. Jahrhunderts.

portagekurs unter anderem ein DDR-Nachrichtenmagazin ähnlich des Spiegels erstellt. Die so genannte Nullnummer wurde dann verboten.

Und damit kamen mit einem Mal Zweifel: Wenn man die DDR-Wirklichkeit recherchiert hat, dann ist man automatisch darauf gekommen, dass zwischen der Wirklichkeit, die man ja beschreiben will und dem vorgegebenen Glauben – also sagen wir zwischen Ideal und Wirklichkeit – eine riesengroße Disharmonie bestand.

Beispielsweise das Wohnungsbauprogramm: In der DDR war es ein riesengroßes Problem, eine Wohnung zu bekommen. Und da war dieses Wohnungsbauprogramm mit diesen ganzen Neubaublocks erstmal was Gutes. Aber die Ideologie sagte eben: Wir schaffen unseren Arbeitern Wohnungen und das alles ist gut und schön. Und sobald du auch nur dahinter recherchiert hast, diese unförmigen Wohnblocks, man hat sich fast verlaufen drin, wie hoch die Selbstmordrate dort war und vieles andere. Wenn man das recherchiert hat, sind einem Zweifel dazu gekommen. Ist es denn das Richtige oder müsste man vielleicht etwas verändern? Also das Große und Ganze hat man akzeptiert, aber die einzelnen Zweifel blieben und es war genau das, was ich dort in diesem Reportagekurs begriffen habe. Ich habe mich damals mit sehr vielen Dingen beschäftigt; ich habe in der Deutschen Bücherei in Leipzig viel Freud, Nietzsche und Brecht gelesen.

1965 war mein Studium fast zu Ende. Und ich habe meine Diplomarbeit geschrieben und da eigentlich versucht klar zu machen, dass wir nicht immer in unserem Journalismus nur die vorgegebene Ideologie und Meinung beschreiben sollen.

Ich habe dann meine Diplomarbeit auch unter diesem Aspekt und gegen den Personenkult geschrieben, der ja sehr häufig war bei uns. Nach diesem Motto: Wenn der Erste Kreissekretär etwas sagte und du warst dagegen, dann konntest du das nicht öffentlich schreiben in der Zeitung. Weil das dann ein Angriff auf die Partei ist. Denn „die Partei, die Partei, die hat immer Recht" – dieses alte Lied. Indem du also die Parteifunktionäre angegriffen hast, haben die sich dahinter verschanzt: Du kannst mich nicht angreifen, du bist ein Feind der Partei, denn ich bin die Partei.

Und nachdem die Diplomarbeit mit der Note 1 bewertet wurde, kam das 11. Plenum. Das 11. Plenum[7] war dieses Kulturplenum, das

---

7 11. Plenum: gemeint ist das 11. Plenum des Zentralkomitees der SED, 15.-18.12.1965, auch als „Kahlschlag-Plenum" in der Kulturpolitik bekannt.

eine Menge Filme verboten hatte und es Ausbürgerungen gab. Und da brauchte man auch ein Exempel an der Fakultät für Journalismus und da war meine Diplomarbeit eben der Anlass dafür und sie wurde als politisch zurückgewiesen. Ich wurde exmatrikuliert, wie andere aus diesem Kurs übrigens auch. Klaus Schlesinger zum Beispiel wurde zur Bewährung nach Rostock in ein Krankenhaus geschickt und musste dort arbeiten. Ich wurde nach meiner Exmatrikulation nach Suhl geschickt, hinter die Berge, in die „autonome Gebirgsrepublik", wo dir nichts passieren konnte oder wo du am besten aufgehoben warst.

Ab da begann meine Phase, als ich dann als Reporter in Suhl beim „Freien Wort" anfing zu arbeiten. Seitdem hänge ich an der literarischen Reportage, wie ich es bei Jean Villain gelernt habe. Ich habe dann immer versucht, die Wahrheit so zu beschreiben, wie ich sie sehe und nicht so, wie es der andere von mir erwartet, wie die Wahrheit zu sein hat, weder heute noch damals. Und dann habe ich 1975 bei der Zeitung aufgehört, weil ich die Dinge selber beschreiben wollte. Ich bin freischaffender Schriftsteller geworden, was damals gar nicht so einfach war, und habe 15 Bücher geschrieben.

Noch zu DDR-Zeiten führten Landolf Scherzer mehrere Auslandsaufenthalte unter anderem nach Mosambik und auf ein Hochseefischereischiff vor Kanada.

Ich habe ein Jahr als Entwicklungshelfer in Mosambik gearbeitet, habe darüber zwei Bücher geschrieben. Wie wurden die Leute ausgewählt? Es gab da erstens Kriterien dafür, also Mosambik, Angola, überall wo wir Brigaden hatten, das waren Länder auf dem sozialistischen Entwicklungsweg. Wir wurden nicht nach Amerika, Kanada, Frankreich oder Italien geschickt, da gab es solche Brigaden nicht. Und dann wurden sie eben ausgewählt, dass man nicht gerade gesagt hast: „Na, ich will abhauen." Obwohl es schwierig war, über Südafrika abzuhauen. Und zum zweiten nach fachlicher Qualifikation, die mit das Entscheidende bei den Leuten war, die nach Mosambik und anderswo geschickt wurden. Das waren junge Leute, aber gute Facharbeiter. Nicht so wie heute, wo du als Entwicklungshelfer wegen irgendeinem Event oder einem Erlebnis da runter gehst, das waren wirklich Profilierte. Ich kam als Schriftsteller eben nur zufällig mit rein, weil ich dann dort ein Buch drüber schreiben wollte; ich habe dann ein Jahr dort gearbeitet. Ich war Chef der Arbeiter, die dort unten Hohlblocksteine mit der Hand hergestellt haben.

Dann war ich ein halbes Jahr auf einem Fischdampfer vor Kanada, auf einem DDR-Hochseefischerdampfer und habe da Fische geschlachtet und bearbeitet – zwölf Stunden am Tag. Die dreckigste Arbeit, die man sich vorstellen kann. Nach Mosambik kam man einfacher, das war ein Land auf sozialistischem Weg. Auf so ein Schiff kam man nur mit einem Seemannspass. Wir hatten ja auch einen Pass, den DDR-Pass. Aber mit dem DDR-Pass durfte man in kein kapitalistisches Land ausreisen. Aber mit dem Seemannspass, das war wirklich ein Pass, da konnte man nach Indien oder nach Kanada. Überall wo das Schiff anlegte, war er gültig. Und ehe du den bekamst, wurdest du 10.000 Mal von der Stasi gecheckt; ich habe ein Jahr darauf warten müssen.

Eine Möglichkeit, die Realität so zu beschreiben, wie sie ist, bekam Landolf Scherzer, als er 1987 vier Wochen lang den Ersten Kreissekretär von Bad Salzungen begleiten durfte. Seine Eindrücke verarbeitete er in seinem Bericht „Der Erste" – der Ende 1988 erschien.

Landolf Scherzer (rechts) 1990 im Gespräch mit Hans-Dieter Fritschler, den er in seinem Buch „Der Erste" porträtierte.

Ich habe nach der Wende immer gedacht, das Buch „Der Erste" war für mich der Höhepunkt meines Lebens damals. Dieses Buch war ein Versuch, die DDR zu beschreiben, so wie sie damals war. Mit allen Widersprüchen und allem Scheiß. Ich habe einen Parteisekretär, einen dieser Unantastbaren, begleitet und beschrieben; was eigentlich schon ein bisschen Perestroika war.

Ich erfuhr unwahrscheinlich viel. Und ich ahnte und wusste, was alles nicht funktionierte im Sozialismus. Ob das die Trennung der LPG in Tier- und Pflanzenproduktion war, die zusammen gehörten. Das wusste man eigentlich alles. Aber dort habe ich es von den Bauern selber erfahren, die mir das erzählten. Und die Computer, die nicht da waren und das ahntest du alles, aber dort habe ich alles auf einmal erfahren. Andererseits habe ich gemerkt, dass der Kreissekretär sich wirklich eingesetzt hat, die Dinge für die Leute zu regeln – und nicht im Sinne eines Diktators. Ich habe so viel Wirklichkeit auf einmal gefressen, wie ich sie die ganze Zeit nicht gefressen habe. Und dann hätte ich am Ende dieses Buches den Satz schreiben müssen: Der Sozialismus geht nicht. Bei mir ist der letzte Satz: Wir müssen das alles anders und besser machen. Nicht abschaffen. Verändern!

Sein Verhältnis zum Sozialismus blieb ambivalent. Landolf Scherzer sah Schwachstellen am Sozialismus und im System der DDR, blieb aber bis 1990 Parteimitglied.

Ich bin zu Studienbeginn Parteimitglied der SED geworden. Es waren dort Leute dabei, die für mich integer waren und klug, dass ich mir gesagt habe: Du kannst nur in dieser Gesellschaft etwas verändern, indem du mitmachst. Ich bin nicht wegen Karriere oder so etwas rein gegangen, das hat mir nie was genutzt.

Und als ich dann 1989 aus der Sowjetunion zurückkam, hatte ich auch noch das Gefühl, du musst hier was verändern. Aber da gab es für mich schon diese komischen Erlebnisse: Der Parteisekretär unseres Schriftstellerverbandes im Bezirk Suhl, der uns immer zusammengeschissen hat, wenn wir irgendwelche Zweifel hatten oder irgendwelche Dinge anders diskutierten, war der erste, der sein Parteibuch hinschmiss.

Und da hatte ich noch mal eine kurze Phase, wo ich mir gesagt habe: Scherzer das kann es nicht sein, du findest das auch Scheiße mit dem Sozialismus. Aber jetzt in so einer entscheidenden Situation einfach zu sagen, du gibst dein Parteibuch ab und sagst, es war schon immer Scheiße mit dem Sozialismus. Jetzt hast du vielleicht die Chance, das zu verwirklichen, was du wolltest, nämlich einen anderen Sozialismus zu machen, einen mit Reisefreiheit mit demokratischen Rechten. – Mir war nicht klar, dass das nicht geht.

Deswegen bin ich damals noch zu diesem außerordentlichen Parteitag gefahren, dem letzten im Dezember oder Januar, wo die PDS sich gründete. Ich bin delegiert worden und wollte nicht zu diesen Fahnenflüchtlingen gehören und habe dann also im ersten Bundesvorstand der PDS mitgearbeitet. Ich hatte an diesem Parteitag ein fast seltsames Erlebnis: Auf der Toilette beim Pinkeln stehen wir plötzlich nebeneinander – Modrow[8], Gysi[9] und ich. Und ich hatte damals die Theorie: Wir können nicht einfach all die SED-Mitglieder – richtig alte Betonköpfe – automatisch in die PDS übernehmen. Man muss also eine vollkommen neue Partei gründen und das habe ich da beim Pinkeln mit den beiden diskutiert. Und da sagte mir Gysi, das weiß ich noch: „Das können wir nicht machen, wenn wir die SED auflösen und sie nicht mehr als SED-PDS wenigstens als Zweitnamen lassen, dann ist es so, dass wir nicht einen einzigen Pfennig mehr haben. Indem wir die SED im Namen haben, sind noch Millionen sicher und damit kann man arbeiten. Wenn man in diesem System als Partei keinen Pfennig hat, braucht man überhaupt nicht anzutreten. Also müssen wir die alten Strukturen erhalten."

Und ich habe dann noch zwei Monate im Vorstand mitgearbeitet und im Frühjahr kam die Meldung, dass wohl 17 Millionen Mark in die Schweiz verschoben worden sind. Da dachte ich mir: „So kann es nicht sein. Der Gysi mag zwar Recht haben, man braucht Geld um die Partei am Leben zu erhalten, aber das jetzt verschieben und diese gleichen alten Leute wieder, im gleichen Gebäude... Leute das geht nicht." Im Februar 1990 bin ich aus dem Vorstand ausgeschieden und aus der PDS ausgetreten.

Landolf Scherzer erinnert sich an die ersten Demonstrationen in Meiningen, an denen er teilnahm, und an seine erste Fahrt in den Westen, wenige Wochen nach seiner Rückkehr aus der Sowjetunion. Zuvor jedoch musste er die daheim versäumten Ereignisse „nachholen".

---

8 Hans Modrow (1928): Vorsitzender des Ministerrates der DDR von November 1989 bis März 1990.
9 Gregor Gysi (1948): ab 9. Dezember 1989 Vorsitzender der SED, Parteivorsitz der PDS bis 1993.

Und dann, ich war zwei Monate weg, überlegst du dir, wenn du nach Hause kommst, was du als erstes machst. Ich weiß es noch ganz genau: Ich bin acht Tage nicht aus dem Haus gegangen, nicht aus Angst, weil da draußen irgendwelche Demonstrationen waren. Ich habe acht Tage lang Zeitung gelesen – die spannendste Lektüre meines Lebens! Alle Zeitungen von Anfang Oktober bis Ende November. Ich habe nur Zeitung gelesen, um das in mich reinzuziehen, was da passiert ist, von dem ich nichts mitbekommen habe. Und dann gab es die ersten Demos auch in Meiningen und da habe ich dann auch irgendwann gesprochen. Das weiß ich noch, dass ich dann zum ersten Mal zu einer Demo raus bin.

Nach ein paar Tagen oder drei Wochen bin ich dann nach Bad Neustadt gefahren, das ist in der Nähe und der erste große Ort im Westen. Ich habe mir mein Begrüßungsgeld nicht abgeholt. Und habe ich mir dort was gekauft? Nein, ich habe mir nichts gekauft, oder? Ist nicht gut für einen Reporter, wenn man so ein schwaches Gedächtnis hat. Aber ich glaube, ich war damals mehr einer, der sich umgeschaut hat. Doch jetzt weiß ich wieder, was ich in Bad Neustadt ... gleich, wenn man in den Ort rein kam, war links ein großer Supermarkt und ich habe mir Tomaten, Paprika und Schafskäse gekauft. Und da habe ich zum ersten Mal im Dezember einen Salat gemacht, wie ich ihn aus Bulgarien kannte, allerdings mit Zutaten aus dem Westen.

Bis zur Wiedervereinigung am 3. Oktober 1990 dachte Landolf Scherzer viel über sich und seine Zukunft nach.

Der Sozialismus, eigentlich jedes System, leistet sich seinen Hofnarren. Diese Hofnarrenrolle haben wir auch oft gespielt, ohne dass wir es gemerkt haben. Nach außen hin konnte man doch sagen: Wir haben kritische Bücher, wir haben kritische Künstler. Diese Hofnarrenrolle hat man sich damals geleistet. Ich habe dann nachgedacht, ob ich weiter oder wieder schreibe. Am 3. Oktober habe ich um 24 Uhr die Nationalhymne der DDR, die zum letzten Mal gespielt wurde, gehört. Der Text ging „Auferstanden aus Ruinen und der Zukunft zugewandt, lasst uns dir zum Guten dienen, Deutschland einig Vaterland." Es ist ja unsere Nationalhymne. Diese Becher-Verse von Hanns Eisler vertont. Und ich denke, wir haben die zehn oder fünfzehn Jahre nicht mehr gehört, die wurde nicht mehr gesungen. Wegen „Deutschland einig Vaterland". Und dort an dem Tag, wo es die DDR nicht mehr gab, nachts um 24 Uhr, habe ich zum ersten Mal die Nationalhymne, die ich mochte, gesungen. Da habe ich gedacht: „Warum hast du das jetzt nicht aufgenommen?" Du kennst den Text nicht mehr genau. Du hättest es wenigstens noch mal aufnehmen sollen, denn die wirst du bestimmt nie wieder hören, diesen Text. Das war es dann also. Mein Land verschwand so schnell wie kein anderes Land. Ich weiß nicht, ob ich Sekt getrunken habe oder ob eine Träne ...

Nach der Wiedervereinigung wurden gegen Landolf Scherzer Stasivorwürfe erhoben. Zu dieser Zeit nahm er auch Einsicht in seine Stasiakte.

Irgendwann brach der Schriftstellerverband in Thüringen zusammen. Ich habe mich dann in einer Sitzung breitschlagen lassen, Verbandsvorsitzender zu werden und da waren natürlich sofort zuerst diese Fragen nach der Stasi. Und da habe ich gesagt: „Leute, ich kann euch das genau erklären: Wenn ich nicht so schwatzhaft wäre, alles aus meinem Leben erzählen zu wollen, dann würde ich heute ganz anders vor euch sitzen, nämlich als Mitarbeiter der Stasi. Da ich aber schwatzhaft bin, blieb mir das erspart." Und so war ich dann Vorsitzender des Schriftstellerverbandes in Thüringen. In der Zeit, als das passierte, habe ich dann meine Stasi-Akte beantragt. Es gab 18 IM, die auf mich angesetzt waren. Ich habe mir aber keine Namen geben lassen. Mein Gott, 20 Jahre war ich ein operativer Vorgang, direkt zur Vorbereitung eines Prozesses!

Daran merkt man die Unsinnigkeit. Es gibt Stasi-Berichte, wo drin steht, „Feind der Sowjetunion", „Gegner des Sozialismus", „Verleumder" und so. Also ich, der zwar kritisch, aber immer für den Sozialismus war. Wie schrecklich muss die Stasi dann über Leute hergezogen sein, die wirklich Gegner des Sozialismus waren. Das war für mich das Schlimme an meiner Stasi-Akte, wie man mich dort bezeichnete. Ich als „Feind des Sozialismus". Da wurden Beobachtungsstützpunkte neben meinem Bungalow aufgebaut und sonst was. Was die für Maßnahmen ... für einen Meter Akten... Und ich dachte mir, wie schlimm muss es eigentlich wirklich gewesen sein.

Die Ereignisse im Herbst 1989 bezeichnet er nicht als „friedliche Revolution".

Ich habe mir noch keine Gedanken über den Begriff „friedliche Revolution" gemacht. Für mich war es eigentlich mehr eine Veränderung. Wenn ich dabei gewesen wäre, hätte ich nicht von friedlicher Revolution gesprochen, sondern von Veränderung des Systems, des Sozialismus, Reform, also von Reform hätte ich gesprochen. Es ist eine Änderung des Gesellschaftssystems, die klassische Definition einer Revolution. Insofern war es doch eine Revolution. Vom Sozialismus wieder zum Kapitalismus. Man könnte auch sagen eine Re-Revolution, eine Rückrevolution. Aber damals hätte ich es empfunden als Veränderung, Reform des Sozialismus, wenn ich dabei gewesen wäre.

Nachdenklich bewertet er seine neuen Chancen und Freiheiten, die ihm die Jahre nach 1990 boten.

Ich war eigentlich damals gedanklich nach der Wende noch nicht so weit, dass ich diese neue Freiheit bewusst nutzen konnte. Es nutzte mir überhaupt nichts mehr, meinem Bedürfnis nachzugehen, den Sozialismus zu kritisieren. Ich brauchte ihn nicht mehr zu verändern, er war verändert. Als ich ihn verändern konnte, gab es ihn nicht mehr.

Also ich wollte die ganze Zeit diesen Sozialismus verändern. Und wollte die Freiheit haben, alles das schreiben zu können, wie man ihn verändern müsste. Diese Freiheit hatte ich nicht. Als ich sie hatte, musste ich sie nicht mehr nutzen um den Sozialismus zu verändern.

Und ich habe jetzt die Freiheit, immerzu meine Meinung sagen zu können in diesem System. Aber ich habe auch das Gefühl, dass ich zwar alles sagen kann, aber sehr, sehr wenig verändern kann. Das war einer dieser Grundfehler meines Lebens, dass man uns eingebläut hatte, Schriftsteller können die Wirklichkeiten verändern. Und an dem Fehler leide ich heute noch. Dass ich immer noch denke, es wäre schön, du könntest die Wirklichkeit mit verändern. Ja, mittlerweile bin ich soweit, dass ich weiß, man kann sie nur ganz, ganz winzig verändern.

Ich brauche aber auch nicht mehr das Privileg, den Kulturpreis zu bekommen, um drei, vier, fünf Jahre weniger auf einen Trabant zu warten. Ich brauche heute nur ein gutes Buch zu schreiben, um es mir leisten zu können, einen gebrauchten VW zu kaufen. Den kriege ich dann sofort. Also so hat sich mein Leben verändert. Und dann hat es sich noch so verändert, dass ich immer mehr zu den einfachen Dingen des Lebens fliehe. Das klingt jetzt blöd, aber ich meine das so. Weil ich mich in all diesen neuen Freiheiten nicht auskenne, weil sich die neuen Freiheiten für mich zu Zwängen entwickelt haben. Also wenn ich beispielsweise daran denke, dass man mir einen Vertrag unterjubeln will und ich dann das Kleingedruckte nicht verstehe und ich dann irgendwo betrogen werde ... Oder ich merke, dass ich nicht mehr normal als Mensch mit dem Staat kommunizieren kann, sondern einen Steuerberater dazwischen brauche, der das dann für mich versteht und mir übersetzt und an mir verdient. Dann sage ich mir, dass diese neue Freiheit, die ich sehr schätze, auch jede Menge Zwänge gebracht hat, mit denen ich in meiner einfachen Art, das Leben zu betrachten, nicht so zu recht komme.

Wie bilanziert Landolf Scherzer die Ereignisse von 1989/90 für sein Leben? Sieht er Positives?

Wenn man durch Erfurt oder andere Orte geht, sieht man, wie sich Dinge entwickelt haben, die in der DDR kaputtgegangen wären. Infrastruktur ist dafür ein Beispiel. Herrgott noch mal, wie lange habe ich um ein Telefon gekämpft. Ich denke schon, dass sich die Lebensqualität sehr verändert hat – ich rede jetzt nicht von Arbeit, das ist was ganz anderes. Wenn ich beispielsweise sehe, dass meine Kinder sagen können, wir machen nach dem Abitur ein Soziales Jahr in England oder wir studieren in Delhi. Oder diese Möglichkeiten, Neugierden zu befriedigen, die wir nicht hatten. Das ist das Großartige für mich, wie junge Leute sich in der Welt verwirklichen können. Und das ist auch das, worum ich eigentlich die Leute beneide. Gut, wir hatten andere Möglichkeiten, unsere Neugierde zu befriedigen, in diesem engen Land ...

Interview geführt und bearbeitet von Tom Fleischhauer

„Es ist lächerlich, wenn man heute daran denkt, aber es war so"

Hans Schneider*

Wenn ich mich daran erinnere, gab es ja im letzten Winter vor der Wende nur Möhren für Babys. Das muss man sich heute mal vorstellen. Da lacht man drüber. Aber es war bitterer Ernst. Ja, heute weiß das kaum noch einer. Damit wenigstens die kleinen Kinder ein bisschen Gemüse hatten, wurde es eingeteilt. Mich hatte das alles nicht betroffen. Ich hatte einen Garten. Ja, aber ich weiß das von vielen Müttern, die gerannt sind, um ein bisschen Gemüse zu bekommen, weil sie kleine Kinder zu Hause hatten.

Hans Schneider wurde am 28. August 1928 als ältester Sohn eines Postbeamten in Merseburg geboren. Der noch nicht ganz 16-Jährige wurde 1944 als Flakhelfer bei Leuna eingezogen. An der Westfront geriet er in amerikanische Kriegsgefangenschaft und konnte erst im Sommer 1945 die Heimreise nach Merseburg zu seiner Familie antreten. Zurück in seiner Heimatstadt begann er mit einer Lehre zum Elektro- und Rundfunkmechaniker und erhielt danach eine Stelle bei dem SAG-Betrieb „Chemische Werke Buna" als Mess- und Regelmechaniker. In dieser Zeit lernte er seine spätere Ehefrau kennen. Nach der Geburt des ersten Kindes wurde der Platz in der Wohnung der Familie zu klein, weshalb sich Herr Schneider entschloss, einen Beschwerdebrief an die Regierung zu schreiben.

Wir lebten zu dritt in einem nicht mal 20 Quadratmeter großen Zimmer. Darin hat sich nach Feierabend unser ganzes Leben abgespielt. Da Merseburg zum größten Teil im Krieg zerstört wurde, war es sehr schwierig, eine geeignete Wohnung zu finden. In meiner Not schrieb ich an Walter Ulbricht, dass ich ausreisen wolle. Ich hätte zwar hier Arbeit, aber für meine Familie keine Lebensmöglichkeiten und keine Wohnung. Dann erhielt ich auch in ganz kurzer Zeit eine Nachricht, dass es doch nicht in meinem Sinn liegen sollte, meine Arbeitskraft dem Militärstaat im Westen zur Verfügung zu stellen, sondern dass man sich darum bemühen würde, mir eine Wohnung zu verschaffen. Drei Wochen später bekam ich eine Zuweisung für eine Wohnung und damit war für mich erstmal dieses grundlegende Problem für meine Familie geklärt. Die Folge wiederum für mein Berufsleben war, dass ich in meiner Akte immer den berühmten Vermerk stehen hatte, und damit war für mich lange Zeit jede Weiterbildungsmöglichkeit verschlossen.

Nach über zehn Jahren Arbeit in Buna erkrankte Herr Schneider an einer schweren Allergie und musste daraufhin den chemischen Betrieb verlassen. Er bewarb sich anschließend als Elektromechaniker bei den Carl-Zeiss-Werken in Jena/Göschwitz.

VEB Carl Zeiss Jena, Rückansicht (Foto: Jürgen Hohmut).

Am 1. September 1970 fing ich in Jena an. Damals war in Göschwitz alles noch im Aufbau und nur eine Halle war in Betrieb, die die „48er-Fläche" genannt wurde. Zu diesem Zeitpunkt waren alle Abteilungen zusammengepresst und jeder hatte nur eine kleine Ecke für seine Arbeit. In der großen Halle fuhren die Monteure noch mit dem Motorrad herum und haben die Elektroanlagen fertiggestellt. Dort habe ich dann in der Abteilung Magnetkopffertigung angefangen und war verantwortlich für das elektrische Messwesen, welches wiederum für den Magnetkopf zuständig war. Wir fertigten dann die ganze Ausrüstung, die wir für die Produktion gebraucht haben, selber an, da es nichts gab. Es musste alles spezifisch für diese Produktion gebaut werden.

Zu Silvester 1970 bekam ich die Wohnungsschlüssel für eine Vier-Raum-Wohnung in Jena Lobeda. Das war natürlich etwas ganz Exquisites für die damalige Zeit. Fernheizung, Einbauküche, Durchreiche, Einbauschränke in den Zimmern, im Korridor und im Schlafzimmer. Der Unterschied zu einer normalen Altbauwohnung und einer Neubauwohnung war schon enorm. Für die zwei Jungs war ein Zimmer vorhanden und die Tochter hatte ein Zimmer für sich. Wir hatten einen schönen Balkon mit freier Sicht. Eine Wohnung am Rande von Lobeda, das war schon ein Erfolg.

In den 70er-Jahren fasste Hans Schneider beruflich in Jena Fuß. 1971 begann er mit der Abendschule, wodurch er später den Meisterabschluss erlangen konnte. Außerdem gelang es ihm zusammen mit einigen Kollegen, einen Neunspur-Magnetkopf zu entwickeln und in die Produktion zu überführen. Für diese Leistung wurden sie 1973 mit dem „Banner der Arbeit" ausgezeichnet.

1971 oder 1972 bin ich in die BGL gewählt worden, obwohl ich nicht in der Partei war. Die BGL war eine eigenständige Arbeiterorganisation, die jedes Werk hatte. Und da war ich dann in der Konfliktkommission tätig. Und Anfang des Jahres 1972 waren neue Wahlen am Gericht und dabei wurde ich von der Gewerkschaft als Arbeitsrechtsschöffe vorgeschlagen. Dort nahm ich dann an arbeitsrechtlichen Verhandlungen teil. Mit den Richtern und den Kollegen gab es eine sehr gute Zusammenarbeit. Und ich muss auch sagen, dass die Arbeitsrichter in Jena vernünftige Leute waren. Durch meine Tätigkeit als Schöffe ist man vorsichtiger geworden, mir arbeitsrechtlich etwas anzutun. Da wusste ich besser als die Obrigkeiten im Betrieb Bescheid. Ich konnte mich somit immer im arbeitsrechtlichen Maßstab gegen solche Sachen wehren, auch gegen Bestrafung und alles! Da hätte ich gesagt: Entweder ihr nehmt das zurück, oder ich gehe zur Konfliktkommission. Naja, zugänglich ist mir dadurch trotzdem nichts geworden, aber ich konnte viel Unheil von mir abwenden. Gegen Strafversetzung in eine andere Abteilung war ich gewappnet.

Und durch meine Tätigkeit als Arbeitsrechtschöffe wurde ich in die Rechtskommission der BGL gewählt, das heißt, wir waren für alle Arbeitsrechtsfragen, die sich im Betrieb abgespielt haben, verantwortlich. Wenn es Schwierigkeiten mit dem Arbeitsvertrag, Versetzungen oder auch mit der Auszahlung des Lohnes gab, haben wir geschaut, dass alles in geregelten Bahnen verlief. Dabei hatte die Rechtskommission die Aufgabe, den Kollegen, wenn er vor das Arbeitsgericht ging, in Form von Prozessvertretung zu unterstützen. Und bis zu meinem Ausscheiden war ich Vorsitzender der Rechtskommission.

Hans Schneider trat nie in eine Partei ein. Er war ein loyaler Bürger und brachte sich im Berufsleben energisch ein, doch politisch hielt er sich im Hintergrund.

Dass ich mich in der DDR nicht politisch engagiert habe, lag zum einen daran, dass mein Vater als Beamter im Nationalsozialismus Mitglied in der NSDAP war. Und als er nach dem Krieg aus der Gefangenschaft kam, ist er durch Denunziation gleich in die Hände des russischen Geheimdienstes gelangt. Er musste sich dann wöchentlich melden und dabei wurde er immer wieder verhört und vernommen. Und da ich unmittelbar miterlebt habe, welche Angst er hatte, dort hinzugehen, war ich mir sicher, niemals in eine Partei einzutreten. Meine Haltung zum DDR-Regime entstand zum anderen auch durch die Erziehung, die wir genossen haben. Der Drill zum unbedingten Gehorsam in der Hitlerjugend und dann auch später dort bei der Armee. Das war ja auf einmal wieder da. Man sollte wieder bedingungslos gehorchen und das erzeugt natürlich Widerspruch bei den jungen Menschen. Alles, wofür geworben wurde, erzeugte bei uns eine Abwehrhaltung. Wir haben dann gesagt, dass wir damit erstmal nichts zu tun haben wollen. Wir hatten die Nase voll von dem, was wir als Jugendliche erleben mussten.

Als Abteilungsleiter bei Zeiss erlebte Hans Schneider Ende der 70er- und Anfang der 80er-Jahre den Niedergang der Wirtschaft am eigenen Leib.

In den 80er-Jahren wurde das Leben in allen Bereichen schwieriger. Die Versorgungsengpässe setzten ein. Im Betrieb wurde die

Produktion schwieriger. Die ersten Monatstage waren ohne Arbeit und am Monatsende wurden jede Menge Überstunden gemacht, um den Planrückstand in der Produktion aufzuholen. Das Zuliefermaterial war meistens eben nicht rechtzeitig greifbar. Es handelte sich um Elektronikteile, Leiterplatten oder Halbleiterbauelemente, die von irgendwoher geliefert werden sollten und erst verspätet kamen. Und das erschwerte natürlich alles. Der Generaldirektor machte Sonderverkäufe für die Frauen im Speisesaal. Da gab es mal Schlüpfer oder Strümpfe, weil das im Handel nicht erhältlich war. Es ist lächerlich, wenn man heute daran denkt, aber es war so. Damit stieg natürlich auch die Unluststimmung in der Bevölkerung. Ich wurde als Leiter für diese Terminversäumnisse verantwortlich gemacht, obwohl ich ja gar nichts dafür konnte. Es war nichts da und ich sollte dann die Werktätigen immer wieder beflügeln, samstags und sonntags durchzuarbeiten, damit der Rückstand aufgeholt wurde. Und wenn welche keine Lust hatten, am Wochenende reinzukommen und zu arbeiten, dann wurde das Päckchen beim Abteilungsleiter abgeladen. Dann bekommt man in den Versammlungen eine entsprechende Schelte vor versammelter Mannschaft.

Unser Generaldirektor hat jeden Monat im Volkshaus große Versammlungen abgehalten, wo er dann die Leute schlecht gemacht hat. Und so ging es dann auch im Betrieb weiter. Der Betriebsleiter hat Versammlungen einberufen und die Leute heruntergeputzt, obwohl sie gar nichts dafür konnten. Sie hatten ja sogar mehr am Wochenende gearbeitet als sonst. Aber sie haben dennoch entsprechende Worte zu hören bekommen. Wir haben ja immer, wenn die Produktion zu stocken anfing, gemahnt, dass wichtige Teile fehlen. Ich musste jeden Tag meinen Planbericht abliefern. Ja, was sollte ich denn noch machen? Alle wussten, warum es nicht weiter ging.

Für Hans Schneider fand bereits 1982 eine Wende statt, denn in diesem Jahr wechselte er aus der Produktion in die Technik und musste keine leitende Position mehr einnehmen. Die eigentliche Wende begann für ihn 1989 mit den Versammlungen der Ausreisewilligen auf dem Platz der Kosmonauten in Jena[10].

Der Platz wurde von Kampfgruppen und Polizeieinheiten abgesperrt. Da durfte keiner drüber. Wer darüber ging, der wurde ver-

---

10 Heute Eichplatz.

Der Platz der Kosmonauten in Jena (heutiger Eichplatz), Ort der ersten Demonstrationen von Ausreisewilligen (Foto: Jürgen Hohmut).

dächtigt und dann gleich in die Mangel genommen. Mich hat es erwischt. Ich hatte mir im Holzhandel am Philosophenweg Bretter geholt, hatte sie auf dem Rücken und wollte zum Bus gehen. Dabei musste ich über den Platz, aber wurde sofort gestoppt. Ich durfte da nicht drüber und musste mit meinem Stapel Bretter einen Umweg machen, da sie Angst hatten, dass man sich an der Demonstration für die Ausreisewilligen beteiligt. Nun ja, das waren die Anfänge.

Der Unmut über die Knappheit der Güter, die eingeschränkte Reisefreiheit und die Manipulation der Wahlergebnisse mündete im Jahr 1989 symbolisch in der Besetzung der deutschen Botschaft in Budapest durch DDR-Bürger; im darauffolgenden Monat gipfelten die Ereignisse in den Demonstrationen, die sich über das ganze Land ausbreiten sollten.

Da muss ich ein ganz kurioses Erlebnis schildern. Wir waren im Mai oder Juni 1989 im Urlaub in Budapest. Als ich zurückkam, haben mich alle ganz verwirrt angeschaut und meinten: „Was? Du kommst wieder?" Und ich muss sagen, ich habe dort überhaupt nichts von diesem ganzen Geschehen gemerkt. In Budapest oder am Plattensee war nichts zu merken. Ob wir nun geschickt überall daran vorbeigeführt wurden, kann ich nicht beurteilen. Wir waren ja als Gewerkschaftsgruppe dort und wurden zu den Ausflugszielen gebracht. Aber ich vermute heute, dass man uns geschickt abgelenkt hat. Wir haben ja das Parlament besucht und andere Sehenswürdigkeiten, aber von all dem war dort nichts zu hören.

Dann fingen die Kundgebungen in Leipzig an. Es sind dann auch Kollegen von uns dorthin gefahren. Die wurden dann natürlich ausfindig gemacht. Denn es gab immer die Lauscher im Betrieb, die in jeder Abteilung anzutreffen waren und dann entsprechend Bericht erstatteten. Es wurde alles genau festgehalten. Später gingen auch die Kundgebungen in Jena los, in denen Studenten und Arbeiter ihrem Unmut Luft gemacht haben und sagten: „So geht das nicht weiter, wir wollen etwas anderes haben."

Meine Kollegen haben mich aber nicht gefragt, ob ich sie nach Leipzig begleiten will. Da wurde nicht gefragt. Das war viel zu gefährlich. Das lief alles automatisch. In Leipzig war ich nicht, aber hier in Jena waren wir zu den Demonstrationen. Leipzig war mir zu gefährlich, da ich ja vorbelastet war. Ich hatte schon mein Häkchen und wollte nicht noch ein zweites dazu haben. Es war ja kein Geheimnis, dass die Staatsmacht Lager vorbereitet hatte, in denen man unwillige und unliebsame Bürger ohne jedes Gerichtsurteil hätte inhaftieren können. Es gab zum Beispiel in Tambach-Dietharz im Thüringer Wald ein Lager. Also das kenne ich, weil ich dort mal in Finsterbergen im Urlaub war und da sind wir dort rüber gelaufen. Ja, und der Bevölkerung ist ja so was nicht geheim. Sie wissen ja, was sich da tut. Und das war auch dafür vorgesehen, um Leute, die unliebsam und aufsässig wurden, mundtot zu machen. Die hätte man dorthin gebracht, hinter Draht, und das wäre es gewesen.

Den 9. November 1989 schildert Hans Schneider als einen einschneidenden Umbruch.

Wir waren in Jena, als die Mauer fiel, und haben abends mit meinem Schwager, der aus Berlin zu Besuch war, zusammen gesessen. Wir haben Nachrichten geschaut und da kam diese ganze Sache mit der Ausreisegenehmigung ohne Begründung und der

Öffnung der Mauer. Und als dann noch das Wort „ab sofort" fiel, war ja in Berlin der Teufel los. Mein Schwager sagte: „Und ich bin nicht zu Hause. Ich könnte jetzt mit rüber." Aber viele haben ja auch gedacht, dass sie ausreisen dürfen und nicht wieder zurück können. Der Ausweis wurde ja abgestempelt, sodass sie dann bei der Rückkehr sagen hätten können: „Wir wollen dich nicht wieder." Diese Befürchtung hatten viele. Ja und als dann die Mauerspechte anfingen, Stückchen aus der Mauer zu klopfen und über die Mauer geklettert sind, haben wohl auch die meisten ihre Angst verloren.

Wir haben uns im Mai 1990 den Ausweis stempeln lassen, die Ausreisegenehmigung geholt und sind nach Gelsenkirchen gefahren, um meinen langjährigen Freund, mit dem ich Briefmarken tauschte, zu besuchen. Wir wussten zwar aus dem Fernsehen alles, aber es ist immer was anderes, wenn man es dann selbst erlebt. Die Eindrücke waren für uns überwältigend. Was doch alles möglich war. Wir wussten das ja schon. Mein Bekannter im Westen hatte Kinder, die mit unseren in einem Alter waren. Und da wurden auch die Entwicklungen ausgetauscht. Dabei stellte ich große Unterschiede zwischen den Möglichkeiten meiner Kinder und denen von meinem Bekannten fest. Ich kannte die Stadt aus der Zeit nach dem Krieg nur als Dreckloch, und als ich dahin kam, war das eine einzige Parklandschaft geworden. Das ist überwältigend gewesen, was mir dort mein Sammlerkollege gezeigt hat. Solche riesigen Parkanlagen habe ich noch nie erlebt. Und wunderbar in Schuss alles. Wenn ich dann hier in Jena an die Parkanlagen denke, wie verlottert und heruntergekommen das alles war. Das war schon ein Unterschied. Auch die Kaufhäuser waren riesige Einkaufstempel, wenn man da durchgegangen ist, ach Gott, was habe ich mich gefreut. Ein Busch-Album habe ich mitgebracht. Das war immer mein Wunsch, ein Wilhelm-Busch-Album. Ja, und da lag es für fünf Mark bei Hertie. Einen Schraubenzieher mit auswechselbaren Bits, gab es doch hier nicht. Ja, da drüben lag er für ein paar Mark. Es war eben alles selbstverständlich. Da lag das und niemand hat sich darum gekümmert. Für uns waren das schon kleine Schätze.

Es war natürlich auch vieles ernüchternd. Wenn wir einkaufen gegangen sind, dass dann eben ein Brot nicht 80 Pfennig gekostet hat, wie bei uns, sondern dass man da zwei oder drei Mark bezahlt hat. Oder wenn man Fisch gekauft hat, dass der schon damals recht teuer war im Vergleich zu hier. Dafür gab es aber bei uns keinen. War zwar billig, aber man bekam ihn nicht.

Nach der Freude über die neu errungenen Möglichkeiten trat wie bei vielen Bürgern der DDR auch bei Hans Schneider rasch eine gewisse Nüchternheit ein.

Zeiss musste abbauen, da es zu 4/5 Rüstungsbetrieb war. Die gesamte Weltraumaufklärung und die Auswertungsgeräte für die Spektralkamera, die im All war, wurden in Göschwitz gebaut und das war mit einem Mal alles futsch. Wir hatten 3.000 Lehrlinge und die standen nun mehr oder weniger vor einem Scherbenhaufen. Ich glaube, auslernen durften sie noch. Das habe ich allerdings schon nicht mehr miterlebt, weil ich am 1. September die Möglichkeit bekommen habe, in den Vorruhestand zu gehen. Und da beschloss ich mit meiner Frau, dass wir zu Hause bleiben und uns somit nicht mehr herum ärgern müssen. Und das war auch gut so, denn ein paar Wochen später begannen die Auflösungen der Abteilungen. Im Betrieb wurde anschließend sämtliches Material verschrottet, was nicht mehr gebraucht wurde. Das kam alles auf große Paletten und ab ging es in den Müll. Seit der Zeit bin ich Rentner und viele Kollegen, mit denen ich zusammengearbeitet habe, sind in die Warteschleife geraten und haben noch einen Teil Geld bekommen und sind mit einer Abfindung entlassen worden. Aber von den meisten meiner Kollegen, alles Diplomingenieure, hatte nicht einer nach der Wende eine feste Arbeit. Mir gefiel auch der Umstand überhaupt nicht, dass viele Westbetriebe die Fördermittel hier in Anspruch genommen haben, gewartet haben, bis die Frist für die Zurückzahlung verstrichen war und dann ihre Buden wieder dicht gemacht haben.

Ein weiterer Aspekt, der mir im Vergleich zu früher nicht gefällt, ist das Zusammenleben der Menschen. Früher half einer dem anderen und das hat die Leute zusammengehalten. Und heute ist doch nur Misstrauen. Viele sind auf den Anderen neidisch, wegen dem Verdienst und wegen dem Auskommen. Das ist eine schlechte Entwicklung, weil das Gemeinschaftsleben früher angenehmer war. Da hat man sich getroffen und Spaß gehabt. Das hängt eben mit Geld zusammen. Wer geht heute zu einer Tanzveranstaltung und kann sich eine Flasche Wein für 14 Euro leisten? Das sind alles die Zusammenhänge, die sich nun ergeben haben. Und durch die Euroumstellung ist das noch viel schlimmer geworden. Jeder will anonym bleiben. Will nichts mit dem Anderen zu tun haben. Es gibt nur noch ganz wenige, die noch in großen Runden zusammenkommen. Und meistens sind es ehemalige Arbeitskollegen aus DDR-Zeiten, die sich heute noch treffen.

Trotz dieser Nachteile empfindet Hans Schneider die Wende als einen Vorgang, der früher oder später hätte stattfinden müssen. Insgesamt schätzt er die Wiedervereinigung als positiv und gewinnbringend ein.

Ich habe mit 62 Jahren noch meinen Führerschein gemacht und mir ein kleines Auto gekauft. Somit konnte ich mit meiner Frau viel Sehenswertes in Deutschland und im umliegenden Europa ansehen. Ja, ich war an vielen Orten, wo ich als junger Mensch viel Leid erfahren musste. Ich habe mir schöne Gegenden angesehen, wie die Dolomiten, Norditalien und Österreich. Ich war an den ganzen schönen Seen: dem Mondsee, dem Attersee und dem Wolfgangsee. Ich bin an den Rhein gefahren. Ich war auf der Insel Helgoland und an der Nordseeküste. Das hätte ich vorher nie tun können. Schon allein wegen meiner Allergie nicht. Mit den DDR-Tabletten hätte ich nicht Auto fahren dürfen, wegen der Nebenwirkungen. Heute nehme ich eine Tablette am Tag und habe meine Ruhe, wenn die kritische Zeit kommt. Ich kann ohne Bedenken reisen. Schon aus diesem Grund ist die Wende für mich wertvoll gewesen. Im Allgemeinen bin ich stolz auf mich. Es gab keine Streitigkeiten in meiner Familie und ich konnte immer für sie sorgen. Ich habe immer auf eine Wiedervereinigung gehofft und sie kam für mich nach dem Zusammenbruch des Systems. Denn das System, was da war, das konnte nicht mehr existieren. Das hatte die Grundlagen verloren. So schön wie die Idee war, aber die Verwirklichung, die packt man auch heute noch nicht. Das kann man nicht verwirklichen!

Interview geführt und bearbeitet von Sandra Hartz

„Es gab einige Reibereien, aber da musste man durch."

Erwin Brand

Manchmal braucht man als Bürgermeister die guten Beziehungen, dann hat das funktioniert, wenn man das nicht hatte, ist man baden gegangen. Aber ganz massiv.

Erwin Brand wurde 1956 in Ringleben bei Erfurt geboren und stammt aus einer Bauernfamilie. Als Ältester von sechs Geschwistern musste er neben dem Schulbesuch an der POS in Gebesee auch im landwirtschaftlichen Betrieb mithelfen. Während seiner Ausbildung zum Karosseriefacharbeiter verpflichtete er sich bei der NVA, um anschließend studieren zu können.

Bei der Unteroffiziersschule in Frankenberg habe ich eine so genannte Ausbildung zum Panzerkommandant gemacht und die auch gut abgeschlossen. Ich bin dann wegen meiner guten Ergebnisse in Frankenberg als Ausbilder geblieben. In Frankenberg habe ich dann zweieinhalb Jahre lang die Ausbildung von jungen Panzerfahrern übernommen und ich war, ich will's mal so sagen, so genannter Lehrer. Während dieses Zeitraums musste ich die ganzen theoretischen Fragen abklären und musste denen erstmal zeigen, wie überhaupt so ein Ding aufgebaut ist und wie es funktioniert. Ich musste mich rund um die Uhr um diese Jungs kümmern. Die waren ein halbes Jahr dort und wurden danach entlassen. Jedes halbe Jahr kamen dann Neue rein und ich muss ganz ehrlich sagen, dass mir diese Arbeit eigentlich viel Spaß gemacht hat, weil mir das ein bisschen liegt, mit den Leuten zu arbeiten und denen was zu zeigen. Manchmal spornt es einen auch an zu sagen: Pass mal auf, ich kann das aber auch oder ich bin manchmal besser als du. Sprich, wenn es mal um das Schießen ging oder um den Ausdauerlauf, damals war ich noch ein bisschen leichter (lacht und deutet auf seinen Bauch), da ging das auch also, 3.000 Meter, was war meine beste Zeit - 9:45 Minuten. Aber mit kompletter Uniform und alles mit Stiefeln. Das war gut! Das war wirklich gut, das muss man ganz ehrlich sagen.

Nach der Armeezeit studierte Erwin Brand in Schmalkalden Maschinenbau und arbeitete in Erfurt im Karosseriewerk als Technologe, später als Konstruktionsleiter. Seit seinem 19. Lebensjahr war er Mitglied in der SED.

Man hat damals angefangen so mit Jungpionieren, dann Thälmannpionieren, dann FDJ. Dann kamen noch diese politischen Schulungen dazu. Für mich war es eigentlich fast so eine Selbstverständlichkeit, in die SED überzugehen, weil man eigentlich diese Ideologie vertreten hat. Es war ja nicht alles schlecht, man muss ja hier nicht alles schlecht hinstellen. Das war ja diese Ideologie von der Sache her nicht. Man hatte auch seine Freiheiten und man konnte leben. Es war eigentlich eine Normalität, dass man in diese SED reingeht. Da ist man dann rein gewachsen. In die Armee musste man ja auch Ideologie packen, da die ein Staatsorgan war. Die Ideologie war Zeitungsschau am Montag. Da wurde Zeitungsschau über die gesamte Woche gemacht. Die Artikel wurden dann vorgetragen und dann wusste man, was in der ganzen Woche in der DDR passiert war. Da gab's einen politischen und wirtschaftlichen Teil, Innenpolitik und Außenpolitik, wobei Außenpolitik ein bisschen differenziert war. Innen- und Außenpolitik bedeutete, was bei uns und was draußen passiert ist.

Besonders während seiner Zeit bei der NVA lernte Erwin Brand, dass „die BRD" der Feind war, vor dem man sich schützen und stets gewappnet sein musste. Mit dieser Politik identifizierte er sich.

Die BRD war der große Gegner, auf den man sich vorbereiten musste. Unsere Armee war schon schlagkräftig. Die wurden zielgerichtet vorbereitet auf alle Eventualitäten, so dass man bei einem Erstschlag etwas entgegensetzen konnte und das nicht zu knapp. Daraufhin wurde auch trainiert. Da gab's dann eben verschiedene Alarmbereiche und alles. Und da war innerhalb von zehn Minuten die ganze Division fertig. Da gab's Kampffahrzeuge, die standen ständig unter Strom und da brauchte man nur den Strom abzuklemmen und anzulassen und da waren die fertig. Die waren aufmunitioniert und alles. Und dann gab's die Ausbildungsfahrzeuge dazu. Das waren eben nur die, wo jeder drauf rum gefahren ist. Die hatten alles da, da war das kein Problem, innerhalb von zehn Minuten war die ganze Truppe bereit. Ideologisch waren wir alle so vorbereitet, dass die Bundesrepublik ein großer Gegner ist, ein ganz massiver und man muss da sehen, dass man dem Erstschlag gleich entgegenhalten konnte. Und nicht zu knapp.

Nach einigen Jahren in der SED sollte Erwin Brand eigentlich Parteisekretär im Karosseriewerk werden, 1984 wurde er jedoch als Mitarbeiter in die SED-Kreisleitung Erfurt berufen.

Dort habe ich als Instrukteur gearbeitet, das war also ein Mitarbeiter, der für verschiedene Gemeinden verantwortlich war und denen haben wir immer Ziele und Richtungen vorgegeben. In diesen Gemeinden hatte jeder Instrukteur sein bestimmtes Gebiet. Dort habe ich dann ein paar Jahre gearbeitet. In Andisleben wurde der Bürgermeister entlassen, aus welchen Gründen, weiß ich nicht mehr. Da wurde ich dann einfach so ins kalte Wasser geworfen und bin Bürgermeister von Andisleben geworden. Das war 1985/86. Das war auch wieder so eine Sache. Das war auch alles nicht einfach, also mit den Betrieben konform zu gehen, weil doch verschiedene Sachen gesteuert waren. Ich will es jetzt mal so bezeichnen: Man konnte als Bürgermeister damals die besten Gedanken haben, aber um die zu verwirklichen, musste man immer den Rückhalt vom Kreis oder am besten noch von der Bezirksleitung der SED haben, damit das so ein bisschen funktionierte. Ohne diese Beziehungen ging manchmal nichts. Man brauchte, wenn man als Bürgermeister tätig war, einen Fürsprecher. Wenn man den nicht hatte, ist man baden gegangen. Aber ganz massiv. Da ist man baden gegangen. Denn vom Kreis gab's nur Vorgaben, wie wir das zu erledigen hatten oder wie das zu realisieren war. Alles haben die weg geschoben, das musste dann quasi der Bürgermeister mit Hilfe der ortsansässigen Betriebe realisieren. Und es gab ja nirgendwo Geld. Heute hat ja der Bürgermeister Geld, der kriegt Steuereinnahmen und weiß, womit er arbeiten kann. Damals wusste man das nicht. Man musste dann erstmal betteln gehen und musste sehen: Was habe ich denn für Geld für nächstes Jahr, was kann ich nächstes Jahr machen? Das war eigentlich der Widerspruch, der ganz massive Widerspruch. Dass es nicht so ohne weiteres funktioniert hat. Wie der Marx das eigentlich mal so gedacht hatte.

Erwin Brand in den 1980er-Jahren mit Frau und Kind.

Obwohl Erwin Brand vollkommen hinter dem DDR-Staat und der sozialistischen Ideologie stand, geriet er mit einigen Funktionären auf Kreisebene in einen heftigen Konflikt.

Das Schlimmste war 1988. Da sollte wieder eine Wahl anstehen, eine Kommunalwahl, wo der Bürgermeister und der Gemeinderat gewählt wurden. Da hatten wir eine Aufstellung gemacht, wer nach unserer Meinung in den Gemeinderat mit reinkommen sollte. Der Plan musste von uns dem Rat des Kreises vorgelegt werden und der hat uns den Plan durchgestrichen. Die hatten ganz konkrete Forderungen: da sollte zum Beispiel ein Jugendlicher, der in der FDJ sein musste, mit in den Rat. Das wurde alles konkret vorgegeben. Es sollte eine Frau mit rein und es musste einer davon rein, davon rein, davon rein. Da gab's zwischen dem Rat des Kreises und mir erhebliche Diskrepanzen. Ganz massive Diskrepanzen und die sind soweit gegangen, dass ich ein Parteiverfahren an den Hals gekriegt hatte. Ich wurde dann aus der Partei ausgeschlossen und musste tausend DDR-Mark Strafe zahlen. Meine Frau, die war damals auch in der Partei, wurde damals ganz schön niedergemacht, die musste dann zu irgendwelchen Veranstaltungen und da saß sie vor einem Gremium von sieben, acht Leuten und die haben sie dann rund gemacht, warum sie nicht positiv auf ihren Mann einwirkt und, und, und. Ich hatte, wie gesagt, einen Parteiausschluss gekriegt und wurde dann als Bürgermeister entlassen, also der Rat des Kreises hat mich rausgeschmissen und ich hatte Berufsverbot. Ich konnte nicht mal mehr im Karosseriewerk arbeiten. Da haben einige Leute hier in Andisleben ganz schön auf den Putz gehauen. Heute sind sie ganz klein, ich könnte ein paar Namen sagen, aber ich will's mal lassen. Und ich konnte damals nicht verstehen, warum viele aus dem Ort, die eigentlich gewusst haben wie es hier funktioniert, einem da so von hinten in den Rücken fallen. Ich hätte da manchen auf den Mond schießen können in Andisleben. Das schlimmste war, dass die Familie, also meine Frau, mit rein gezogen wurde.

Danach arbeitete Erwin Brand in der LPG, um für sich und seine Familie den Lebensunterhalt bestreiten zu können. Nach dem Konflikt mit der SED zog er sich zurück und interessierte sich gar nicht mehr für Politik. Die Entwicklungen 1989/90 trafen ihn unerwartet.

Das war wie ein Paukenschlag, das mit Ungarn, wo mit einmal ein paar da rüber sind. Ansonsten hat man da kaum etwas gemerkt. Vielleicht Insider, aber zumindest hier in Andisleben hat man gar nichts gemerkt. Man lebt in dem Staat und plötzlich merkt man, die Leute hauen über die Grenze ab. Man wusste gar nicht so richtig warum, wieso und weshalb. Ich will's mal so sagen, das Gefühl war komisch. Ich habe damals noch im Stall gearbeitet, da wurde gesagt: Na, was wollen die denn da drüben. Das war im September, glaube ich, im Herbst jedenfalls war es, und da wurde dann gesagt: Na ja, Weihnachten sind die wieder hier. Die essen ihren Stollen wieder hier. Keiner hat so richtig dran geglaubt, dass es eine Umgestaltung oder eine Wende in dem Sinne gibt. Das kam dann erst, nachdem das Jahr 1989 vorbei war. Und im Januar kam dann der de Maizière an die Reihe und da war erstmals abzusehen, dass sich was ändert. Also gleich 1989, als die Grenze damals aufgemacht wurde, da hat noch keiner von uns damit gerechnet, dass es mal ein einheitliches Deutschland gibt.

Am 9. November 1989 arbeitete Erwin Brand in seinem Stall. Erst drei Monate später fuhr er zum ersten Mal in den Westen, um sich das Begrüßungsgeld abzuholen.

Vorher sind wir nicht gleich rüber gesaust. Wir hatten gar nicht so die Intention dazu. Wir hatten auch kein Fahrzeug. Mich hat das eigentlich gar nicht so sehr interessiert, wie die da drüben leben. Ich bin nur rüber gefahren wegen des Geldes. Muss ich ganz ehrlich sagen. Und das Geld haben wir gleich da drüben auf den Kopf gehauen. Wir haben uns gleich ein Radio gekauft und etwas für die Kinder.

Nach der Wende versuchte er sich in vielen verschiedenen Tätigkeiten.

Also ich war erstmal beim Wachdienst und habe dort als Wachmann mitgearbeitet. Ich war froh, dass ich einen Beruf hatte. Nach ein paar Jahren bin ich dann zur Hundeausbildung nach München und anschließend habe ich drei Jahre lang die Objekte der Bundeswehr in Thüringen betreut. Also war ich wieder in Erfurt und habe rund um die Uhr bewacht. Dann war ich mal kurzzeitig in Flensburg tätig. Als die ganzen NVA-Objekte in Thüringen geschlossen wurden, musste ich mir was Neues suchen. Da habe ich im Gerüstbau gearbeitet. Das war schwere Arbeit für wenig Geld. Später habe ich dann eine ganze Gerüstbauabteilung in Weimar geleitet. Mit mir waren wir acht oder zehn Mann und das ging drei Jahre lang, bis die Firma in Konkurs gegangen ist. Da war ich ein bisschen arbeitslos, weil ich nirgendwo was gekriegt hatte. Hunderte von Bewerbungen geschrieben und nichts gekriegt. Nicht mal als Fensterputzer. Ich bin dann jeden Tag nach Walschleben gefahren, um früh die Zeitung auszutragen. Ist ein ganz guter Job. Man kriegte regelmäßig sein Geld über den Zeitungsvertrieb hier bei der Thüringer Allgemeinen. Das war eigentlich ganz gut. Geld war da und da ging es.

Die Veränderungen in der Wendezeit brachten für Erwin Brand große Unsicherheiten. Seine gewohnten Lebensgrundlagen lösten sich auf.

Für mich war ja alles neu, ich muss es mal so sagen, denn ich kannte ja nur das DDR-System und ich musste mich erstmal mit diesem neuen System vertraut machen. Dann gab's ja viele, viele Betrüger, die unterwegs waren und einem da sonst irgendwas erzählt haben, und man wusste gar nicht so richtig, was man machen sollte. Das Schlimmste für mich war, dass man sich nirgendwo informieren konnte, sprich Versicherung und so weiter Es war ja alles neu. Es war ja wirklich alles neu. Und außerdem gab es so viele schwarze Schafe auf dem Markt, die dann versucht haben einem irgendwas anzudrehen und nur um Kohle zu machen. Alles nur um Kohle zu machen. Das Problem kannten wir in der DDR ja eigentlich gar nicht. Für mich waren die Wendejahre schwierig, weil ich am Anfang kein Licht mehr gesehen habe am Tunnel. Ich will's mal so bezeichnen. Es ist eine Masse Neues auf mich zugekommen, was ich gar nicht kannte, in meinem ganzen Leben nicht – sprich mit Grundstücken, sprich mit Versicherungen – mit allem. Das war alles vorher ein bisschen geordneter. Hier muss man sich jetzt um alles selber kümmern. Man muss sich um einen Job kümmern und das war alles ein bisschen komisch. Man wusste nicht mehr so richtig, wo es lang ging. Man hat die Arbeit verloren und kam nicht gleich irgendwo wieder rein. Da war ich ein bisschen deprimiert. Ich hatte am Anfang arge Probleme, da überhaupt klar zu kommen. Na mittlerweile da geht's eben so, aber ich bin mit meiner Arbeit nicht zufrieden.

Erwin Brand ist der Meinung, dass seine Lebensbedingungen sich mit der Wende 1989/90 verschlechtert haben. Dies bestimmt seinen Blick auf die heutige Situation im Osten Deutschlands.

Wir sind das Armenhaus und das werden wir auch bleiben. Ich sehe es nicht anders. Es hat mal geheißen: Wir sind der Arsch von Deutschland. Es ist ein bisschen krass gesagt, aber ich sehe das so, dass sich in der nächsten Zeit auch nichts ändern wird. Die Angleichung an den Westen sollte ja angeblich zehn Jahre dauern. Heute sind es schon 18 Jahre und es ist immer noch keine Angleichung da. Die einzige Angleichung, die ich habe, ist die bei meinen Ausgaben. Das ist eigentlich das, was mich wurmt. Ja, weil ich hier genauso viel bezahle wie drüben einer aus den alten Bundesländern. Nur ich habe 30 Prozent weniger Geld in meiner Tasche zur Verfügung als die aus den alten Bundesländern. Das ist eigentlich das, was mich wurmt. Man schiebt immer noch den Riegel davor. Man habe hier noch den Aufbau Ost, wo man da immer noch reinschieben müsste und dass es aus diesem Grund nicht machbar ist, die Löhne zu erhöhen. Das verstehe ich nicht so ganz. Wenn ich manchmal nach drüben fahre, sind die Autobahnen schlechter als bei uns, also muss man langsam mal sagen - Aufbau West. Ich versteh das nicht so richtig. Ich sehe das auch nicht, dass sich in der nächsten Zeit was ändert und das ist das Schlimme daran. Man kann der Politik nicht glauben. Das ist meine eigene Meinung. Das funktioniert irgendwie nicht. Was sollen die ganzen Diätenerhöhungen? Unterm Strich bleibt in meinem Portmonee nicht mehr viel drin, im Gegenteil, es wird immer weniger. Aber ich muss immer mehr bezahlen. Und das ist das Schlimme.

Gibt es denn auch positive Veränderungen?

Ich kann alles kaufen, wenn ich das Geld habe. Das ist das Positive da dran. Aber (lacht) wer hat das? Ich kann überall hinfahren. Das konnte ich vorher nicht. Aber wer kann es? Ich kann es mir nicht leisten. Das ist es ja. Das ist das Positive und das ist schon alles. Ob das wirklich die Freiheit ist? Wie heißt es so schön, Freiheit, die ich meine, meine oder deine. Na gut (lacht).
Mit dem heutigen Staat kann ich mich gar nicht identifizieren, muss ich ganz ehrlich sagen. Ich kenne eigentlich beide Systeme und ich finde, dass das jetzige ein Ausbeuterstaat ist. Das ist so. Ich kann mich damit nicht identifizieren. Für mich heißt das Kämpfen in diesem Staat, Kämpfen ums Überleben. Ganz krass gesagt.

Interview geführt von André Ksionek;
bearbeitet von Natalie Elisabeth Helbing

„Ich wollte bleiben und Zeitzeuge sein."
Günter Ullmann

NOVEMBER

die nackten bäume starren wie
abgefressene
skelette in den roten
morgen

der himmel ist
leer und
brennt

die angefrorenen blätter beginnen
im
eisigen licht zu
leuchten

Günter Ullmann wurde am 4. August 1946 geboren und wuchs in Greiz auf. Nach dem Abschluss der Polytechnischen Oberschule begann er eine Lehre als Facharbeiter (Maurer) mit Abitur und erlangte 1966 die Hochschulreife. Günter Ullmann versuchte, ein Studium am Leipziger Literaturinstitut Johannes R. Becher aufzunehmen, erhielt aber eine Ablehnung mit der Empfehlung, sich inhaltlich und formell an Zeitungsgedichten zu orientieren. Er bewarb sich erneut erfolglos an der Fachhochschule für Angewandte Kunst in Heiligendamm. Um seinen Lebensunterhalt zu sichern, begann er bei der Baufirma IHK zu arbeiten. 1969 heiratete er. Im Jahr der Hochzeit wurde seine Tochter Xandra geboren, die 1972 bei einem Autounfall tödlich verunglückte. Die beiden Söhne, Clemens und Kyrill, wurden 1970 und 1973 geboren.

Seit 1990 bis zu seiner Pensionierung war Ullmann im Bereich Kultur und Museum in der Greizer Stadtverwaltung tätig. Nach dem Schreib- und Veröffentlichungsverbot in der DDR, bot die Wende ihm die Möglichkeit, sein verborgenes und umfassendes literarisches Werk herauszugeben.

Ich hatte Glück, denn ich bin erst am 4. August 1946 nach dem Krieg geboren. In der ersten Hälfte des 20. Jahrhunderts haben zwei furchtbare Weltkriege getobt. Die Kindheit war eine glückliche Zeit. Ich denke gern an sie zurück. Wir lebten zwar in ärmlichen Verhältnissen, aber ich bin bei einer Familie im Haus aufgewachsen, bei der wir damals wohnten, und die waren wie Opa und Oma zu mir. Das war eine sehr glückliche Zeit. Ich denke gerne zurück. Damals betete ich, dass die Algerier sich von den französischen Kolonialherren befreien. Ich hatte schon früh einen Gerechtigkeitssinn und habe den Befreiungskampf der Afrikaner und der Menschen in der Dritten Welt gegen die weißen Kolonialherren sehr verfolgt. Meine katholische Mutter hat mich und meine drei Geschwister entgegen der kommunistischen Überzeugung meines Vaters christlich erzogen. Die unterschiedlichen Weltbilder meiner Eltern, einerseits die katholische Haltung meiner Mutter und andererseits die kommunistische Haltung meines Vaters, vereinten sich in deren gemeinsamer moralischer Gesinnung. Die Gemeinsamkeit eines Kommunisten und eines Christen ist die starke moralische Vorstellung vom Menschen. Daher gab es zwar Meinungsunterschiede zwischen meinen Eltern, aber nie einen Konflikt. Mein Vater war dagegen, dass meine Mutter in der Kirche war. Aber sie ist dennoch in die Kirche gegangen. Sie hat sich auch nicht reinreden lassen. Sie hat ihre Kinder, ich habe noch drei Geschwister, christlich erzogen. Ich habe sowohl die Konfirmation gemacht und die christlichen Stunden absolviert als auch die Jugendweihe. Und somit hat es eigentlich keine Schwierigkeiten gegeben. Wenn ich allerdings konsequent gewesen wäre, dann hätte ich mit Problemen rechnen müssen. Denn unter anderem wurde es Konfirmanden verweigert oder erschwert, die EOS zu besuchen. Genauso verhielt es sich mit der Parteizugehörigkeit. In seltenen Fällen bekam ein Parteiloser eine Führungsrolle in der Gesellschaft oder in einem Betrieb. Das sah man gar nicht gern. Die meisten waren in der SED.

Mein Vater war auch in der Partei. Man muss sich vielleicht die furchtbare Zeit des Faschismus und des Zweiten Weltkrieges vorstellen. Daher haben nach 1945 viele an einen sozialistischen Neuanfang geglaubt, denn sie erhofften sich eine bessere Welt. Die Grundideen des Marxismus, die Befreiung der Menschheit von der Ausbeutung und die Herstellung der Gleichheit zwischen Menschen, das klingt ja auch nicht schlecht, möchte ich mal sagen. Das sind ja alte Menschheitsträume an und für sich. Wenn der Marxismus nicht die Gewalt verteidigen würde. Die marxistischen Grundideen führten dazu, dass mein Vater und diejenigen, die den Krieg und den Faschismus erlebten, an die Sache geglaubt haben. Aber in meinem Elternhaus wurde kaum über Politik geredet. Ich habe daher wenig von der Politik durch das Elternhaus mitbekommen. Zum Beispiel haben wir von dem Volksaufstand 1953 überhaupt nichts mitgekriegt. Im Elternhaus wurde einmal über die Suezkrise zwischen Ägypten und Israel, wo es zum Konflikt kam, gesprochen. Aber ansonsten spielte die Politik im Familienleben keine Rolle.

Ich näherte mich über das Lesen den politischen Geschehen an. Ich habe sehr viel gelesen in der Kindheit, bevor ich selbst anfing zu schreiben. Als junger Mensch las ich vor allem die Gedichte von Heim, Trakl und Lasker-Schüler. Ich war begeistert von diesen Lyrikern. Dann habe ich die Prosa von russischen Autoren wie Tolstoi und Dostojewski - „Die Brüder Karamasow" - gelesen. Ich habe mich auch mit den französischen Existentialisten und der ganzen tschechischen Literatur auseinandergesetzt. Die gute DDR-Literatur, die versucht hat, zwischen den Zeilen verschiedene Sachen anzudeuten, die sie nicht sagen durfte, habe ich auch gelesen. Es gibt eine ganze Reihe guter DDR-Literatur: der Hilbig, Christa Wolf, der Johnson, der Heym, der Kunze, der Kunert, Sarah Kirsch und andere. Also, ich könnte noch viele Namen nennen. Ich habe ja die ganze ostdeutsche und auch westdeutsche Literatur gelesen. Die Lektüre hat auch mein eigenes Schaffen ein bisschen beeinflusst. Das lässt sich nicht vermeiden. Vielleicht war mein Schreibstil am Anfang expressionistischer. Aber später lernte ich Reiner Kunze kennen. Der reduzierte stark am Kern und das hat mich wahrscheinlich etwas beeinflusst, obwohl ich nie langatmig geschrieben habe.

In der Schulzeit gründeten Günter Ullmann und seine Freunde die Band „Media Nox", die 1965 aufgrund ihrer regimekritischen Haltung Auftrittsverbot bekam. Die beständige kritische Gesinnung und verschiedene Protestaktionen führten in der Folgezeit zu Konfrontationen mit der Obrigkeit.

Die Band „Media Nox" Ende der Sechzigerjahre.

In der Jugend gründeten wir im Strom der Beatles und der Rolling Stones eine Kapelle. Wir nannten uns „Gallow Birds" in Anlehnung an den Galgenberg in Greiz. Das heißt: die Galgenvögel. Da englische Namen verboten waren, haben wir uns in „Rats-Kombo" umbenannt. Das schreibt man R-a-t-s[11]. Und damals musste jede Kapelle eine Einstufung machen, das ist ja jetzt anders. Die meisten, auch die jungen Leute können sich das ja gar nicht mehr vorstellen, wie das überhaupt war in der DDR. Bei der Einstufung haben wir gesagt, wir heißen die „Rats-Kombo". Aber später sind sie dahinter gekommen. Denn sie haben gehört, dass unsere Fans bei einem unserer Auftritte uns „Rats" nannten. Und da mussten wir erneut vorsprechen und unseren Namen ändern. Da nannten wir uns „Media Nox", Mitternacht, und seitdem heißen wir so. Wir haben englische Titel gesungen. Damals war Rock 'n' Roll modern, vor allem die Musik der Rolling Stones und der Beatles. Und der Musikstil der Kapelle entwickelte sich bis heute über Rock 'n' Roll, Beat, Blues bis hin zum Modern Jazz. Jetzt machen sie reinen Modern Jazz. Die Band spielt ja immer noch. Ja, meine Kapellenzeit war eine schöne Zeit. Ich denke gern zurück. Wir hatten viele Auftritte. Vor allem im sächsischen Raum. Hier in der Kapelle habe ich Schlagzeug gespielt, ge-

---

[11] Englisch: Ratten.

sungen, getextet und komponiert. Wir hatten viele Protestsongs. Bei den Vorspielen bei der Einstufung mussten die Prozente eingehalten werden. Wir durften da nicht mehr als 40 Prozent Westtitel spielen und mindestens 60 Prozent Osttitel. Aber auch bloß die Titel, die genehmigt worden sind. Und um das zu umgehen haben wir viele Eigenkompositionen gespielt. Die jungen Leute wissen das ja gar nicht mehr. Viele Menschen denken, die DDR war schön. Aber damals waren lange Haare modern. Ich trug auch lange Haare. Die jungen Leute hatten alle lange Haare. In der ersten Zeit hat die Polizei die jungen Leute von der Straße weg zum Frisör geschafft. Man kann sich das heute gar nicht mehr vorstellen. Anfänglich war auch die Popmusik, z.B. die Beatles oder die Rolling Stones, in der DDR verboten. Später konnte man es hören, aber anfänglich war es verboten. Da hieß es: „imperialistische Dekadenz". Die Ausdrucksweisen „imperialistische Lebensweise" und „entartete Lebensweise" wurden für eine verbotene und verpönte Lebensführung verwendet. Am Ende der DDR hat sich das etwas liberalisiert. Da gab es dann auch bei Amiga Beatles-Platten und sogar die Funktionäre trugen lange oder längere Haare. Aber in unserer Jugendzeit war es noch ganz schön scharf. Da war es noch ganz schön hart. Die englischen Titel waren alle verboten. Die haben schon etwas für die Jugend getan. Aber um sie in ihrem Sinne auszurichten. Wir wollten ja nun ausbrechen. Wir wollten ja nun unser eigenes Leben gestalten. Wir wollten einen Sozialismus mit einem demokratischen Antlitz beziehungsweise mit einem menschlichen Antlitz. Wir wollten unsere Meinung sagen und diskutieren. Wir waren für die Pressefreiheit, für die Redefreiheit und für freie Wahlen. Denn das gab es alles in der DDR nicht. Die Wahlen waren Wahlbetrug. Denn es gab zwar Kandidaten, aber keine Gegenstimmen und diejenigen, die nicht wählen gegangen sind, wurden notiert. Und hatten dann manchmal Schwierigkeiten. Die Wahlkabinen waren nur zum Schein aufgestellt. Denn kein Wähler ging in die Kabine. Wenn man in die Kabine gegangen ist, wurde man ja auch notiert. Die Wahlen waren Lug und Trug. Das ganze System war Lug und Trug.

Ich bin ganz froh, dass die DDR überwunden ist. Wenn mir auch vieles heute nicht gefällt. Das ist ganz klar. Es gibt viele Probleme z.B. die hohe Arbeitslosigkeit. Aber in der DDR hatten wir 250.000 politische Gefangene bis zur Wende und an die Tausend Todesopfer an der Mauer. Und es war schon ein schlimmes System. Wir haben alle zwei Gesichter gehabt. Denn man musste lügen in der DDR. Die eine Wahrheit war die, die man sagen musste und die abgehört wurde in der Schule oder im Betrieb. Und wenn man dann im Freundeskreis oder in der Familie war, da hat man erst mal seine richtige, seine eigene Meinung gesagt.

Der Prager Frühling 1968 verstärkte die Protesthaltung von Ullmann und seinen Freunden, dem Greizer Kreis, weil der Einmarsch der Verbündeten und der Sowjets in Prag ihnen die letzte Hoffnung der Verbesserung des DDR-Regimes nahm. 1968 wurde Günter Ullmann erstmals verhaftet und hielt, trotz immerwährender Bedrohung und Überwachung durch die Staatssicherheit, an seinen Idealen fest.

1968 bin ich zum ersten Mal mit der Staatssicherheit und der Polizei in Konflikt gekommen. Der Ibrahim Böhme[12] spielte damals noch eine große Rolle bei uns. Er war ein Erzieher im Sinne des Humanismus. Er hat uns zum Widerstand aktiviert. Wir überlegten, wie wir protestieren könnten und da schnitten wir Fahnen der CSSR aus und hefteten sie uns an die Jacke. Das ist ja an für sich nur einfältig, aber mich haben sie aus dem Tanzsaal heraus verhaftet. Sie brachten mich zum Verhör auf den Elsterberg[13]. Sie befragten mich und wollten meine Beweggründe erfahren. Dann ließen sie mich gehen. Es ging eigentlich harmlos aus. Nach 1968 waren wir dann ziemlich pessimistisch. Als 1976/77 Reiner Kunze[14] rausgeekelt wurde und Biermann ausgebürgert wurde, haben wir aus Widerspruch Protestschreiben abgeschickt. Wir waren ein Freundeskreis, der Greizer Kreis. Wir haben Petitionen an den Schriftstellerverband und den Verband der Bildenden Künstler, an die Regierung, an den Ministerrat und den Staatsrat und so weiter verfasst. Aufgrund des öffentlichen Protests wurde ich siebenmal in Gera von der Stasi verhört. Dem war ich psychisch nicht gewachsen. Denn ich litt dann unter Verfolgungswahn und musste mich in stationäre Behandlung begeben. Ich habe mir die Zähne ziehen lassen, weil ich mir einbildete, sie hätten mir in die Zähne Wanzen eingebaut. Ich habe mir eingebildet, ich werde überwacht. Heute weiß ich aus meinen Stasi-Akten, dass ich auch überwacht worden bin. Ich habe ja mehrere

---

12 Ibrahim Böhme – DDR-Oppositioneller, später als Stasi-IM enttarnt.
13 Elsterberg – Sitz der örtlichen Dienststelle der Staatssicherheit.
14 Reiner Kunze – DDR-Schriftsteller, 1976 in die Bundesrepublik ausgereist.

dicke Akten. Es war eine schlimme Zeit für mich und für die ganze Familie natürlich auch. Die Freunde haben mich immer wieder ein bisschen aufgemuntert.

Ich hatte Jürgen Fuchs vor seiner Abschiebung in den Westen kennen gelernt. Er ist ein guter Freund von mir. Er bot mir an, mich in den Westen zu holen. Aber ich habe es abgelehnt. Ich wollte in Greiz bleiben. Ich wollte da bleiben, wo ich geboren worden bin und wollte hier Zeitzeuge sein. Ich bin nicht gegangen. Dann kamen meine ersten Veröffentlichungen in der BRD. In der DDR wurden die Verlage angeschrieben, um zu verhindern, dass sie etwas von mir veröffentlichen. Das habe ich aus den Stasi-Akten entnommen. In der BRD hat Jürgen Fuchs in einer literarischen Zeitschrift, die von Günter Grass und Heinrich Böll herausgegeben wurde, Gedichte von mir veröffentlicht. Die Veröffentlichung meiner Gedichte veranlasste die Stasi dazu, meine Frau zu verhören und sie zu bedrohen. Meine Frau war Kindergärtnerin und arbeitete in der Volksbildung. Die Stasi bestellte sie eines Tages nach der Arbeit rein. Sie haben sich ihr vorgestellt und haben ihr gedroht, dass, wenn sie nicht auf mich aufpasst und Einfluss auf mich nimmt, so dass ich das Schreiben von Gedichten, die Veröffentlichungen in der BRD unterlasse und den Briefwechsel mit Jürgen Fuchs einstelle, dann könnte uns das Sorgerecht für die Kinder weggenommen werden. Da würden sie uns die Kinder wegnehmen. Und das war natürlich besonders hart nach dem Tod von unserer ältesten Tochter. Ich ließ mich dadurch nicht einschüchtern und veröffentlichte weiter in der BRD unter anderem Kindergedichte in einer Anthologie. Lutz Rathenow gab die Anthologie „Es war ein Fänger im Schnee" im Oberbayern-Verlag heraus und da waren Gedichte von mir drin. Die Stasi lud mich erneut vor und bedrohte mich. Sie verlangten von mir, dass ich die Veröffentlichungen einstelle. Sie drohten mir mit einer Gefängnisstrafe, wenn ich dem nicht Folge leisten werde. Aus meiner Stasi-Akte geht hervor, dass U-Haft vorgesehen war. Aber dazu ist es unerklärbarer Weise nicht gekommen. Vielleicht spielte mein schlechter gesundheitlicher Zustand eine Rolle.

Günter Ullmann setzte sein schriftstellerisches Schaffen im Verborgenen fort und ging tagsüber seiner beruflichen Tätigkeit nach. Obwohl er sich an den Protestdemonstrationen 1989 aktiv beteiligte, kam das Ende der DDR auch für ihn unerwartet.

Nachdem unsere Hoffnungen 1968 zerbrochen sind und durch die Kunze-Sache und die Biermann-Sache 1976/77 und die Abschiebung von Jürgen Fuchs in den Westen, haben wir eigentlich in einem sozialdemokratischen Deutschland das bessere Deutschland und den besseren Weg gesehen. Der Regierungsstil von Willy Brandt oder Helmut Schmidt gefiel uns viel besser. Wir hatten die Hoffnung auf eine bessere DDR schon aufgegeben. Dann kam aber noch einmal die Solidarnosc-Bewegung in Polen. Die Solidarnosc-Bewegung und vor allem Gorbatschow gaben uns wieder ein wenig Hoffnung und Mut zurück. Den plötzlichen Zusammenbruch der DDR hätten wir nicht für möglich gehalten. Die DDR ist wie ein Kartenhaus zusammengebrochen. Überhaupt niemand war auf die Wende vorbereitet und überhaupt niemand hat damit gerechnet. Obwohl uns schon deutlich war, dass irgendwann einmal etwas geschehen muss. Dann war die Fluchtwelle über Ungarn. Und es war schon klar, dass nun etwas passiert, aber dass es so schnell zusammenbricht, das hätten wir nicht für möglich gehalten. Darauf war auch kein Politiker – weder im Osten noch im Westen – vorbereitet. Wir wollten an und für sich nicht das eine Deutschland. Wir wollten eine bessere DDR. Aber im Rückblick muss ich sagen, wäre eine bessere DDR wahrscheinlich nicht möglich gewesen. Wir waren Utopisten, denn die Umsetzung unserer Ideen wäre nicht möglich gewesen. Und die Einheit Deutschlands war auch nur unter Gorbatschow möglich, denn die Nachfolger von Gorbatschow hätten es nicht erlaubt, dass Deutschland vereint wird.

Ich weiß jetzt nicht mehr genau, ob die Demonstrationen in Greiz am Montag oder am Sonnabend waren. Aber hier in Greiz hat auch jede Woche eine Demonstration stattgefunden und da bin ich natürlich in der ersten Reihe mitmarschiert. Wir trafen uns meistens am Theater und formierten uns und dann ging der Zug durch die Stadt. Das war eine schöne Zeit. Ich denke gerne zurück. Da Greiz eine Kleinstadt ist, kannte man die Mitmarschierenden. Wir haben untereinander diskutiert. Manche hatten auch Bedenken und Ängste. Sie fragten sich, ob die Demonstrationen einen Zweck hätten und sie etwas bewirken könnten. Sie befürchteten, dass ihr offener Protest zu Schwierigkeiten mit dem Regime führen würde. Aber letztlich sind sie doch alle mit gelaufen und haben demonstriert: „Demokratie", „Stasi in die Produktion" und diese ganzen Slogans. Es war eine schöne Zeit. Wahrscheinlich wurde in Greiz auch die erste genehmigte Demonstration durchgeführt. Denn bedingt durch die Verkehrslage, ist es sehr schwierig, eine Genehmigung zu bekommen. Ein Freund von mir hat allein einen Antrag für die Demonstration gestellt, obwohl ihm viele davon abgeraten haben. Sein Antrag wurde genehmigt. Und so ist dann jeden Sonnabend in der Stadt demonstriert worden. Es war ein langer Zug und er wurde von Mal zu Mal länger. Erst hieß es: „Wir sind das Volk" und dann hieß es: „Wir sind ein Volk". Plötzlich kamen der Umschwung und die deutsche Einheit. Das ging alles ruckzuck. Es gab auch noch offene Diskussionsrunden, das Forum im Theater auf der Bühne. In Greiz hat überhaupt die Kirche eine positive Rolle gespielt. Die Kirchen wurden aufgemacht für die Demonstranten. Wir konnten uns dort treffen und dort sprechen. Und das war schon ganz gut.

Den Mauerfall habe ich vor dem Fernsehen verfolgt. Das war ein befreiendes Gefühl.

Obwohl die Wende für Günter Ullmann eine Befreiung bedeutete und berufliche wie auch private Veränderungen einleitete, betrachtet er die Ergebnisse dieser Entwicklung kritisch.

Zuerst waren alle begeistert, dass die DDR wie ein Kartenhaus zusammengestürzt ist und dass es nun ein Deutschland gibt. Dass es natürlich dann in der Folge so viele Fehler gegeben hat, wie mit der Treuhand, und dass viele Betriebe bankrott gegangen sind, das haben wir nicht vorher sehen können und das wollten wir auch nicht. Das muss ich gleich noch dazu sagen. Uns persönlich geht es besser. Wir sind natürlich auch privilegiert gewesen. Greiz ist eine Textilstadt und die ganze Textilindustrie ist nach der Wende zusammengebrochen. Daher sind viele Menschen arbeitslos geworden. Es war eine prekäre Situation für viele Greizer. Wir waren in der Hinsicht privilegiert, dass meine Frau und ich unsere Arbeit behielten. Obwohl ich meine Stellung im Baubetrieb verlor, habe ich schnell eine neue Beschäftigung in der Stadtverwaltung gefunden. Ich habe dort im Bereich Kultur gearbeitet und Kulturveranstaltungen organisiert, zum Beispiel Konzerte, Ausstellungen, Lesungen und so weiter. Als die Abteilung Kultur reduziert worden ist, bin ich ins Museum gewechselt. Das Museum ist auch der Stadt unterstellt. Ich

Günter Ullmann in den 1990er-Jahren

war also weiter bei der Stadt angestellt, bloß in einem anderen Bereich. Meine Frau und ich mussten zwar beide umsatteln, aber es hat funktioniert. Wir hatten unsere Arbeit, deswegen waren wir auch privilegiert. Natürlich gab es auch Ehepaare, wo beide Ehepartner zu Hause rumlungerten und an die Decke starrten. Eine derartige Situation ist natürlich kompliziert. Wenn mindestens einer Arbeit hat, kann man den Lebensunterhalt bestreiten, aber wenn beide Eheleute arbeitslos sind... Viele haben nach der Wende ihre Arbeit verloren. Aber ich weiß auch nicht, wie die Industrie sie alle hätte halten können. Denn die Technologie im Westen war ja schon viel weiter. Die meisten Betriebe waren veraltet. Es wurde in der DDR nichts modernisiert. An den Häusern ist nichts gemacht worden und an den Straßen ist auch nichts gemacht worden. Ich weiß nicht, wie man es hätte verhindern können.

Für mich war die Wende eine Befreiung und eine wichtige Station in meinem Leben. Dass die DDR zerfallen ist, war schon wichtig für mich. Ich bin ja dann auch geehrt worden. Das sage ich zwar nicht sehr gern, aber deswegen denkt man auch gern zurück. Ich habe 1996 die Bürgermedaille der Stadt Greiz bekommen. Daran denke ich gern zurück. Außerdem bin ich auch 2004 von der Schillerstiftung in Weimar geehrt worden. Es lässt sich noch vieles aufzählen. Aber dass die DDR den Bach runter gegangen ist, da bin ich schon ganz froh drüber.

Interview geführt und bearbeitet von Madeleine Göring

„Nur die Farbe des Frühstückseis hat sich geändert."

Reinhold Andert

Also wirtschaftlich, finanziell oder wie man so schön sagt, geht es mir genauso wie in der DDR. Ich wohne auch noch in derselben Gegend und für mich persönlich hat sich eigentlich nur die Farbe des Frühstückseis geändert. Vorher hatten wir nur weiße Eier, seit der Wende gibt es braune.

Reinhold Andert, Liedermacher und Schriftsteller, wurde im März 1944 in Teplitz-Schönau, dem heutigen Teplice, geboren. Er wurde 1950 in Sömmerda eingeschult. Die Oberschule brach er ab, um ein bischöfliches Vorseminar zu besuchen in der Absicht, Priester zu werden. Diesem Plan ging er jedoch nicht nach, sondern absolvierte eine Lehre als Orgelbauer in Gotha und holte sein Abitur an der dortigen Volkshochschule nach. Von 1964 bis 1969 studierte er an der Humboldt-Universität in Berlin Philosophie und Geschichte. Mit Sängern und Liedermachern gründete er 1967 den Oktoberklub.[15]

Auftritt von Reinhold Andert anlässlich des 25. Jahrestages der DDR, 1973.

---

15 Oktoberklub: Unter Anleitung des Jugendverbandes FDJ entstandener Singeklub für politische Lieder.

Von 1969 bis 1972 war ich Dozent für Philosophie an der Musikhochschule „Hanns Eisler". Da habe ich mir das intelligenteste und schönste Mädchen gegriffen und sie geheiratet und habe mit ihr zwei Kinder gekriegt. Sie ist Cellistin und war an der Komischen Oper angestellt. Unsere beiden Jungs sind auch Cellisten, der ältere ist in der Staatskapelle in Dresden Cellist und der kleine studiert noch in Leipzig Cello. 1972 kam bei meiner Hochzeit die gesamte Mannschaft des Zentralrats, der Vorstand von der FDJ, reingeschneit und verursachte eine wahnsinnige Cognacrechnung und überredete mich, bei den bevorstehenden 10. Weltfestspielen der Jugend und Studenten in Berlin die ganze Lied-Ecke zu übernehmen, also hauptamtlicher FDJ-Funktionär zu werden. Das war mal eine Abwechslung, also hab ich da zugesagt. Ich war seit dem Frühjahr 1972 Angestellter beim Zentralrat der FDJ und leitete die Liedgruppe im Organisationskomitee der X. Weltfestspiele. Das habe ich bis zu den Weltfestspielen 1973 im August gemacht. In dieser Zeit habe ich selber viele Lieder geschrieben. Nach den Weltfestspielen, ich war inzwischen Mitglied des Schriftstellerverbandes geworden, habe ich Kinderbücher geschrieben und eine Schallplatte, Langspielplatte, herausgegeben und habe mich freischaffend als Schriftsteller betätigt. Das ging bis 1980, da bin ich aus der SED ausgeschlossen worden. Von da an waren Auftritte ganz selten, das ging nur in kulturpolitisch verwahrlosten Gegenden. Das ging bis 1989.

Gab es einen bestimmten Anlass für den Ausschluss aus der SED?

Nein. Es gab mehrere, aber die habe ich mittlerweile wieder vergessen. Das war komischerweise so eine persönliche Sache. Das würde jetzt auch zu weit führen. Der Parteichef von Berlin, der hatte eine Frau, die Schauspielerin Vera, die mich hasste. Und die hat ihre Stellung dann ausgenutzt, um also über ihren Mann ... Leider eine rein persönliche Geschichte. Dieser Typ hat das angeordnet und da hatte die Bezirksparteikontrollkommission, so hieß das Ding damals, und die Zentrale, die hatten mich vorgeladen und mich fertig gemacht, mit Argumenten, die gar nicht stimmten. Da konnte ich zehnmal was anderes erzählen. Warum ich in der Kirche auftreten würde und so. Die waren so blöd und borniert und dumm, das war ein Virus. Das hat leider auch zum Scheitern dieses sozialen Experiments geführt. Die Dummheit und Borniertheit dieser Leute, die die Macht hatten.

Finanziell hatte Reinhold Andert trotz Auftrittsverbot keine Probleme. Er bekam jährlich eine Art Ausgleichszahlung für seine Kompositionen und das tägliche Leben in der DDR war ja ohnehin nicht sehr teuer. 1976 und 1981 veröffentlichte er Kinderbücher und wandte sich verstärkt der Thüringischen Frühgeschichte zu. Ergebnisse dieser Tätigkeit waren die Publikationen „Der Thüringer Königshort" (1995) und „Der fränkische Reiter" (2005).

Alles was ich schreibe, ist wissenschaftlich belegbar, aber es ist nicht im wissenschaftlichen Stil geschrieben. Wissenschaftliche Bücher sind nicht lesbar für normale Leute. Das ist eine Inzucht in der Wissenschaft. Ich denke, dass ich die Lücke schließe zwischen eben diesen gesicherten wissenschaftlichen Erkenntnissen und den wissenschaftlich vertretbaren Spekulationen über diese Zeit. Also ich fülle die Lücke zwischen dem wissenschaftlichen Kategoriengeklapper und reinen Spekulationen. Das Geschichtsbewusstsein hat sich vor allem am Ende der DDR, was auch die Frühgeschichte anlangt, sehr entwickelt, das heißt, es sind viele Heimatvereine, Trachtenvereine und so weiter entstanden. Das Interesse an den Wurzeln ist doch stark gestiegen. Ich habe auch meine Geschichtsdinge nicht gegen die DDR gemacht. Ich habe nichts gegen die DDR gemacht, weil ich das verstanden habe. Wenn ich, sagen wir mal, als katholischer Priester, die unbefleckte Empfängnis Marias in Frage gestellt hätte, wäre ich exkommuniziert worden. Wenn ich auf der Bühne sitze und sage, die Mitglieder des Politbüros sind die Totengräber des Sozialismus, musste ich aus der Partei fliegen. Das kann sich so eine Partei nicht leisten, das ist wie in der katholischen Kirche. Ich verstand das und war darüber nicht sauer. Ich hatte nur nicht mit diesen absoluten Konsequenzen gerechnet, dass ich da so gar nichts mehr zu tun hatte.

Als Künstler in der DDR fühlte Reinhold Andert eine Verantwortung für die Gesellschaft.

Wissen Sie, ich komme ja von der katholischen Kirche und wollte Priester werden und dieses Missionarische und das Aufklärerische hatte ich natürlich nie abgelegt. Ich war fest davon überzeugt, dass dieser Sozialismus möglich ist. Ich habe mich immer aufgeregt und habe das auf der Bühne gesagt, diese Losung ist völliger Blödsinn: Der Sozialismus siegt! Sondern – der Sozialismus kann siegen, wenn ... Es sind keine Naturgesetze, wie das Fallgesetz oder so, sondern es sind Gesetze ganz anderer Art. Sie müssen durch das bewusste Handeln der Menschen verwirklicht werden. Das Handeln und das Bewusstsein muss ich beeinflussen, damit in der Gesellschaft etwas passiert. Insofern hat die Kunst auch einen ganz anderen Stellenwert. Und da habe ich mich eigentlich eingetaktet und habe etwas pfiffig gemacht, wozu andere nicht, glaube ich, so prädestiniert waren. In vielen Liedern bin ich einen Schritt weiter gegangen und habe gesagt, es wäre schön, wenn es so und so und so ist.

Ich habe versucht über Kunst, über Lieder Ideologie zu produzieren, indem ich erst einmal anfing, diese Geschichten ganz normal und alltäglich zu formulieren. Das war ja auch eine Schwierigkeit. Ich habe zum Beispiel den Begriff „DDR-konkret" geprägt. Diese alten bildhaften, überladenen Lieder, die damals gesungen wurden und die mit dieser Ideologie zusammenhingen, waren für mich antiquiert. Die hatten keine Funktion. Also habe ich gesagt, wir müssen unsere Alltagssprache salonfähig machen und damit operieren. So konkret. Das funktionierte ja einigermaßen, zumindest in einem kleinen Teil der Jugend.

Bis zu seinem SED-Ausschluss 1980 konnte Reinhold Andert auch in die Bundesrepublik reisen und dort auftreten.

Ich bin da oft aufgetreten. Bis 1980 war ich fast regelmäßig in der Bundesrepublik, so als „Geschenkpaket", bin hier bezahlt worden und dann bin ich da aufgetreten. Für die DKP und linken Studentenorganisationen habe ich Konzerte gemacht. Ich konnte eigentlich immer fahren, wenn ich wollte. Ich hatte eine Ausgangskarte. Das war ein Privileg, ja ich gebe es zu. Ich habe mich komischerweise nie länger dort aufgehalten. Es war natürlich auch ein finanzielles Problem. Ich kriegte um die dreißig Mark am Tag und da sollst du dir deine Nase am Schaufenster platt drücken? Wenn du dich da nicht ordentlich benehmen kannst. Und irgendwie war mir das auch fremd, diese Art zu leben und die Anschauungen. Es war schockierend. Wie die Wessis eben sind. Eine völlig andere Welt.

Reinhold Andert sah sich nie als Feind der DDR. Nur die damalige Politik der SED hielt er für wenig tragfähig. Die eigentliche Wende begann für ihn mit der Grenzöffnung in Ungarn 1989.

Die Ungarn-Sommergeschichte wurde unheimlich gepusht über die Westmedien. Diese paar Tausend Leute, die da geflohen sind, die sind zu vernachlässigen bei 17 Millionen. Tausend Leute hätte ich da absolut gehen lassen und ihnen noch Glück und Segen hinterher gerufen. Das ist ungeheuer aufgebauscht worden. Diese ganze Prager Botschaftsgeschichte und so. Da war das abzusehen, dass die nicht souverän waren, sondern nur kleinlich und dümmlich auf so eine Krisensituation reagierten.

Am 9. November 1989 war Reinhold Andert zusammen mit anderen Liedermachern und Musikern in Halle (Saale).

Wir hatten zusammen ein schönes, wunderbares Programm und volle Säle, also das war eine ganz tolle Stimmung, und plötzlich kommt wer auf die Bühne und Riesen-Kino. Plötzlich war es leer, es waren nur eins, zwei Reihen besetzt. Jemand sagte: „Ja wisst ihr denn nicht, die Mauer ist gefallen in Berlin." Die sind alle nach Westberlin. Da habe ich gesagt: „Und das ist nun das Ende, das absolute Ende der DDR." Wir haben dann die Tournee abgebrochen, weil es plötzlich einen Mentalitätswechsel gab. Keiner interessierte sich mehr für die DDR und es spielte auch überhaupt keine Rolle mehr. Die Auseinandersetzungen wurden ganz anders geführt, auf Demonstrationsebene, auf Gesprächsebene, Runde Tische und so weiter. Keiner hat mehr auf diese subtile Art der Kultur und der Lieder hören wollen. Dann gab's nur noch leere Säle. Das ging ja nicht nur den politischen Liederleuten so, zum Beispiel waren auch beim Weihnachtsoratorium 1989 in der Marienkirche mehr Leute vorn auf der Bühne als Zuhörer. Keiner hatte mehr die innere Ruhe. Diese Zeit danach war ganz eigenartig. Es war ein Schock. Der ganze Kulturbetrieb war plötzlich wie gelähmt.

Nach der Wiedervereinigung gab es nur wenige und meist schlecht bezahlte Möglichkeiten für ehemalige DDR-Musiker, Geld zu verdienen. Auch Reinhold Andert durchlief zunächst eine „Durststrecke" von ein paar Jahren, bevor er wieder auftrat. Lieder schreibt er seitdem nicht mehr.

Da kam dieser ganze technische Apparat vom Westen hier her, unter anderem die Kulturdezernenten, die waren plötzlich alle aus dem Westen. Ich weiß, in Merseburg kam einer mit so einem Sportwagen aus Marburg, der wusste erstmal gar nicht, wo Merseburg liegt. Der hat auf der Landkarte geguckt und hat den Posten gekriegt, die ja hoch dotiert waren, und fuhr nun als Playboy da rum und wusste überhaupt nicht was Merseburg, was für eine Geschichte und Kultur diese Stadt hat, geschweige denn etwas von den Leuten. Keine Ahnung. Das war noch eine Begleiterscheinung dazu, dass die das Sagen hatten. Die kannten natürlich keinen von uns, da wurdest du auch nicht engagiert. Diese Künstleragenturen vom Westen kamen und haben im Grunde das Land erstmal überfremdet. Die haben erstmal alle Sachen hier abgesahnt. Die normalen ernsthaften Künstler hatten, es sei denn sie waren im Theater angestellt, aber ansonsten die freischaffenden Leute hatten drei, vier Jahre nichts zu tun. Außerdem hatte ich dann auch keine Lust mehr, mit meinen Liedern aufzutreten. Ich habe auch seit der Wende nicht ein einziges Lied geschrieben, weil die Gesellschaft für mich nicht liedwürdig ist. Wenn man singt, egal ob man kritische Lieder oder bejahende Lieder oder was auch immer singt, ist das immer eine emotionale Äußerung, man lässt die Seele baumeln. Singen ist Lebensgefühl, und das habe ich nicht mehr. Ich sitze hier auf der Stuhlkante in dieser Gesellschaft, weil mich zuviel anstinkt. Aber das ist eine andere Geschichte. Also ich kann das nicht singen. Ich kann satirische Bücher schreiben. Das habe ich auch gemacht.

Die Bekanntschaft mit Erich Honecker nach dessen Sturz veranlasste Reinhold Andert zu einem Interview-Projekt. Ein Jahr lang besuchte er den ehemaligen DDR-Staatschef und seine Frau Margot Honecker im Exil in Lobetal und befragte sie. Das Ergebnis wurde veröffentlicht.[16]

---

16 Reinhold Andert/Wolfgang Herzberg, Der Sturz. Erich Honecker im Kreuzverhör. Berlin 1990.

Ich habe gedacht, für den Honecker bricht eine Welt zusammen. Ich komm da hin und sehe einen völlig entnervten und am Boden zerstörten Mann. Es gibt ja viele Selbstmorde, gab es damals auch von Funktionären und so. Also Leute, die damit nicht mehr zurechtkamen. Aber der Honecker war gut drauf, abgesehen von seiner blöden physischen Situation, also da in Lobetal im Pfarrhaus eingesperrt zu sein, weil diese Medienleute ihm auflauerten und er nicht raus konnte. Aber ich habe gestaunt, wie locker der das so weggesteckt hat. Er hatte ja bereits eine andere Gesellschaft erlebt. Der ist Jahrgang 1912 gewesen, erlebte also die Weimarer Zeit, dann Zuchthaus, die sozialistische DDR und er wusste eigentlich emotional, dass die DDR nur auf Grund der Sowjetunion so stabil war. Er hat das ja auch seit dem Machtantritt Gorbatschows, hat er mir erzählt, da hat er geahnt, dass die Russen ihn da nicht mehr halten, wenn da irgendwas passiert. Seine Tochter, die Erika, hat immer gesagt, erzählte er mir: „weißt du Papa, ich hab das schon lange gespürt, dass das mit dem Sozialismus nichts wird". Er hat gesagt: „Ach Erika, nicht doch". Während dieser Interviews bin ich jeden Tag zu ihnen nach Lobetal gefahren. Zu diesem Zeitpunkt habe ich nichts anderes gemacht. Da hat meine Frau das Geld verdient, die ist an der Komischen Oper angestellt. Das reichte auch. Dann habe ich die Bücher veröffentlicht und eben die Lesungen dazu.

In der Erinnerung an die Wendezeit überwiegen bei Reinhold Andert Abwehr und ein Gefühl der Unsicherheit.

Es war eine gigantische Sache, dass man so etwas bewusst erleben konnte, dass ein an und für sich stabiles Gesellschaftssystem, ein Staat, der richtig voll und organisiert ist, wie ein Kartenhaus zusammenbricht. Das war also ein Gefühl der Unsicherheit und Rechtlosigkeit. Die Polizei war deformiert. Das ist eine ganz komische, komische, ja eine markante Situation gewesen. Rechtsmarkant. Sehr eigenartig. Ich habe mich sehr unsicher gefühlt. Es konnte scheinbar jeder das machen, was er wollte. In der Zeitung, also öffentlich, wurden Adressen von Stasileuten veröffentlicht. Die wurden im Grunde zum Abschuss freigegeben, wenn man so will. Zum Beispiel in der Bildzeitung. Die schürten diese Geschichte auch noch, damit diese Übernahme der DDR ziemlich schnell ging, quasi mit aller Hast. Mit dem Mauerfall war die Sache beendet. Das Kapitel war abgeschlossen. Es war weder eine Wende noch eine Revolution, sondern einfach ein Zusammenbruch.

Man muss solche historischen Prozesse auch reflektieren, verarbeiten, analysieren und so weiter. Aber plötzlich... Du hattest ja gar keine Zeit mehr dazu. Diese Geschwindigkeiten und sozialen Prozesse sind auch bewusst erzeugt worden. Das kam nicht von alleine, das gehörte mit zum Drehbuch. Ich hatte mich aber mit dem Ende der DDR emotional schon länger auseinandergesetzt. Ich hatte das befürchtet, obwohl ich es nie gehofft habe, aber ich hatte mit der Möglichkeit gerechnet.

Wissen Sie, gut finde ich an diesen Veränderungen gar nichts. Ich finde, dass nicht eine positive Geschichte stattfand. Dieser Anschluss, ist ja keine Wiedervereinigung in dem Sinne, sondern es war der Untergang der DDR und die wurde angeschlossen, aufgrund von dem Willen der Mehrheit an die BRD. Das ist gewollt, es war ja keine kriegerische Auseinandersetzung, keine Eroberung, sondern es war ein freiwilliger Anschluss der Leute. Insofern haben die Sieger der Geschichte, das was Sieger der Geschichte immer machen, sie haben ihr System hundertprozentig auf dieses Land, was beigetreten ist, übergestülpt. Das muss ich akzeptieren. Das ist jetzt keine moralische Wertung. Die Frage danach, was jetzt besser oder schlechter ist, ist eigentlich fehl am Platz. Ich habe mich, wie gesagt, in der Bundesrepublik nicht wohl gefühlt, weil die Psyche dieser Leute, die im Kapitalismus aufgewachsen sind, nicht zu verstehen ist. Damit hab ich nichts am Hut. Das ist nicht meine Welt. Sämtliche Werte zu reduzieren auf Materielles, dass sich das rechnet, in Geld umzurechnen oder Immobilien oder weiß der Kuckuck. Diese Versachlichung menschlicher Werte geht mir gegen den Strich. Das ist nicht meine Welt, nicht meine Auffassung, nicht meine Weltanschauung. Ich habe emotional mit dieser Art nichts zu tun. Ich kann da nicht sagen, dass da irgendetwas Positives aufgetreten ist.

Mit den neuen Verhältnissen arrangiert sich Andert bis heute nicht. Aus seiner Sicht wird die DDR-Geschichte nicht angemessen dargestellt.

Ich will Ihnen ein Beispiel erzählen also was so Vergleiche anlangt: Man spricht von Diktatur, SED und Unrechtsstaat, Mauer, Stacheldraht und Gefängnis und Bautzen und welche assoziativen Dinge mit der DDR hier immer in Verbindung gebracht werden. Mit solch einer Fülle, dass nichts anderes übrig bleibt. Das ist natürlich Ideologie, um von eigenen Dingen abzulenken.

Ich habe natürlich immer noch den Traum, dass es möglich ist, eine Gesellschaft qualitativ grundsätzlich anders zu organisieren, als diese Klassengesellschaft. Dieser Versuch hat mich so fasziniert in der DDR. Das hat mich natürlich emotional mitgenommen, dass das nicht funktionieren konnte. Ich weiß immer noch nicht, ob's an den Menschen lag, weil sie eben von ihrem Wesen her nicht dazu in der Lage sind, ich will's nicht glauben. Heute gibt es ein verzerrtes, falsches Bild von der DDR. Es dient heute im Grunde als Deckmantel für das eigene Versagen, der eigenen Schwäche. Der Vereinigungsprozess war alles andere als genial und intelligent durchgeführt, sondern aufgrund der gewollten Hast war das sehr stümperhaft, was die sozialen Fragen anlangt. Die Eigentumsfragen wurden natürlich wunderbar geklärt. Aber das müssen die unter sich ausmachen, die den Kuchen da aufgeteilt haben. Ich kam mit der DDR nicht klar und komm heute nicht klar.

Heute lebt Reinhold Andert in Berlin und publiziert historische und satirische Bücher. Neben Lesungen und Soloprogrammen tritt er auch mit dem Kabarettisten Edgar Külow auf.

Interview geführt und bearbeitet von Natalie Elisabeth Helbing

„Ich dachte, im Westen scheint immer die Sonne."
Bernd Henning

Ich hatte eine schöne Jugend. Erstmal haben wir auf dem Dorf einen guten Zusammenhalt gehabt. Das war ja im Grenzgebiet, wir konnten nicht weg. Es waren 15-20 Jugendliche im selben Alter. Und wir hatten außerhalb des Dorfes einen Treffpunkt. Dort haben wir immer am Wochenende gebraten, Bier getrunken und Lagerfeuer gemacht. Durften wir auch. Hat keiner was gesagt. Das war eine unbeschwerte Jugend und ich möchte sie auch nicht missen. Ich brauchte keinen Computer, wir hatten Natur.

Bernd Henning wurde 1963 in Lengenfeld unterm Stein geboren. Aufgewachsen ist er aber in einem kleinen Dorf namens Kella „im katholischen Eichsfeld," das sich im 500-Meter-Sperrstreifen an der Südwestgrenze der DDR befand. Bernd Henning „wurde getauft" und empfing mit zehn Jahren die heilige Kommunion. Nach dem Abschluss der Polytechnischen Oberschule 1979 in Pfaffschwende begann er eine Maurerlehre, die er 1983 beendete. Mit 21 Jahren heiratete er Andrea, das Paar bekam zwei Kinder. Sein Vater und er gründeten 1986 einen eigenen Maurerbetrieb, der heute noch existiert. Im Jahre 1989 legte er seine Meisterprüfung ab. Das Leben im Sperrgebiet brachte zu den generellen Alltagsschwierigkeiten noch weitere Probleme hinzu.

Auf der Straße war da einfach ein Schlagbaum und der war zu. Ja, ein rot-weißer Schlagbaum mit Polizei. Der war eigentlich schon immer da. Mit dem sind wir groß geworden.
Also mein Vater ist vor meiner Geburt ja immer noch nach Eschwege[17] rüber gegangen und hat da eingekauft. Irgendwann waren da Volkspolizisten. Aber es war immer noch Stacheldrahtzaun. Dann haben sie systematisch immer weiter bis `63 einen richtigen Zaun gebaut. Da war dann irgendwann Schluss.
Der große Zaun war so drei Meter hoch und einen Meter tief in der Erde. Der war mitten im Wald, den hast du von unserem Dorf aus gar nicht gesehen. Wenn du über den Zaun drüber warst, warst du aber nicht gleich im Westen. Da war erstmal zwei bis drei Kilo-

---
17 Eschwege befindet sich im Norden Hessens, direkt an der thüringischen Grenze.

meter Niemandsland. Danach kamen Pfosten direkt auf der Grenze zwischen Thüringen und Hessen, auf denen DDR-Embleme so Schwarz-Rot-Gold drauf waren. Damit wussten die auf der anderen Seite: Aha, ab hier ist DDR-Grenze. Dann haben sie einen zweiten Zaun gebaut, der einen Kilometer ins Inland versetzt wurde. Das war ein Grenzsignalzaun, der war ganz nah an unseren Häusern dran. Von meinem Elternhaus waren es vielleicht einhundert Meter. Direkt am Kreuzweg, wo wir als Kinder noch gespielt haben. Und dann haben sie von heute auf morgen 1973 oder 1974 diesen Zaun gebaut und wir durften dort nicht mehr spielen. Das war blöd. Den haben sie einfach gebaut. Da hat man nichts erklärt. Da gab es nichts zu erklären. Später hat uns der Zaun gar nicht mehr so gestört. Wir haben ihn gar nicht richtig wahrgenommen. Ich bin mit ihm groß geworden, hast ihn ja jeden Tag gesehen.

Unsere Schulkameraden aus Pfaffschwende[18] sind immer in die so genannte „Station" gefahren. Dort kann man schön stehen und Kella angucken. Die haben immer zu uns in den Ort rein geguckt. Immer nach Kella geschaut – die waren ihr Leben lang nicht in Kella. Es war einen Kilometer von ihnen entfernt. Das muss man

Passierschein für das Grenzgebiet.

---

18 Pfaffschwende befand sich auf der DDR-Seite außerhalb des Sperrgebiets.

sich mal vorstellen. Wir sind mit denen zehn Jahre lang in die Schule gegangen! Dann haben wir noch Lehre zusammen gemacht. Die haben das Dorf Kella nie gesehen! Erst 1990 sind sie das erste Mal zu uns geströmt und haben das Dorf angeguckt. Für die war es wie ein Museum.

Die Anträge für die Passierscheine mussten wir immer vorher bei der Polizei einreichen. Da musste man ein großes Formular ausfüllen. Wer kommt? Adresse? Wann geboren? Verwandtschaftsgrad? Grund? Und dann wurde der Antrag oft abgelehnt. Wenn er mal erlaubt wurde, waren damit dann weitere Auflagen verbunden. Als wir ganz am Anfang Besuch bekommen haben, mussten sie sich nach einer Stunde beim Ortssheriff[19] melden: „Wir sind da!" Und wenn sie wieder gefahren sind, mussten sich die Besucher wieder abmelden. Wir durften Kella direkt nach dem Mauerbau auch nicht nach Sonnenuntergang verlassen und nicht vor Sonnenaufgang betreten. Das musste auch bestätigt werden. Ja, das war ein Extraschein, der von einer Grenzkompanie im Nachbardorf ausgestellt wurde. Und mit dem Auto durfte man zu diesem Zeitpunkt auch noch nicht nach Kella rein. So war es ganz früher. Und von wegen einen Freund einladen. Es hieß: nur Verwandtschaft ersten Grades. Alle anderen hatten keine Chance. „Eine Frechheit so etwas überhaupt zu beantragen! Frechheit, Verwandtschaft zweiten Grades, was erlauben sie sich überhaupt?"

Zur Taufe von meinem Sohn Oliver habe ich mal einen Freund nach Kella geholt. Da habe ich dann einen Passierschein beantragt und zum Spaß drauf geschrieben: „Katholische Taufe des Patenkindes." Und der hat einen Schein gekriegt. Da haben wir bei der Taufe mächtig getrunken. Der durfte das erste Mal in seinem Leben nach Kella rein und das war auch das einzige Mal.

Schön war auch die Geschichte von der Hochzeit meiner Schwägerin in Heiligenstadt. Die Hochzeit fand außerhalb des Sperrgebietes statt. Wir haben also gesoffen und davon gar nicht mehr allzu viel mitgekriegt. Na, in der DDR haben wir schon besser gefeiert als heute. Jedenfalls war der Witz, dass ja nun die Hochzeitsgäste in verschiedenen Gegenden wohnten. Ein Teil der Leute hat im Grenzgebiet gewohnt, so wie wir. Und da musste ein Busfahrer her, aber es durfte nicht jeder da rein. Es musste also einer engagiert werden, der einen Schein für das Sperrgebiet hatte. Davon gab es nur wenige.

---

19 Gemeint ist hier der Abschnittsbevollmächtigte.

Dieser Busfahrer hatte es verschlafen. Nun trat folgende „staatsgefährdende" Situation ein: Man durfte sich im Gasthaus nur bis um 24 Uhr aufhalten. Der Busfahrer war nicht da. Wir konnten nirgends unterkommen. Opa Willibald war verzweifelt und wollte sich aufhängen und wir anderen waren lustig. Er hat sich verantwortlich gefühlt. Das Schlimmste war, dass der Busfahrer aus einem anderen Sperrgebiet war, wo von uns keiner rein durfte. Sonst hätten wir ihn ja mit dem Taxi oder irgendwas geholt. Es konnte ihn keiner holen, ging nicht. Da sind wir zum nächsten Rat des Kreises, um die Genehmigung zu erlangen, dass wir uns dort weiterhin aufhalten durften. Jedenfalls haben wir es beim Rat des Kreises probiert, um von dort den Busfahrer anzurufen. Aber der hatte kein Telefon. Der Abschnittsbevollmächtigte hat dann den Busfahrer geweckt. Er ist hin, hat an die Scheibe geklopft: „Aufstehen – Busfahren!" Dann sind wir um fünf Uhr früh nach Hause gekommen und es ist niemals eine Rechnung von dem Busfahrer gekommen.

Eine andere Geschichte ist die mit meinen Armeekumpels aus Weißenfels. Einer sagte damals: „Ey Henning, ich besuch dich mal!" Sag ich: „Ne, geht nicht!" Der sagte: „Ich fahr einfach rein." Ich sagte: „Nee, die verhaften dich. Da gehst du nach Bautzen in den Knast und kommst nicht wieder raus." Das hat der nicht verstanden. Von wem sollte er das auch gewusst haben? Hat ihm in der Schule keiner erklärt, dass es in der DDR Grenzstreifen gab, wo du nicht hin durftest. Als wir mal an der Ostsee waren, haben wir Leute kennengelernt, die uns besuchen wollten. Weiß nicht, wo sie herkamen. Jedenfalls haben sie dort am Bahnhof eine Karte nach Kella lösen wollen. Dann haben sie die gleich dort „weggefangen".

Für die Bewohner des Sperrgebiets hatte das Thema Flucht eine besondere Bedeutung.

Als sie die Grenze gebaut hatten, habe ich an die Grenzzäune ein paar Drähte drangehangen. Ich war damals zwölf Jahre alt und dachte: „Da machst du ein paar Kurzschlüsse rein, dass wenn sie ihn einschalten überall Funken sprühen und so." Sie haben mich fast dabei erwischt. Es gab Großalarm und die von der Staatssicherheit waren da. Jedenfalls war da ein alter Opa, zu dem habe ich gesagt: „Peter, die suchen mich, die von der Grenze." Er sagte nur: „Geh in de Schinne", das heißt: Geh in die Scheune. Da hat er vor das Tor der Scheune ein Schloss gemacht. Und es war auch ganz knapp, dass sie uns ausgewiesen hätten. Hammerhart. Und deswegen habe ich dann meine Stasiakte, vielleicht 1995, angefordert. Zweimal habe ich sie angefordert. Daheim liegt das Schreiben noch. Doch komischerweise habe ich keine Akte. Die haben damals aber auch sehr viele in Heiligenstadt vernichtet. Ich muss noch mal abschweifen: Mein Kumpel Dieter aus der Schule wollte wirklich flüchten. Danach haben sie vor den großen Zaun noch einen Zaun gebaut. Das war ein Signalzaun, an dem unten und oben Draht dran war. Unten war er mit einem Streckmetall gebaut, das ist so dichter Draht, was ganz Stabiles. Oben drauf war Stacheldraht, im Abstand von zehn Zentimetern. Nach außen hin waren sie abgeschrägt. Und oben drin war das Signal. Wenn du an die Drähte gekommen bist, war da alle fünfhundert Meter ein Mast mit einer Rundumleuchte. Guck mal, wie schlau die waren: Du hattest eine grüne und eine rote Lampe. Je nachdem wo man dran kam, leuchtete es. Ist es grün, ist es rechts von den Masten. Ist es rot, links von den Masten. Sonst hätten sie sich ja dumm und dämlich gesucht. Der Ausschlaggebende für diesen zusätzlichen Zaun war eben mein Kumpel Dieter. Es hieß, dass er abhauen wollte. Da hat er unten den normalen Stacheldrahtzaun mit dem Bolzenschneider aufgeschnitten, den er zuvor auf der Klassenfahrt in Leinefelde geklaut hatte. Das war geplant.

Später ist mein bester Kumpel abgehauen, der hieß auch Bernd, wie ich. Jedenfalls ist er irgendwann alleine los gemacht. Zu einem Polterabend wollten wir uns treffen und der kam aber nicht. Und den anderen Tag war er auch nicht in der Schule. Da wurde Großalarm ausgelöst. Wenn einer aus dem Sperrgebiet auf einmal weg ist, wo soll er sich anders verstecken? Der ist getürmt und war im Westen. Er war erst vierzehn Jahre alt und hatte drüben gar keine Verwandten gehabt. Dann kam er wieder. Die haben ihm das freigestellt im Westen: Du kannst hier bleiben oder du kannst wieder nach Hause gehen. Und da hat er Heimweh gehabt. Der hat ja da drüben gar keinen gehabt. Wo sollte er hin? Da hätten sie ihn ins Heim gesteckt. Und als er nach Hause kam, musste die Familie die Koffer packen und raus aus Kella. Da mussten sie weg. Das war katastrophal. Wer sich beschwert und aufgemuckt hat, wurde einfach umgesiedelt. Nachts um zwölf Uhr kam der Möbelwagen und dann hieß es: „Bitte einsteigen, Sie verlassen das Grenzgebiet!" Die Möbelwagen standen schon vorm Dorf und man wusste aber nicht, wer dran war. Die standen da die ganze Nacht rum.

Meine Schwester ist auch abgehauen. Da war ich gerade bei der Armee. Das war noch 1989. Das war noch richtig DDR. Als sie nach Ungarn in den Urlaub gefahren ist, ist sie dann einfach mit dem Zug rüber. Gesagt hat sie uns aber nichts. Ich glaube die, die es vorhatten, sagten keinem was. Die konnten sich ja sicher sein: Wenn man geschnappt wird und die rauskriegen, wer davon wusste, den sperren sie mit ein. Die wollten auch Freunde, Verwandte, wen auch immer, schützen. Die hätten es rausgeprügelt. Deswegen denk ich mir, hat man es wirklich niemandem gesagt.

Du wusstest aber auch, wer weggezogen ist. Du kanntest doch alle von den 500 Einwohnern. Da wusstest du doch, wer jeder ist. Du wusstest auch, da ist wieder einer in ein anderes Dorf weggezogen. Die meisten Frauen, die geheiratet haben, sind dann weggezogen. Nach der Wende sind sie und auch viele andere aus dem Westen wiedergekommen.

An den Kauf seines ersten Mopeds kann sich Bernd Henning noch sehr gut erinnern.

Zu DDR-Zeiten habe ich mir ein Moped gekauft, die S50. Die kostete damals 1.600 DDR-Mark. Ich habe das von einem Kumpel erfahren. Der arbeitete in Heiligenstadt. Der kam zu mir und hat gesagt: „Bernd, wir haben heute in der Stadt im Fahrzeugladen Mopeds gekriegt." Da bin ich nachts um drei Uhr mit meinem Vater hingefahren. Als wir ankamen, waren aber schon sechs Mann vor uns. Wir haben dann von halb vier bis um neun in einer Decke eingehüllt vor dem Laden gesessen. Es war kalt. Weiß gar nicht mehr, wie kalt es war, ziemlich frisch. Vielleicht war es schon August oder September. Wir haben gewartet, bis der Laden aufmacht. Wenn du weggehst, ist der Platz weg. Kommst du wieder, sind 30 Mann vor dir. Da musste immer einer da bleiben. Dann sind wir in den Laden rein und sie hatten 15 Mopeds bekommen. Es waren sechs Leute vor uns und da waren aber schon zehn oder acht weg. Und ich habe das Vorletzte erwischt. Die anderen zwölf, die hinter mir standen, sind wieder nach Hause gegangen. Da haben wir das Moped bezahlt und um

Der stolze Bernd Henning auf seinem neuen Moped.

drei Uhr konnte ich es nach Hause fahren. Doch bei uns im Dorf gab es eine scharfe Kurve und es war nass. Und schumm, war ich weg. Ich kauf mir das neue Moped und der Blinker und die Fußraste waren kaputt. Ja. Das Moped war etwas ganz besonderes. Ich war der Rocker! Mit Lederjacke von meiner Tante aus dem Westen. Habe mir eine schön bunte Rückenlehne gebaut und geglänzt hat das Ding. Es hatte ein BMW-Zeichen vorne auf dem Schutzblech. Ich war immer schon BMW-Fan. Und meine Eltern waren mal in Polen und haben mir so einen großen Bonanza-Gürtel mit einer großen Schnalle vorne dran mitgebracht. Da war dieses Victory-Zeichen, also eine amerikanische Flagge mit Streifen und Sternen drauf. Das habe ich mir an den Ärmel genäht und habe das Hemd und den Gürtel in der Schule getragen. Unser Schuldirektor, ein ganz großer Kommunist, hat das dann gesehen und mich ermahnt, das Zeichen von der Jacke abzumachen. Da ist meine Mutter hingegangen und hat gesagt: „Das habe ich in Polen gekauft, im Bruderland. In einem sozialistischen Land wie wir. Das habe ich da gekauft. Was ich da kaufe, kann mein Junge tragen!" Seit dem Tag durfte ich das dran lassen.

Wegen der Meisterausbildung wurde Bernd Henning erst im Frühjahr 1989 zum Grundwehrdienst der NVA eingezogen. Die Ereignisse des Herbstes 1989 erlebte er als Soldat in Weißenfels.

Das erste halbe Jahr war noch harte DDR-Zeit, das heißt sechs Uhr geweckt werden. Danach Frühsport machen und 3.000-Meter-Lauf. Danach mussten wir Wache stehen, irgendwelche Fahrzeuge putzen oder draußen im Gelände rumrobben. Und dann kam ja die Wende 1989, wo überhaupt keiner wusste, was los war, weil halt alles zusammengebrochen war im Ostblock. Das war gut. Da hattest du bei der Armee nichts mehr zu tun: Ausschlafen, Fernsehen gucken und Bier trinken.

Ich hatte von der NVA Urlaub bekommen und da hat mich Andrea in Sondershausen abgeholt. Wie gesagt, hatte ich auf einmal frei und konnte nach Hause kommen. Sie hat gesagt, die Schlagbäume sind alle weg, es gibt keine Grenzkontrollen mehr. Das war nun die Wende. Muss man begreifen, ich habe da nichts mitgekriegt. In der Kompanie gab es nur Ostfernsehen. Da haben sie gar nichts gebracht. Nur eben, dass irgendwelche reaktionären Kräfte, die der Westen bezahlte, hier in der DDR versuchen zu putschen. Das waren ja alles nur Lügen, aber das haben sie echt erzählt. Als die Wende kam, sind gleich alle hin und haben die Schlagbäume aus den Angeln gerissen – also umgeschmissen. Das war für mich unglaublich. Hey, ist ja alles weg da! Und da war ich zu Hause. Oben – an unserer Grenze an dem riesen Zaun – da sprangen unsere Jungs rum. Auch die kleineren mit zwölf, dreizehn Jahren. Da machen die mit dem Bolzenschneider das Schloss auf und gehen durch den Zaun. Ich dachte, ich spinne, als ich das gesehen habe. Ich war bei der Armee und dann gingen alle in den Westen. Bei uns in Kella war dann erst am 30. Dezember 1989 die Eröffnungsfeier der Grenze. Die kleinen Übergänge wurden dann erst aufgemacht.

Aber dass wir dann wieder ein Deutschland waren, das war mir relativ wurscht. Hauptsache, die DDR gab es nicht mehr. Das ist das Wichtigste. Und Hauptsache, ich konnte hin, wo ich hin wollte.

Und im Januar 1990 sind wir für 50 West mit dem Bus nach Paris gefahren. Es hieß 50 West oder 500 Ost[20]. Das war so ein Spezialtarif für Ossis. Der Bus war dicke voll. Wir sind irgendwann an einem Freitag um sechs Uhr losgefahren. Die ganze Nacht durchgedonnert und irgendwann Samstag früh in Frankreich angekommen. Da war auch noch Rauchen im Bus erlaubt! Na, du warst einfach fröhlich. Es war spannend. Dann sind wir durch Belgien gefahren. Dort war die Autobahn mit dicken Straßenlampen beleuchtet. Das haben wir ja gar nicht gekannt: „Wo die den Strom hernehmen?" Bei uns war es abends immer dunkel im Dorf. Die Autobahn war schon fantastisch. Da hast du nicht geschlafen, nur geguckt. Wir kamen irgendwann früh an und sind den ganzen Sonnabend dort rumgefahren. Danach hattest du noch für dich ein paar Stunden Freizeit zum Umherlaufen. Und am Ende bist du irgendwann Samstagabends wieder nach Hause gefahren und warst Sonntag früh wieder da.

Die politischen und wirtschaftlichen Folgen der Einheit sieht Bernd Henning mit gemischten Gefühlen.

Bei uns gab es vorher ja gar keinen Wahlkampf. Auf einmal sind irgendwelche Leute aufgetaucht und die waren von der CDU. Die wollten gewählt werden, obwohl du die gar nicht kanntest. Oder den Landratskandidaten, den kanntest du, weil er aus dem Ort stammt. Das stand halt fest: Helmut Kohl hat die Grenze aufgemacht, also wählen wir erst einmal CDU. Die CDU sowieso, weil wir Christen waren. Selbst die, die nicht Christen waren.

Bei uns gab es ja damals auch nicht diese Ellenbogengesellschaft. Die hatten schon 40 Jahre Kapitalismus gehabt. Wir kannten das ja gar nicht. Wir waren gutgläubig: Da kommt einer aus dem Westen und übernimmt uns und macht uns jetzt reich. In der Schule schon habe ich das Wolfsgesetz gelernt. Das weiß ich noch wie heute: Der Große frisst den Kleinen auf im Westen. Das hätte ich nie gedacht. Im Westen war immer alles schön. Haben sie doch erzählt, die Verwandten von drüben: „Im Westen scheint immer die Sonne." Hat auch immer geschienen im Westen. Und heute weißt du, dass es nicht so war. Heute ist es wirklich so, der Große frisst den Kleinen auf. Es gab bei uns sehr gute Betriebe, die haben sie übernommen. Fünf Jahre mussten sie den Betrieb am Laufen hal-

---

20 Gemeint sind hier West- und Ostmark.

ten, da gab es noch Fördermittel. Und danach haben sie auf einmal den Betrieb zugemacht. Fünf Jahre ist alles gut gelaufen und im sechsten Jahr waren es plötzlich rote Zahlen und sie mussten den Betrieb zumachen. Den haben sie geschlossen und mit in den Westen in ihre Mutterkonzerne genommen. Da saßen natürlich viele auf der Straße.

Du aus dem Osten warst natürlich ein billiger Arbeitstrottel. Ich merk es in meiner eigenen Firma. Da spürst du wirklich, dass der Kapitalismus den Kleinen kaputt macht. Oder als Ossi steht der Wessi halt über dir. Ja, das ist natürlich gravierend. Das Arbeitsleben ist stressig heute. Die Angst um den Arbeitsplatz, die du haben musst. Du musst jeden Tag 120 Prozent geben. Das ist natürlich hammerhart an jedem Tag. Wir mit unserer Erfindermentalität. Wir hatten ja nichts und haben was draus gemacht! Da kommt man zehnmal drüben durch. Was mich dabei immer ein bisschen stört, ist, dass man immer nur noch das Geld zählt. Ich merke es ja nun selber in meiner Firma. Du musst mit dem Ellenbogen durch. Früher ging vieles per Handschlag. Heute gibt dir einer einen Handschlag und morgen weiß er nichts mehr davon und sagt, dass wir nie im Leben darüber gesprochen haben. Tatsache. Da krieg ich so einen Hals hier.

Früher habe ich für einen was gemauert und habe dafür Fliesen gekriegt oder eine Heizung eingebaut bekommen. Es war alles ein Geben und Nehmen. Das hat auch immer wunderbar geklappt. Das ging. Das war auch schön. Da wurde Wort gehalten. Was gesagt wurde, das wurde auch gemacht. Heute ist alles nur noch schriftlich. Und den Satz „Das regelt mein Anwalt.", den hatte ich vorher auch noch nie gehört. Den habe ich erst jetzt kennen gelernt. Zu DDR-Zeiten hatten wir überhaupt keine Ordner, vielleicht eine lose Blattsammlung von Dingen, die wirklich wichtig waren. Und heute habe ich so eine Latte voll Ordner und das ist alles irgendwie wichtig.

Letztendlich ist es schon Klagen auf hohem Niveau, wenn ich von uns ausgehe und mit der DDR-Zeit vergleiche. Wir hätten zu DDR-Zeiten nie gebaut. Ich würde nie vor so einem Kamin sitzen. Aber auf der anderen Seite wären meine Kinder wahrscheinlich viel leichter aufgewachsen und greifbarer, als sie das jetzt sind. Ich sag mal Friede, Freude, Eierkuchen wäre unter DDR-Bedingungen möglich gewesen. Aber was ich vorhin erzählt habe – ich wiederhol ja auch immer nur das Gute – das mit dem Passierschein, der ganzen blöden Geschichte mit der Armee und dass du nicht machen konntest, was du wolltest, das dräng ich jetzt schon wieder weg. Eine Medaille hat ja immer zwei Seiten. Du musst Für und Wider abwägen. Es gibt Schlechtes und es gibt auch Gutes. Eigentlich geht es uns auch relativ gut. Aber heute ist alles kühler. Das ist ganz klar. Die ganze Habgier ist größer. Mit dem Geld halt, aber ich denke mal, im Großen und Ganzen haben sie alle davon profitiert. Und auch wenn es viele Arbeitslose gibt, die gibt es hüben wie drüben auch. Und ich habe früher immer gedacht: Und die drüben im Westen haben es gepackt, im gelobten Land!

Interview geführt von Enrico Hinz;
bearbeitet von Sandra Hartz und Nina Schlegel

„Es war halt ein Experiment, was leider Gottes schief gegangen ist."

Carola Müller*

Man hat immer mal gehadert und war mit bestimmten Sachen nicht einverstanden, aber im Großen und Ganzen haben wir gut gelebt. Also Sie können sich da nicht rein versetzen, aber ich habe ja in diesem Staat gelebt. Mir hat es an nichts gefehlt.

Carola Müller wurde 1955 im thüringischen Bad Klosterlausnitz geboren. Nach einer Lehre zur Industriekauffrau begann sie im Jahre 1984 ein Studium der Ökonomie an der Technischen Hochschule Ilmenau. Nach erfolgreichem Abschluss ihres Studiums war sie als wissenschaftliche Mitarbeiterin im Büro des Generaldirektors im Kombinat „Keramische Werke Hermsdorf" tätig. Nach dem Mauerfall musste sich Carola Müller beruflich neu orientieren. Seit 2002 ist sie als Verwaltungsleiterin in einem Verein beschäftigt.

Also, ich bin Jahrgang 55. Ich habe einen vollkommenen Kindheits- und Jugendweg in der DDR gemacht, ganz normal eingeschult. Also das war schon ganz selbstverständlich: Pionierorganisation, FDJ, alles was so dazu gehörte. Das habe ich auch gerne gemacht. Das hat auch Spaß gemacht. Ich bin auch vom Elternhaus her so erzogen worden, dass man einen klaren politischen Standpunkt vertritt und für mich war das eigentlich überhaupt keine Frage, dann mit 18 Jahren einen Aufnahmeantrag für die SED zu stellen. Ich bin dann auch mit voller Überzeugung rein und habe die Überzeugung eigentlich auch recht lange vertreten. Angefangen, genauer nachzudenken, habe ich eigentlich erst im Studium und vor allem dann nach dem Studium. Wie gesagt, ich war ja beim Generaldirektor und da ist mir eigentlich erstmal die wirtschaftliche Misere klar geworden, in der wir da gesteckt haben. Aber eigentlich immer noch mit dem Hintergedanken, es muss doch Leute geben, da oben, die nicht so alt und nicht so verbohrt sind, sondern die da auch mal frischen Wind reinbringen. Was ja dann leider doch nicht gekommen ist. Für mich war dann eigentlich das Thema 1989 erledigt. Ich kann nicht sagen, dass ich so sonderlich glücklich war über diese ganzen

Demos „Wir sind das Volk", weil ich mir schon den Kopf gemacht hab, also ich wusste, dass es so nicht weitergehen kann. Aber ich war eigentlich doch so, ja wie soll ich jetzt sagen, klar genug, schon ein bisschen vorauszusehen, was kommen wird. Also wir hatten ja in der DDR eine große soziale Sicherheit. Wir mussten uns um nichts 'nen Kopf machen. Und da war mir damals schon klar, so geht es nicht weiter und das war ja eigentlich so das Manko, was ich bei vielen Leuten gemerkt hab. Die haben gedacht: Dieses soziale Netz aus der DDR nehmen wir und die Freiheiten, die uns der Westen bietet, nehmen wir auch und da haben wir ein super Leben. Aber das geht ja nicht. Das ist ja ne Sache, die überhaupt nicht funktioniert. Deshalb hatte ich da meine Zweifel. Aber es war mir auch klar, dass es halt nicht so weitergehen kann, vor allem nicht mit diesen alten verbohrten Leuten an der Spitze. Und ich bin deshalb dann auch 1989 aus der Partei ausgetreten, weil das dann irgendwo nur noch Augenwischerei war. Ich sag aber immer noch: Der Sozialismus war gut, der ist bloß nicht richtig durchgeführt worden. Denn in dem System, in dem wir heute leben, bleibt mir zu viel auf der Strecke. Zu viel Menschlichkeit. Und es war halt ein Experiment, was leider Gottes schief gegangen ist.

Carola Müllers Eltern, beide der Aufbau-Generation zugehörig, wurden nach dem Zusammenbruch des Nationalsozialismus „politisch adoptiert".

Meine Eltern sind ja nun beide eine Generation, also 1930 und 1932 geboren, die den Krieg als Kinder erlebt haben und dann als Jugendliche nach dem Krieg diese ganze Aufbau-Euphorie erfahren haben. Das hat sie wohl schon auch sehr geprägt. Meine Eltern waren beide in der Partei. Meine Mutter war Parteikassiererin im Ort. Es gab so genannte WPO`s, Wohnparteiorganisationen, die in den Orten die Leute erfassten, die in der Partei waren, aber nicht mehr gearbeitet haben oder in so kleinen Firmen, wo es halt keine Parteigruppen gab oder so. Mein Vater war Sekretär einer WPO.

Nach Carola Müllers Meinung wird heute viel zu häufig von der DDR-Opposition gesprochen.

Der Begriff Opposition, der trifft nur auf eine verschwindende Menge von Leuten zu, aber nicht auf den DDR-Durchschnittsbürger. Das Gros war nicht oppositionell. Das Gros hat doch relativ gut gelebt.

Wenn Sie was aus sich machen wollten, dann konnten Sie das machen, egal ob Sie jetzt eine Familie hatten oder nicht. Ich hatte ja nun auch Glück, oder auch nicht. Das kann man auch von allen Seiten betrachten. Aber ich war alleine, ich musste das niemandem gegenüber verantworten, dass ich noch mal ein paar Jahre weg bin zum Studium. Aber das hätten Sie auch im Frauensonderstudium mit Ihrer Familie ganz normal nebenbei machen können. Es waren zum Teil schon ganz andere Möglichkeiten als heute. Sie mussten sich über viel, viel weniger Sachen einen Kopf machen.

Zwar war Carola Müller öfters verärgert über die mangelnden Konsummöglichkeiten, aber sie arrangierte sich und nutzte die Möglichkeiten, die ihr zur Verfügung standen.

„Man musste nehmen, was im Angebot war", Schaufenster eines Fleischerladens in Jena 1988 (Foto: Jürgen Hohmut).

Ja freilich, das begrenzte Warenangebot bedauert man immer mal. Wer da sagt, das war toll, das glaube ich nicht. Das hat man schon bedauert, dass man nach vielen Sachen oder nach bestimmten Sachen rennen musste. Auf der anderen Seite hatte man sich dann natürlich, wenn man es hatte, viel mehr drüber gefreut.

Ich habe in einem Dorf gewohnt und da musste man erstmal beim Fleischer gucken, was es im Angebot gab. Wenn es keine Rouladen gab, da musste man am Sonntag einfach mal was anderes kochen. Da haben wir erstmal geguckt, was gab es denn diese Woche beim Fleischer. Aber wenn Sie das nicht anders kennen, dann leben Sie damit. Und wir kannten es doch nicht anders. Da macht man sich darüber keinen Kopf.

Freilich, ich wäre auch gerne mal in den Urlaub noch woanders hin gefahren. Man hatte ja nun nicht so unbegrenzte Möglichkeiten. Ich habe eben das genutzt, was ich nutzen konnte. Auch für mich war nicht alles möglich. Also es gab zum Beispiel über Jugendtourist Reisen nach Algerien oder ich sag jetzt mal ins NSW, ins Nichtsozialistische Wirtschaftsgebiet. Die sind mir verwehrt worden, weil ich nicht verheiratet war. Ich hätte fahren dürfen und mein Mann oder meine Kinder hätten hier bleiben müssen. Da ich keinen Mann und keine Kinder hatte, durfte ich nicht fahren. Darüber habe ich mich zwar geärgert, habe dann aber gesagt: Was soll's? Ich nutzte halt das, was möglich war. Wenn Sie was nicht kennen, dann vermissen Sie das nicht.

Im Alter von 18 Jahren trat Carola Müller aus Überzeugung in die SED ein.

Die Theorie, die uns als Pionieren oder als FDJlern gelehrt worden ist, die fand ich gut und fand ich richtig. Deshalb habe ich gesagt, ich möchte da bitte hingehen. Die haben mich zwar schon mal gefragt: Was hältst du denn davon? Denk mal drüber nach. Aber da ist keiner gekommen und hat gesagt: du müsstest das und du musst jenes. Das war für mich ein vollkommen freier Entschluss.

Während ihrer Tätigkeit im Büro des Generaldirektors fielen ihr besonders die wirtschaftlichen Missstände auf. Zahlenschönungen gehörten zum Alltagsgeschäft.

Ich war ja nun im Büro des Generaldirektors für die Aufbereitung der ökonomischen Daten fürs Kombinat zuständig. Also die Daten, die kamen, das waren Stapel von Daten, die hätte so ein Generaldirektor nie überblickt. Kann der auch gar nicht. Das musste zusammengestellt werden. Musste verdichtet werden. Da mussten regelmäßige Meldungen an die Kreisleitungen und an die Bezirksleitungen gemacht werden. Das kam schon so richtig raus als Forderung, dass die eigentlich nicht enttäuscht werden wollten. Die wollten schöne Zahlen haben. Wo wir gesagt haben, das haut doch alles überhaupt nicht hin. Die haben das schon richtig eingefordert. Das musste sein. Und wenn dann, was weiß ich, am Dritten des Monats Zahlen gemeldet werden mussten, dann haben die schon am liebsten früh um sieben die Zahlen gehabt. Da haben die noch nicht mal so richtig angefangen zu arbeiten. Also dieses Herauskehren von Macht, das ist mir immer sehr unangenehm aufgestoßen. Gut, ich habe eben mit unserer Partei- und Staatsführung keinen Kontakt gehabt, aber das ist mir in solchen mittleren Leitungsebenen und unteren Leitungsebenen immer sehr sauer aufgestoßen. Wir hatten zum Beispiel eine Kollegin im Betrieb, die hatte im letzten Jahr bei uns gearbeitet, die war Mitglied im Politbüro. Die hat das nie rausgekehrt. Die hat gesagt:„Ich bin das und damit ist gut." Die hat da nie den großen Macker rausgekehrt. Aber solche Leute, die eigentlich nicht wirklich was zu sagen haben, die haben Machtspielchen gespielt.

Carola Müller sieht die ökonomische Schieflage als Hauptgrund für das Scheitern des DDR-Staates an. Ihrer Meinung nach waren die Leute unzufrieden, weil sie nicht das kaufen konnten, was sie wollten. Politische Faktoren sind für sie zweitrangig.

Es hätte ökonomisch nicht so weitergehen können. Also da bin ich der Überzeugung, dass die DDR am Ende war. Das hätte nicht mehr funktioniert. Also wir hätten nicht den Sozialstaat aufrecht erhalten können, mit nichts. Und wir hatten ja nichts. Und weil wir nichts hatten, kam eben auch diese Unzufriedenheit. Ich denke mir bei den meisten Leuten, die da auf die Straße gegangen sind, war es nicht die politische Unzufriedenheit. Freilich schiebt man es dann auf das Politische. Die Unzufriedenheit war auch ökonomischer Natur. Wenn man eben nicht in den Laden gehen kann und das kaufen kann oder wenn ich halt nicht nach Spanien in den Urlaub fahren kann. Ich denke mir, das war für viele wichtiger als das ganze Politische. Also, ich sehe das schon mehr als Versagen auf der ökonomischen Ebene. Bedingt durch solche Holzköpfe.

Das Wahlsystem in der DDR nahm Carola Müller als gegeben hin.

Ich kannte das nicht anders. Ich meine, es war im Vorfeld jeder Wahl so, dass Sie die Kandidaten kennen lernen konnten. Es gab immer in den Orten oder den Städten Versammlungen, wo Sie hingehen und Fragen stellen konnten. Wer das nicht genutzt hat, war selber Schuld. So eine Wahl, wie ich es heute mache, das kannte ich doch nicht. Was soll mir daran falsch vorgekommen sein?

Wie viele ehemalige DDR-Bürger will sie ihr Leben in der DDR nicht entwertet sehen. Zwar akzeptiert sie, dass es viele Missstände gab, die würden heute jedoch überbewertet. Das alltägliche Leben jedoch wird ihrer Meinung nach nicht ausreichend thematisiert.

Ich kann nicht immer nur das Schlechte sehen. Ich habe dort 35 Jahre meines Lebens gelebt. Und mir ist 35 Jahre lang zwar das ein oder andere sauer aufgestoßen, aber im Prinzip habe ich gut gelebt. Ich habe ruhig gelebt. Ich habe sicher gelebt. Und das muss ich doch auch anerkennen. Und es war mein Leben. Es war einfach so. Genauso wie ich diese ganze Diskutiererei mit der Stasi verabscheue. Da könnte ich aus der Hose hüpfen vor Wut. Gut, der ein oder andere mag schlechte Erfahrungen gemacht haben. Und ich bin mir sicher, dass es über mich eine Stasiakte gibt, weil ich aufgrund meiner Tätigkeit VVS-verpflichtet[21] war. Das war die zweithöchste Geheimhaltungsverpflichtung in der DDR. Und meine Brüder waren beide an der Grenze. Also es gibt über mich eine Akte. Da bin ich hundertpro sicher. Ich will sie gar nicht sehen. Ich will es gar nicht wissen. Ich will auch nicht wissen, wer da was über mich berichtet hat. Und ich habe da so bestimmte Vermutungen, auch aus früheren Kollegenkreisen ... Aber die kann ich nicht beweisen und will ich auch nicht beweisen. Aber dann ist auch sicherlich die ein oder andere Information aus mir rausgequetscht worden, ohne dass ich es gemerkt habe. Aber bewusst kann ich immer sagen, habe ich damit nichts zu tun gehabt.

---

21 VVS – Vertrauliche Verschlusssache.

Nach einer anfänglichen Umbruchsituation gelang es Carola Müller, sich beruflich neu zu etablieren. Sie bedauert jedoch, dass aus einer Gesellschaft, in der das Kollektiv von höchster Priorität war, eine „Ellenbogengesellschaft" geworden ist, in der viele ehemalige DDR-Bürger Schwierigkeiten haben, sich zurecht zu finden. Von „Wendeverlierern" und „Wendegewinnern" will sie jedoch nicht sprechen.

Also ich finde den Ausdruck „Wendeverlierer" oder „Wendegewinner" nicht gut, weil jeder etwas verloren und jeder etwas gewonnen hat. Ich kann nicht so blauäugig sein zu sagen, ich bin ein Wendeverlierer oder ich bin ein Wendegewinner. Ich weiß nicht, wie mein Leben verlaufen wäre in der DDR, aber ich weiß, dass es so hätte nicht weitergehen können. Nicht mein Leben, sondern dieses System hätte nicht mehr funktioniert. Und ich weiß nicht, wie ich heute dastehen würde, wenn ich in der Bundesrepublik groß geworden wäre.

Wir sind schon eine Generation, die es nicht ganz so einfach hat. Wir oder auch die Generation vor uns, weil wir vieles, was zum Beispiel heute ganz selbstverständlich ist oder was in der Bundesrepublik schon lange üblich war, erst erlernen müssen. Sie haben sich immer privat kümmern müssen, dass sie noch versichert sind für ihre Rente mal. Das war uns ja nun nicht gegeben. In der Beziehung sind wir nun mal schon ein bisschen Verlierer. Also vor allen Dingen noch die Generation vor mir. Also sagen wir mal so: Die Leute, die zehn, fünfzehn Jahre älter sind als ich, die sind da schon in der Beziehung sicherlich ein bisschen Verlierer. Aber sicherlich sind sie auch auf der anderen Seite Gewinner. Und die Generation, die ich damals in den Vorruhestand oder in Rente geschickt habe, die haben mich beschimpft. Die haben es nicht so gemeint. Die wussten ja auch, dass ich nichts dafür kann. Bei der Personalarbeit sitzen Sie nun mal vorne dran und dann sind Sie immer der Prügelknabe. Und wenn ich die dann zehn Jahre später getroffen habe, haben sie alle gesagt: „Ach Frau Müller, das war das Beste, was uns passieren konnte." Und ich nehme es jetzt einfach so, wie es kommt. Man muss das Beste daraus machen. Ich weine der Vergangenheit keine Träne nach. Man denkt schon manchmal, ja nicht mal mit Wehmut dran. Man denkt manchmal daran. Aber, wie gesagt, es ist vorbei.

Interview geführt und bearbeitet von Sara Köhler

„Die Figur muss sichtbar werden, ganz einfach."
Karl-Heinz Rothin

Früher habe ich gedacht, das Theater ist der Nabel der Welt, es gibt nichts anderes und dem muss ich alles unterordnen. Und bis heute halte ich diese Einstellung für richtig, weil ich dafür gelebt habe.

Karl-Heinz Rothin wurde 1927 in Gera geboren und wuchs als einziges Kind einer Arbeiterfamilie wohlbehütet auf. Er schloss eine Ausbildung zum Schauspieler und Tänzer ab und spielte sowohl in Potsdam am Theater als auch in einer Reihe DEFA-Filmen. In Gera baute er die Kleinkunstbühne „Keller 68" und das Kabarett „Fettnäppchen" auf und erlebte schließlich als stellvertretender Schauspielleiter der Bühnen Gera den Mauerfall. Seine Leidenschaft für die Bühne entdeckte er während der Kindheit.

Als ich neun Jahre alt war, da hatten wir einen Untermieter und das war ein Chorsänger, Ottmar Alberti, mit bürgerlichem Namen Ottmar Eier. Eines Abends kam er wieder zurück aus dem Theater

Karl-Heinz Rothin in einer Kabarettszene im „Keller 68".

und sagte: „Du musst unbedingt mit ins Theater kommen, da ist jemand krank geworden und zwar ein Junge, und der spielt einen Sarottimohren." Er hat mich dann mitgenommen, ich wohnte ja damals nicht weit vom Theater, und ich wurde schwarz geschminkt, mir wurde Kleidung angezogen und dann hatte ich meinen ersten Auftritt. Das war 1936. Und seitdem hat mich Theater nicht mehr losgelassen.

Im nationalsozialistischen Deutschland aufgewachsen, meldete sich Karl-Heinz Rothin freiwillig zum Arbeitsdienst und kam als 15-Jähriger erst ein halbes Jahr zur Flakabwehr nach Paris, später als Funker an die Westfront. Nachdem er am 20. April 1945 gefangen genommen worden war, verbrachte er drei Monate in alliierter Kriegsgefangenschaft in Bad Kreuznach und kehrte danach nach Gera zurück.

Die Zeit kurz nach dem Krieg war furchtbar. Stellen Sie sich vor: Trümmer, nichts zu essen, nichts anzuziehen, keine Unterhaltung. Die Bevölkerung ist geschockt durch die vielen Fliegeralarme und Familien sind auseinander gerissen, gestorben, ausgebombt. Es war eine grausame Zeit. Die kann man sich nicht vorstellen, das ist nicht möglich. Meine Familie wohnte nah am Güterbahnhof, da waren Kohlezüge und wenn man da drei Kohlen mit nach Hause gebracht hatte, war das ein riesen Glücksgefühl. Man konnte wieder heizen oder man freute sich, wenn man wieder was zu essen hatte, Sirup oder irgendwas. Und jetzt kamen die Vergünstigungen, jetzt kamen also die Fleischmarken auf, und es wurde von der DDR gesprochen, so nach dem Motto: „Wir sind DDR, wir wollen das und das." Und man dachte: „Ja macht nur, macht nur." Und plötzlich war man drin. Man wurde nicht reingetrieben, man ist mitgegangen, einfach aus Not, aus Kummer, aus Sorge, was morgen wird. Und jedem Funken, jedem Hoffnungsschimmer ist man nachgegangen, ganz klar. Ich hab in dieser Zeit auch meine Frau kennen gelernt. Das waren also die Glücksmomente.

Das Menschliche hat wahrscheinlich nicht so viel Kraft, macht nicht so viel Aufhebens, so dass man sagt: „Also was wird das eigentlich, was wird das?" Hauptsache es wird gut, Hauptsache es wird gut.

Und dann kam Ulbricht und man wurde hellhörig, also ich jedenfalls. Ich dachte: „Moment, das sind dieselben Töne, die ich als Junge von Goebbels und Hitler gehört habe." Da war ich sehr vorsichtig. Wissen Sie, mein Vater war Kommunist, also er war nicht in der Partei, aber er hatte seine Meinungen. Als Kind hätte ich ihn ja beinahe angezeigt, wenn da im Radio die U-Boot-Meldungen kamen und er sagte: „Das ist ja alles Schwindel!"

Also da war ich wirklich, also wirklich gewarnt. Und diese Angst, dass alles genauso abläuft wie damals, was du schon miterlebt hast als junger Mensch, die hat sich bis zum Schluss, bis zur Wende gehalten.

Karl-Heinz Rothin schloss 1948 eine Ausbildung zum Tänzer und Schauspieler an den Bühnen der Stadt Gera ab und spielte dort bis 1957 Theater. Als man ihm das Angebot machte, nach Potsdam zu gehen, sagte er zu und spielte später auch in mehreren DEFA-Filmen. Trotz seines beruflichen Aufstiegs blieb Rothin mit den Zwängen des Systems konfrontiert.

Wir hatten im Theater zum Beispiel einen Intendanten, der nie ein Schauspieler war, bloß auf Parteischulen war. Der hat das Theater politisch verwaltet. Vorher war ein Intendant da, der Wolfgang Pintzka vom Berliner Ensemble, der leider gestorben ist. Das war ein Künstler, ein Regisseur, Brecht-Schüler. Der hatte also einen ganz anderen Führungsstil, einen künstlerischen. Der andere Intendant hat das Theater politisch verwaltet. Er hat seinen Oberspielleiter gehabt, Schauspieler, seinen Operndirektor, seinen Musikdirektor und so weiter, aber politisch war das die Hauptfigur.

Und die Parteigruppe im Theater hat auch einen sehr großen Einfluss gehabt. Im Nachhinein muss ich sagen, dass die IM's, die Mitarbeiter der Staatssicherheit, die nicht bekannt waren, auch sehr zahlreich im Theater vertreten waren. Das war ein Netz von Verbindungen. Wenn man damals das ganze Ausmaß hätte sehen können und darüber sprechen können, dann wäre man vom Theater weggegangen. Es wurden sogar Rollen mit Schauspielern besetzt, die eigentlich nicht für die Rolle prädestiniert gewesen sind, bloß weil von der Parteileitung empfohlen wurde, dass der Genosse mal wieder eine Rolle spielen muss.

Während seiner Zeit in Potsdam erlebte Karl-Heinz Rothin unmittelbar den Mauerbau mit.

Ich war in Westberlin am 12. August, habe mir im Kino den Film „Die Brücke" von Bernhard Wicki angesehen und bin dann wieder mit der S-Bahn nach Potsdam gefahren und da war schon Polizei in Griebnitzsee, wo der Übergang nach Westberlin war. Es war schon viel Betrieb, es wusste ja niemand von dem Mauerbau.

Was war das für ein Gefühl, zu wissen, dass plötzlich eine Mauer den Zugang zu Westberlin versperrte?

Naja, der erste Gedanke ist natürlich: Das ist vorübergehend. Das ist immer so die Hoffnung, die bei mir mitschwebte. Das wird sich sicher wieder geben, die Lage ist politisch sehr gespannt, der Kalte Krieg eskaliert im Moment. Das war der erste Gedanke.

Aber gut, dann war klar, dass es eben nicht mehr so ist und man musste sich damit abfinden. Ich war ja immer vorsichtig und dass damit eine Kriegsgefahr abgewendet wurde, das hat niemand geglaubt. Aber man musste es hinnehmen. Du konntest nichts dagegen machen, du konntest nicht dagegen demonstrieren, konntest nicht rebellieren, du konntest keine Petition schreiben, das ging ja nicht. Du musstest es so nehmen, wie es war.

1973 übernahm Karl-Heinz Rothin das Kabarett „Fettnäppchen" in Gera. Er blieb jedoch weiterhin bei seiner Weigerung, in die SED einzutreten.

Als die Leute kamen und gesagt haben: „Du musst in die Partei, du hast eine Position jetzt, die Zeit ist reif", da habe ich gesagt: „Nein, tut mir leid." Da wurde gefragt: „Wieso nicht?" und ich sagte: „Ich fühl mich im Moment nicht dazu in der Lage."

Sie waren ja auch auf mich angewiesen. Es musste ein Kabarett gegründet werden, das war eine staatliche Auflage in den Siebzigerjahren. Und ich war der Mann, der anerkannt im Kulturministerium war, weil ich gutes Kabarett mache und da konnten sie nicht anders.

Mit Honecker kam ja damals neuer Schwung rein. Das waren sehr fruchtbare, sehr gute Jahre. Da wurde gesagt: „Ihr müsst mehr

Kabarett spielen." Es wurden also Kabaretts aufgemacht, in Erfurt, in Magdeburg und so weiter, Gera bestand ja schon. Das war so eine Zeit, die locker war.

Wieso wurde die Gründung von Kabaretts in der DDR unterstützt, immerhin bot das Medium die Möglichkeit der Kritik? Was war die Intention?

Das kann ich in einem Satz sagen: Das Kabarett soll ein positives Lachen provozieren, ein Lachen über Missstände, die es noch gibt, aber wo jeder merkt und weiß, die können behoben werden, zum Beispiel, dass die Brötchen nicht durchgebacken sind bei der Großbäckerei. Dass man allerdings Dinge angreift, die Regierung angreift oder irgendwas, also das war nicht der Fall, das durfte nicht sein.

Ein Tabuthema im Kabarett war zum Beispiel die Versorgung, darüber durfte nicht gesprochen werden. Es gab zum Beispiel auf dem Markt einen Stand mit Rostbratwurst. Da kam der Oberbürgermeister und meinte: „Wie findest du das, dass wir jetzt Rostbratwürste verkaufen?" Ich sag: „Das ist wunderbar." Sagt er: „Das kannst du mal bringen in deinem Kabarett." Und dann kam der Fleischer mal ins Kabarett, der die Bratwürste machte. Ich sag: „Mensch prima!" Sagt er: „Um Gottes willen, kauf ja keine, das ist wirklich der Abfall; da wurde gesagt: ‚Ja, also, giftig ist es nicht, kannst du ruhig verarbeiten.'" Also solche Dinge wären natürlich fürs Kabarett nützlich gewesen, aber mir waren die Hände und der Mund gebunden.

Meine staatliche Stelle war der Rat des Bezirkes und ich musste die Programme vorlegen, dann der Bezirksleitung und dann wurde gesagt: „Das können wir nicht bringen." „Warum nicht?" „Wir sind noch nicht so weit." Du konntest dort natürlich nicht als kleiner Rebell hingehen, du musstest dich mit den Leuten gut stellen.

Ich hatte dann nach Jahren einen Trick drauf. Ich habe ein Buch vorgelegt mit Texten von verschiedenen Autoren und hatte da ein so genanntes „Hündchen" dabei. Stellen sie sich ein Gemälde vor, Rubens oder irgendwas, und links unten ist ein kleiner Hund abgebildet. Man sieht das Gemälde und fragt automatisch: „Was ist das?" Und schon ist das Bild uninteressant. Genauso funktionierte das bei Kabarettprogrammen. Da wurde dann gefragt: „Was soll denn der

Rothin im Programm „Vorwärts und nichts versessen".

Satz hier?" Da hat man gesagt: „Gut, gut, den Satz streich ich." Und sofort war das andere nicht mehr so wichtig.

Welche Freiheiten hatte man denn in Ihrer Position als Kabarettleiter?

Also künstlerische Freiheit war natürlich begrenzt. Aber ich habe zum Beispiel Karten gekriegt für Hildebrandt und Schneyder[22] in Leipzig, wo bloß ein gewisser Kreis hin durfte. Wir hatten ein paar Privilegien insofern, dass wir von der Bezirksleitung eingeladen wurden und hier im Bezirk rumgereist sind, große Produktionsstätten besucht haben, was sehr interessant war. Also in Jena zum Beispiel, in der Russenkaserne, durften wir uns in den Panzer setzen. Das sind so Freiheiten gewesen, wo man sagte: „Die Künstler dürfen das." Oder ich wurde drei Tage nach Berlin zu Kurt Hager eingeladen, das war der SED-Kulturchef. Da wurden alle DEFA-Filme vorgeführt, die verboten waren, „Das Kaninchen bin ich" und so weiter. Das waren die Privilegien, aber sonst ...

Das andere waren private Privilegien, zum Beispiel: Das „Fettnäppchen" war ausverkauft. Und wenn eine Brigade Dachdecker kam und sagte: „Wir müssen rein", habe ich immer geguckt, was kaputt an meinem Haus ist, und habe gesagt: „Also gut, ich brauche einen Dachdecker, ich bräuchte da ein Gerüst. Sie könnten dann in vier Monaten. „Selbstverständlich!" Also das waren die üblichen Privilegien, die man in der DDR hatte, wenn man irgendeine Position ausübte, die begehrt war, wo es was gab, Lebensmittel oder Kultur, also Kabarett zum Beispiel.

Als großen Einschnitt im Kabarettbetrieb erlebte Rothin die Ausweisung Wolf Biermanns 1976.

Danach wurde es strenger. Das war der Wendepunkt. Vorher wurden die Programme kontrolliert, von da an wurden sie geprüft, genau geprüft. Ich musste nun zu jeder Vorstellung vier Karten freihalten, für Leute die dann kamen, die von der Firma Müller kamen, also wirklich Firma Müller. Das war die Stasi. Die waren immer drin und wenn sie mal nicht drin waren, konnte ich die Karten verkaufen, fünf Minuten früher. Aber die kamen meistens sehr spät und ich

---

22 Dieter Hildebrandt, bekannter Kabarettist aus der alten Bundesrepublik; Werner Schneyder, österreichischer Kabarettist und Sportkommentator.

musste sie dann trotzdem unterbringen. Es wurde also wirklich kontrolliert und auch eingegriffen.

Ich habe ein Programm gehabt, das spielten wir schon lange, über 150 Mal. Und da war eine Szene dabei, deren Schlusspointe ein ganz alter Witz war: „Wir können noch viel mehr aus unseren Betrieben herausholen." Und diese Szene habe ich drin gelassen, weil die eigentlich stimmte. Biermann hat das ja noch mal aufs Tapet gebracht in seinen Liedern im Westen drüben. Und da wurde das Kabarett kurz nach Biermanns Ausweisung zweieinhalb Monate geschlossen, weil ich diesen Satz drin gelassen habe. Da kam der Rat des Bezirkes und sagte: „Bist du kein Mensch, der hier lebt, wo lebst du denn? Was hast du für eine Weltanschauung? Jetzt machen wir das Kabarett zu und nun überlegt euch mal, was ihr demnächst spielt." So einfach war das.

Wir haben dann nach zweieinhalb Monaten ein neues Programm rausgebracht, aber das war dann natürlich ungefähr vergleichbar mit dem heutigen Comedy-Programm. Das war dann kein politisches, satirisches Kabarett mehr.

Die 80er-Jahre waren für Rothin geprägt von stärker werdender Zensur, aber auch der Einsicht, dass sich am System unbedingt etwas ändern musste.

Mitte der 80er-Jahre wurden mir drei Programme in Folge verboten, also nicht verboten, sondern mir wurde gesagt: „Das kannst du nicht spielen."

Das war 1986/87, als die Leute schon geahnt haben, dass irgendwas passieren musste. Das war mal Anfang Mai, da hatten wir so ein Programm vorgelegt. Und in der Bezirksleitung sagte der Genosse: „Sag mal, warst du nicht am 1. Mai dabei, bist du nicht vorbei marschiert an der Bühne, diese Begeisterung der Werktätigen, wie sie dem Staat und der politischen Führung zugejubelt haben? Und du schreibst so was, du willst so was bringen?" Das war also ein Appell an die Moral, an dich selbst, an deine Berufsethik. Und das waren vernünftige Menschen, die ich heute noch sehe, aber entweder waren die so verbohrt und so mit Beton aufgefüllt, dass nichts mehr zu machen war, oder sie haben wirklich Theater gespielt. Und da konntest du nichts dagegen machen.

Es war einfach die Zeit. Sie haben ja in der DDR gelebt. Und wenn Sie in einer Gesellschaft leben, sind Sie auch gewissen Normen und Zwängen unterworfen, auch in einer freien Gesellschaft, ganz klar. Wie als Kraftfahrer müssen Sie die Verkehrszeichen beachten, ob Sie nun wollen oder nicht. Genauso war es in der DDR. Das waren also Normen. Und Sie mussten sich dem stellen. Oder Sie haben gesagt: „Nein! Ich opponiere. Ich bin Opposition." Nur dann musstest du damit rechnen, dass du eingelocht wirst. Die Alternative hast du gehabt. Oder du hast gesagt: „Nee, ich mach überhaupt nichts." Na gut, dann musstest du sehen, wie du weiter kommst. Wenn du Familie hast, dann wird es eben schwer. Arbeit hast du schon bekommen, aber was für welche – welche, die dir nicht gepasst hat. Wenn man aber nicht offen opponiert hat, hat das aber meiner Meinung nach nichts mit Anpassung zu tun. Ich mag das Wort nicht. Da habe ich immer das Gefühl, man schleimt sich ein.

Auf der anderen Seite zeigte sich in den späten 80er-Jahren im Kabarett auch ein Stimmungswandel.

Die Menschen wurden offener, zum Beispiel nach den Vorstellungen, wenn Leute zu mir kamen: „Also in unserem Betrieb ist das und das passiert, da hapert es mit dem Export, mit der Produktion. Wir haben die Ersatzteile nicht gehabt, die hat der Betrieb nicht geliefert, wir konnten nicht ausliefern, jetzt sitzen wir auf dem Trockenen." Da wurde also viel mehr erzählt über so genannte Produktionsgeheimnisse als vorher. Es war offener, die Stimmung war gelöster, wenn auch noch immer das Gefühl da war, du wirst beobachtet, du bist angespannt. Dieses Gefühl war noch da.

Der Fall der Mauer kam für Rothin völlig überraschend.

Dass die Mauer fällt, also da hat keiner dran gedacht. Auch von der Verwandtschaft oder von den Kollegen nicht. Dass der Honecker zurücktreten muss, dass da eine andere Regierung drankommt und den Sozialismus auch hochhält, das schon. Aber dass die Mauer fällt, das nicht, das war ja eine Weltsensation. Nichts stand so fest wie die Mauer.
Ich sage heute immer, wenn wir in Gesellschaft sind: „Was ist morgen? Morgen kann ich tot sein, kannst du tot sein, kann der Fa-

milie was passieren." Wenn dann jemand sagt: „Naja, also ...", sage ich: „Hast du dran gedacht, zwölf Stunden bevor die Mauer fiel, dass die Mauer fallen kann?"

Wo haben Sie denn den Mauerfall erlebt?

1989 kündigte ich am Kabarett. Ich hatte keine Lust mehr, weil ich immer weniger Stücke spielen durfte. Ich ging zum Theater, arbeitete als stellvertretender Schauspielleiter. Dann kam die Wende, das war im Herbst und ich war mit dem Ensemble in Moskau. Ich habe also in Moskau die Wende erlebt und es war herrlich. Wir hatten ein Zimmer, vier Kollegen drin und ein Fernseher. Am Abend machen wir den Fernseher an und sehen da also die Mauer und Leute drauf. Da sagt ein Kollege zu mir: „Tolles Fernsehspiel hier, Science-Fiction hier. Das gibt es doch wohl nicht, das ist ja toll gemacht, die Kulissen."

Und am nächsten Morgen kommt unsere Dolmetscherin in den Speisesaal und sagt: „Die Mauer ist weg, die Mauer ist weg." Und wir haben gesagt: „Was?"

Wir haben es nicht geglaubt, bis wir im Flugzeug zurückgeflogen sind. Als wir in Berlin landeten und aus dem Flughafengelände rauskamen, da stand etwas entfernt ein Doppelstockbus mit Juno-Reklame dran, also „Juno" war oder ist eine Zigarettenmarke aus dem Westen, und die war bekannt für uns, weil wir ja schon den Westen gesehen hatten. „Also doch!" Und dann natürlich am Bahnhof, da kamen die Züge aus der ganzen Republik an, alle stiegen in Schönefeld aus und rannten nach Westberlin. Das war so ein Wunsch, den du ein Leben lang gehabt hast.

Wie empfanden Sie die Zeit danach?

Es war eine Umwandlung, die langsam, auch in mir, ganz langsam vor sich ging. Also es entstand keine Euphorie und keine große Freude, sondern nur das Hineinschweben, ein Hineinschlittern in eine neue Zeit. Plötzlich steht die Welt offen und man hat dafür kein Gefühl. Sollst du dich freuen, kannst du dich freuen, wie wird die Welt überhaupt jetzt für dich aussehen, was wird werden?

Die ganze Umwelt wurde anders, die Leute sprachen anders, plötzlich biederten sich welche an. Und wieso? Schlechtes Gewissen, IM! Es war eine Zeit, die hochinteressant war.

Für mich haben sich dann natürlich Träume erfüllt. Die Rentenzahlung klappte nicht, die kam plötzlich nach einem halben Jahr und wir hatten mit einem Schlag riesenviel Geld auf dem Konto. Und da bin ich zu meiner Frau nach Hause und habe gesagt: „Guck mal hier. Also entweder wir kaufen uns ein Auto oder wir reisen nach Amerika." Also waren wir vier Wochen in Amerika: Kalifornien, San Francisco, New York, L.A. Wir sind in der Welt rumgereist, also auch Italien und Afrika und so weiter. Wir haben die Zeit genutzt. Das war für mich dann wirklich die Wende, als meine Träume alle in Erfüllung gingen.

Die Entwicklung der Bundesrepublik sieht Roth in 20 Jahre nach dem Ende der DDR mit Distanz.

Ich bin enttäuscht, dass nach so vielen Jahren der Vereinigung, das klingt so blöd, dass nach so viele Jahren noch so viel Abstände und Klüfte bestehen, dass noch so viele Dinge im Argen liegen. Ich finde es traurig, dass man sich auch gegenseitig misstraut, und das wird immer schlimmer anstatt besser. Das ist eine Entwicklung, die ich nicht gutheiße. Und ich weiß nicht, woran es liegt. Liegt es an der Politik? Liegt es an den Menschen selbst? Liegt es an den vergangenen zehn Jahren, wo immer gesagt wurde: „Wir sind besser und die DDR war nicht so gut"? Was kristallisiert sich heraus? Dass in der DDR viele, viele Dinge gut waren, im Westen schlecht und umgedreht, ganz klar.

Zum Beispiel bin ich ein Harald-Schmidt-Fan[23]. Aber dass er jetzt wieder mit dem Pocher[24] angefangen hat, die alten Ostzoten zu bringen, das stößt mir auf. Als er so einen alten Ostwitz gebracht hat in seiner ersten Sendung mit dem Pocher, da habe ich gleich abgeschaltet. Also das mag ich nicht und das muss nicht sein, das darf nicht sein. Die Kunst kann verbinden und sie muss verbinden, Ost und West, mal ganz primitiv gesprochen. Und so was, wenn so ein Mensch, für den ich also jede Nacht aufgeblieben bin, wenn Schmidt kam, das ist schade, das sind immer so Rückschläge für mich persönlich.

---

23 Harald Schmidt, deutscher Kabarettist, Kolumnist, Entertainer, Schriftsteller und Moderator.
24 Oliver Pocher, deutscher Comedian, Schauspieler und Entertainer.

Gibt es Dinge, die Sie bereuen in Bezug auf die DDR?

Ne, da gibt es eigentlich nichts. Kleine Dinge bereue ich jetzt, aber große Dinge nicht. Ich dachte, ich habe einen Fehler gemacht, als ich vom Theater zum „Fettnäppchen" ging, also vom Theater weg zum Kabarett. Aber das war für mich, im Gegenteil, ein gewagter, aber großer Schritt. Also ich kann nicht sagen, dass ich was bereue.

Was ich immer wollte, das war einfach spielen, auf der Bühne stehen, egal ob das kleine oder große Rollen waren. Ich wollte die Figur aus meiner Sicht spielen, aber für den Zuschauer muss unmerkbar bleiben, dass man jetzt selbst dahinter steht. Die Figur muss sichtbar werden, transparent werden für den Zuschauer, ganz einfach. Und das habe ich geschafft.

Interview geführt und bearbeitet von Robin Korb

„Habe ich verkehrt gelebt?"
Karin Schrappe

Das war für mich eigentlich das größte Problem bei der ganzen Geschichte: Das Gefühl zu haben, man habe irgendwo verkehrt gelebt. Denn damit war ja mit einem Mal ein ganzes Lebensziel weg. Man hätte sich Monate davor für diese Republik noch vierteilen lassen.

Karin Schrappe wurde 1950 in Erfurt geboren und machte nach der Schule eine Ausbildung zur Textilfachverkäuferin. Nachdem sie bereits seit fünf Jahren Mitglied der FDJ gewesen war, trat sie 1969 in die SED ein und bekleidete verschiedene Parteiämter und Funktionen auf Stadtebene. Im Fern- und Direktstudium erwarb sie schließlich einen Abschluss als Handelsökonomin und Diplom-Gesellschaftswissenschaftlerin. Sie ist verheiratet und hat zwei Kinder.

Zur Wende selber war ich Zweiter Sekretär in Bad Langensalza. Ich bin 1988 dorthin delegiert worden, war also ein knappes Jahr dort, als die Wende kam. Die Anfangszeit war für mich mehr oder weniger durch Informationen aus anderen Bezirken und Städten geprägt. Es gab ja damals schon bestimmte Demonstrationen in Leipzig; Frank Schöbel[25] und noch einige andere initiierten einen Aufruf der Künstler und es gab diese riesige Ausreisewelle.

Aber dort, wo ich war, war es noch relativ ruhig und Informationen kriegte man selbst in unserem Kreis nur spärlich. Mehr als das, was in der Zeitung stand, kam bei uns auch nicht an. In Langensalza tat sich eigentlich erst nach dem 7. Oktober etwas, indem wir auf einmal massiv Eingaben und Anrufe bekamen und verstärkt das Gespräch mit uns gesucht wurde; auch Mitglieder einer Gruppe von Ausreisewilligen und andere begannen, uns Fragen zu stellen.

Dabei handelte es sich zwar nur um zehn bis zwanzig Leute, die außerdem bereits länger bekannt waren; dennoch fühlte Karin Schrappe deutlich, dass sich hier etwas tat.

---

[25] Frank Schöbel (geb. 1942) war einer der bekanntesten Schlagersänger, Fernsehmoderatoren und Entertainer der DDR, der auch nach der Wende erfolgreich blieb.

Das Neue Forum wurde gegründet und dessen Vorsitzender hatte verschiedene Veranstaltungen organisiert. Wir beide führten auch irgendwann ein relativ langes Gespräch miteinander, in dem auf beiden Seiten vieles zur Sprache kam, was in der bisherigen Wahrnehmung einfach nicht vorhanden war, sowohl auf der einen Seite als auch auf der anderen. Ich erfuhr somit Dinge, die ich so nie wahrgenommen hatte. Das Gespräch verlief an sich ganz ruhig und sachlich. Wir sprachen über viele Dinge, die ihn bewegten, die mich bewegten, und schließlich stellten wir fest, dass man das alles ganz anders bewerten kann, wenn man die Hintergründe kennt.

Es kam später zu einer ganzen Reihe von Demonstrationen und Aussprachen, auch außerhalb der Kreisstadt in verschiedenen Gemeinden. Nach einer solchen Veranstaltung haben wir zum Beispiel in der Kreisleitung in Bad Langensalza mit den Demonstranten – also denjenigen, die in den Raum passten, das waren circa zweihundert – gemeinsam bis tief in die Nacht hinein diskutiert. Am Anfang war die Stimmung ziemlich gereizt, weil es zu dieser Zeit im Wesentlichen auch immer um die so genannten Privilegien ging; und durch die allgemeine Voreingenommenheit war es stets sehr schwierig, solche Vorurteile in der Diskussion zu widerlegen. Aber da musste man damals ganz einfach durch und auch mal klarstellen: „Ich hab's begriffen, aber darf ich auch mal was dazu sagen."

Von dieser Atmosphäre des Vorwurfes ging man daraufhin langsam zu der Frage über, was die eigentlichen Probleme waren, bis dahin, dass am Ende auch Forderungen gestellt wurden: „Dies und das erwarten wir, dass es im Kreistag umgesetzt wird, und entweder Ihr macht das oder ihr habt endgültig verloren!" Und von der Seite war das in meinen Augen eigentlich eine ganz gute Geschichte, weil es dazu beigetragen hat, vieles zu überdenken. Jahre danach habe ich immer mal scherzhaft gesagt: „Das war eigentlich mein schönstes Einwohnerforum, das ich jemals mitgemacht habe."

In der Zeit nach dem 7. Oktober bis Anfang November fanden zwar noch gewisse Abstimmungen mit dem Bezirk statt, aber es wurde zunehmend schwieriger. Anfang November sagte ich dann zu meinem Ersten Sekretär, er bräuchte keinen mehr anzurufen, er würde bestimmt keine Antwort auf seine Fragen bekommen. Er müsste schon selbst entscheiden, was er tut. Da wurde uns schließlich bewusst, dass dieses System wirklich zerbrach. Nun musste jeder selbst entscheiden, was er für richtig hielt und wie er damit umging.

Etwa zur gleichen Zeit wurden die Runden Tische ins Leben gerufen, an denen alle Parteien der DDR und auch außerparlamentarische Gruppen wie das Neue Forum über die weitere Zukunft berieten. Auch im Kreistag wandelte sich das Tagesgeschäft, indem man dazu überging, Fraktionen zu bilden.

Dadurch gestaltete sich die Arbeit nun natürlich ein bisschen anders, aber hier wurde nun ganz konkret geklärt, was sich in diesem Kreis ändern sollte. Dabei tauchten natürlich eine ganze Reihe von Problemen auf, weil auf der einen Seite natürlich der Wunsch stand, doch auf der anderen Seite gaben die ökonomischen Bedingungen so manches beim besten Willen noch nicht her. Aber zumindest war es eine Situation, in der versucht wurde, vieles in Gang zu bringen. Und ich muss sagen, dass diese Zeit für mich eine unheimlich spannende Zeit war, weil sich hier natürlich auch sehr viele Sichten verändert haben.

Während Karin Schrappe die Bürgerbewegung und die Entwicklungen im Kreistag sehr positiv in Erinnerung hat, gab es andere Ereignisse, denen sie ablehnend gegenüberstand.

Was ich damals persönlich sehr schlimm fand, war nicht die Ausreise selbst, die weitestgehend eher dem ökonomischen Drang als dem politischen Willen entsprang, oder dass sich Menschen dazu entschieden hatten, sondern dass es dabei auch vorkam, dass Familien ihre Kinder zurückließen. Das fand ich einfach verantwortungslos, die Kinder hier zurückzulassen, um sich in ein besseres Leben zu verabschieden. Das ist einfach mies. Ich hab so etwas 1953 schon mal in der eigenen Familie erlebt, was 1989 natürlich noch einmal hochkam.

Zu einer anderen Kehrseite der plötzlichen Ausreisewelle erinnert sich Karin Schrappe an eine damals nicht ungewöhnliche, aber für sie einprägsame Erfahrung:

"Das Problem der Ausreisewilligen", Szene 1988 auf dem Holzmarkt in Jena. Wenige Minuten später nahmen Volkspolizisten den Mann fest (Foto: Jürgen Hohmut).

Ich hatte in Langensalza eine junge Frau, die bei mir eine Eingabe gemacht hat, weil bei ihr ein Nachtspeicherofen installiert werden musste. Darum hatte sie ziemlich kämpfen müssen und als sie eines Tages kam, beklagte sie sich bei mir, dass dieses Ding immer noch nicht da sei. Ich rief den Rat des Kreises, wo man mir mitteilte, dass der Ofen zwar bewilligt sei, sie aber keinen Antrag auf Installation gestellt habe. Und da das an sich nicht das Problem war, holten wir das daraufhin einfach nach. Die Installation war dann nur noch ein Klacks, aber es ging ihr irgendwo nicht schnell genug. Das Ganze ereignete sich auch unmittelbar vor der Wende – und ratzibatzi war sie weg, ja!?

Und als ich irgendwann im Dezember über den Weihnachtsmarkt ging, begegnete sie mir und war wieder da, weil sie mit dem Leben da drüben auch nicht mehr zurechtgekommen war. Was mich bei diesen Menschen aber immer geärgert hat, war dieses Motto: „Na ja, nun bin ich wieder da, nun will ich aber auch in meine Wohnung. Erst lassen wir mal alles stehen und liegen und wenn wir zurückkommen, fordern wir unsere Rechte wieder ein." Das machte für mich auch deutlich, wie viel Verantwortung die Menschen wirklich bereit waren zu übernehmen.

Diese Episode zeigt anschaulich, wie rasch sich die persönliche Bindung vieler Menschen an ihren zerfallenden Staat auflöste. Auch die bis dahin allmächtige Rolle der Partei begann zusehends zu bröckeln.

Was mich ebenfalls sehr tief berührt hat, war die Tatsache, dass viele Menschen in dieser Zeit einfach nicht mehr zugänglich waren. Man konnte mit ihnen manchmal gar nicht mehr normal reden. Sie haben um sich herum einen Schutzschild aufgebaut und es war dann nur noch das richtig, was aus der alten Bundesrepublik kam. Damit gingen natürlich auch bestimmte Verhaltensweisen einher, was sich wiederum in den letzten Monaten des Bestehens der DDR besonders stark auswirkte. Plötzlich waren viele Menschen der Meinung, dass Freiheit wirklich das ist, was man machen kann, ohne irgendjemanden zu fragen. Diese verkürzte Freiheitsdefinition führte außerdem dazu, dass etwa Fragen der Disziplin, auch was die Arbeitsbereitschaft und manch anderes betraf, einfach nicht mehr funktionierten. Dann war es eben viel wichtiger, dass man nun unbedingt die Welt sah und es viele einfach nicht mehr interessierte, was in der Familie oder im Betrieb geschah.

Hinzu kam ja noch, dass sich damit natürlich auch die ganze Frage der „führenden Rolle der Partei" – laut Verfassung war sie ja festgeschrieben – in dieser Zeit zusehends auflöste. Das Vertrauen war weg und damit war auch die führende Rolle weg. Irgendwann war dieser Umschwung eingetreten: Man war nicht mehr der Partner, auch nicht mehr der Ansprechpartner, sondern man war plötzlich derjenige, der an allem schuld war. Es wurden auch Behauptungen aufgestellt, die überhaupt nicht den Tatsachen entsprachen. Trotzdem wurde es erst einmal gemacht. Das ging sogar soweit, dass mir unterstellt wurde, ich bekäme mein Gehalt in Devisen. Ich hatte bis zur Wende noch nicht einmal eine Westmark gesehen, geschweige denn Devisen in irgendeinem Ausmaß. Aber es herrschte damals eine solche Stimmung, dass alle einfach sagten: „Die SED ist an allem schuld. Du bist in der SED, also bist du an allem schuld."

Der staatliche Zusammenbruch der DDR kam für Karin Schrappe weitgehend überraschend, ebenso der Fall der Berliner Mauer, den sie wie viele andere im Fernsehen miterlebte.

Das hatte sich zwar schon angedeutet; ich hab das gesehen und auch wahrgenommen, aber ich wäre nie auf die Idee gekommen, dass es mal so endet. Dass es wirklich kompliziert werden könnte und dass dieser Staat wirklich nicht mehr zu erhalten war, habe ich eigentlich erst so richtig nach dem 7. Oktober begriffen. Vorher hatte ich nur so eine Ahnung, dass gewisse Schwierigkeiten auf uns zukommen würden, aber dass die DDR wirklich zerbrach, wurde mir erst nach dem 7. Oktober bewusst. Wenn ich es mit einem Datum besetzen müsste, würde ich den Tag von Honeckers Rücktritt nennen, als Krenz noch einmal versuchte, das Ganze in eine neue Bahn zu lenken. Aber da ich Krenz als Menschen kannte, weil er früher mein Chef bei der FDJ gewesen war, wusste ich von Anfang an, wie linientreu er war und dass es daher sehr schwer werden würde, wirklich einen neuen Weg zu gehen.

Und was habe ich am 9. November zu meinem Mann gesagt? – „Schönen Tag! Arbeitslosigkeit! Obdachlosigkeit!" Das war mein Kommentar am 9. November. Daher war es für mich manchmal auch sehr schwierig, immer noch zu sagen, dass ich jetzt weitermachen will und muss, ohne nicht doch immer im Hinterkopf zu haben: „Wie mach ich nun weiter? Wie geht's denn jetzt? Was muss man ändern?" Denn dass man nicht einfach so weitermachen konnte, war am 9. November klar. Das funktionierte nicht mehr. Es musste ein vollkommen anderer Weg gefunden werden.

Auf die Frage, ob sie den Mauerfall und den staatlichen Zusammenbruch der DDR für sich persönlich als katastrophal empfand, antwortet Karin Schrappe eindeutig:

Es war für mich in einer gewissen Art ein persönliches Desaster. Ich hatte irgendwo das Gefühl: Du hast ein Leben gelebt ... – war das verkehrt? Und wenn du zwanzig Jahre lang auf sehr viel Freizeit verzichtet und Kraft in dieses Leben gesteckt hast, auch manchen Wunsch der Kinder abgelehnt hast, weil du eben auf Arbeit warst oder gedacht hast, du musst hin, weil da tausend Kinder waren und daheim nur zwei ... Das war für mich eigentlich das größte Problem bei der ganzen Geschichte: Das Gefühl zu haben, man habe irgendwo verkehrt gelebt. Und ich wollte einfach nicht den Rest meines Lebens noch mal verkehrt leben. Aber ich habe auch erkannt, dass nicht ich verkehrt gelebt habe, sondern dass das System, in dem ich gelebt habe, nicht das war, für was ich es gehalten habe.

Es gab ja auch viele, die in dieser Situation wirklich aufgegeben haben und bis zum heutigen Tag einfach nicht mehr darüber reden wollen, wer und was sie mal waren. Dabei kam es unter den Genossen auch zu zwei oder drei Selbstmorden, weil sie es einfach nicht verkraften konnten. Denn damit war ja mit einem Mal ein ganzes Lebensziel weg. Man hätte sich Monate davor für diese Republik noch vierteilen lassen. Bei vielen kam dann noch dazu, dass es – das war bei mir auch nicht anders – auch eine Existenzfrage war: Wie geht's irgendwo weiter? Wie lebst du in Zukunft? Wie ernährst du deine Familie, deine Kinder?

In den folgenden Monaten wurden die ehemaligen Blockparteien der DDR zügig in die bestehenden Parteien der Bundesrepublik integriert – praktisch „über Nacht", wie Karin Schrappe meint. Viele nutzten diese Gelegenheit, um einen Strich unter ihre Vergangenheit zu machen.

Was mich dabei immer am meisten berührt hat, war der Umstand, dass manche, nachdem sie in diesen Parteien waren, plötzlich kein Leben vor 1990 mehr hatten. Aber sie waren der Meinung, dass andere immer noch rückwärtsgewandt waren oder sind, nur weil sie heute noch vertreten, wofür sie einst Mitglied der SED geworden sind. Als ich 1969 Mitglied wurde – im Alter von neunzehn Jahren – war das für mich eine ungeheure Umbruchszeit: Das Kolonialsystem brach zusammen, wir hatten den Vietnamkrieg und Kuba entwickelte sich. Es war für mich einfach eine Frage, wie ich selber etwas dazu beitragen kann, und zwar ein bisschen mehr als normal, um diese Welt einfach so zu gestalten, dass sie menschlich, friedlich, zukunftsfähig ist. Und daran hat sich bei mir im Grunde genommen bis zum heutigen Tag nichts geändert. Das hat überhaupt nichts mit DDR, mit SED oder mit sonst was zu tun, sondern das ist einfach meine Lebenshaltung. Sicherlich hätte ich damals auch sagen können, dass ich austrete, wie es viele Funktionäre der SED auch taten, indem sie schlagartig ihr Parteibuch hinlegten und von heute auf morgen kapitalistische Unternehmer waren. Die hatten plötzlich keine Vergangenheit mehr oder ignorierten einfach alles, was vorher mal war. Aber das gab es für mich einfach nicht.

Mit der Wende begann für Karin Schrappe ein langer und komplizierter Prozess der Auseinandersetzung mit der eigenen Rolle im System der DDR. Vor allem aus dem bereits erwähnten Gespräch mit dem Vorsitzenden des Neuen Forums in Bad Langensalza zog sie eine Reihe von persönlichen Konsequenzen.

Ich ging mit viel offeneren Augen an die Probleme heran, mit denen ich daraufhin konfrontiert wurde. Viele dieser Schemata, die ich aus den vergangenen Jahren im Kopf hatte, habe ich einfach aus meinem Denken gestrichen, weil klar war, dass das so nicht weiter geht und man so einfach nicht weiter handeln kann. Das ging aber nicht ohne weiteres, sondern es war ein ganz komplizierter Prozess, der sich über viele Jahre hinzog – zumindest empfinde ich das so. Manche mögen dabei viel schneller sein, aber ich bin der Meinung, wenn man zwanzig Jahre lang aktiv politisch in diesem System gearbeitet hat, dann ist man geprägt. Ich betone auch immer wieder, dass ich selbst heute noch – nach zwanzig Jahren – in der politischen Auseinandersetzung nach wie vor Momente habe, wo ich mir sage: „Halt! Hier musst du noch einmal tiefgründiger nachdenken. Da ist noch irgendetwas in deinem Hinterkopf, was du noch mal überdenken musst."

Ich hatte auch keine Angst davor, mich 1990, 1991, 1992 an Informationsstände zu stellen, wo ich mir von wildfremden Leuten alle möglichen Vorwürfe anhören musste. Die kannten mich überhaupt nicht, luden aber ihren ganzen Frust, den sie mal mit irgendjemandem gehabt hatten, bei mir ab. Ich hab das damals auch nicht so einfach nach dem Motto „Na, der redet ja eigentlich nicht von dir" abgeschüttelt, sondern ich nahm mir ganz einfach das Problem und dachte darüber nach: „Hättest du das nicht vielleicht genauso entscheiden können? Und wie würdest du's heute entscheiden?" Einmal warf mir auch ein Siebzehnjähriger vor, dass ich ihn vierzig Jahre lang betrogen hätte und eigentlich aufgehängt gehörte. In so einer Situation muss man eben Ruhe bewahren. Ich konnte nicht einfach verbal zurückschlagen und sagen: „Na ja, werd' erstmal vierzig." Sondern für ihn war das ja unter Umständen eine Situation, wo er sich wirklich um sein Leben betrogen fühlte.

Als nach der Wende auch die Kreisleitungen aufgelöst wurden, musste sich Karin Schrappe nicht nur um den Verbleib ihrer ehemaligen Mitarbeiter kümmern, sondern trat auch selbst in eine ungewisse Zukunft ein.

Die Kreisleitungen wurden abgewickelt, da ja weder das Geld noch die Aufgaben länger vorhanden waren. Ich überlegte dann mit dem Leiter des Amtes für Arbeit, wo diese Menschen wieder in Arbeit kommen konnten. Dass diese vielleicht schon ein halbes oder ein Jahr später wieder arbeitslos waren, war eine ganz andere Frage, weil 1989/90 keiner voraussehen konnte, wie sich das bis Ende 1990 und darüber hinaus entwickeln würde. Im November/Dezember 1990 ging man ja noch davon aus, dass alles ganz normal weitergehen und die Produktion weiterlaufen würde. Man rechnete zwar damit, dass man nach dem Ausscheiden aus dem Staatsdienst nicht sehr freundlich behandelt würde, aber dass man zumindest erst einmal Arbeit bekäme.

Als Abgeordnete gestaltete Karin Schrappe zunächst noch den Übergang im Kreistag, wo von nun an ein Ausschuss die Geschäfte der Kreisleitung wahrnahm. Sie selbst war noch zwei Jahre im Erfurter Stadtvorstand der SED tätig, ehe sie arbeitslos wurde. Nach einer Weiterbildung und einer mehrjährigen Tätigkeit als Sozialarbeiterin, stand Karin Schrappe bald wieder vor dem beruflichen Aus.

Wir hatten eine Dreiraumwohnung und mein Großer war neunzehn, wurde zwanzig, die Kleine war dreizehn/vierzehn. Er arbeitete im Dreischichtsystem, war vorher im Lehrlingswohnheim untergebracht und brauchte nun irgendwo eine Bleibe. Aber es gab keine Möglichkeit, dass er eine Wohnung bekam, weil das bundesrepublikanische Punkte-System dem im Wege stand. In dem Moment war eine Plattenbauwohnung ein Problem, weil sie einfach zu klein war.

Zu DDR-Zeiten, als jeder normal auf Arbeit, in die Schule, Berufsschule oder Lehre ging, alle früh das Haus verließen, abends wieder nach Hause kamen und nur am Wochenende alle zu Hause waren, da war das kein Problem. Aber als auf einmal vier Mann beständig zu Hause waren, ging mir auch durch den Kopf: „Jetzt weiß ich, was Engels darunter versteht, dass man jemanden mit seiner Wohnung erschlagen kann."

Ich erlebte in meiner Arbeitslosigkeit auch Zeiten, da hat es für kein Buch, für kein Theater, für nichts gereicht. Das war für mich eine Strafe ohnegleichen! Ich konnte damit leben, dass ich wenig Geld hatte. Ich konnte auch damit leben, dass ich vielleicht anders einkaufen musste, damit es reicht, und dass ich vielleicht auch mal ein Kleidungsstück länger getragen habe, als das sonst üblich ist. Aber dass ich Kultur nicht erleben konnte, Bildung nicht erleben konnte, dass ich mit meinen Kindern oder mit meinen Enkeln nicht einmal in den Zoo gehen konnte, weil der Eintritt einfach so teuer geworden war, dass ich mir das nicht mehr leisten konnte, das war schlimm.

Fast zwanzig Jahre nach der Wende spricht Karin Schrappe nicht nur von „einer spannenden Zeit", sondern zieht auch eine kritische Bilanz: In ihren Augen wurde vieles zu eilig durchgesetzt, während andere Dinge einfach fallen gelassen wurden, nur weil sie aus der DDR stammten.

An der Schule meiner Tochter wurde nach der Wende der Russisch-Unterricht einfach abgeschafft. Als wir dann umgezogen waren und sie hier in Erfurt in die Schule ging, hatte sie zwar wieder Russisch, aber dazwischen fehlte fast ein Dreivierteljahr, wodurch es nun natürlich enorme Schwierigkeiten gab, den Anschluss wiederzufinden. Also, diese Kurzsichtigkeit! Inzwischen erinnert man sich oftmals sehr gerne wieder daran, dass man irgendwo mal Russisch gelernt hat, weil man dann in den osteuropäischen Staaten vielleicht wieder einen Fuß in die Tür kriegen kann.

Das hat mich damals schon besonders betrübt und auch nachdenklich gestimmt. Ich würde mir nie die Dinge zurückwünschen, die damals so gelaufen sind. Aber dass die Möglichkeit, den eigenen Weg zu bestimmen, eigentlich restlos unter den Tisch gefallen ist, das war für mich sehr enttäuschend. Und aus dieser Sicht heraus sage ich, dass die Wende eigentlich eine große Chance geboten hätte, aber es ist vieles vergeben worden, weil man ganz einfach zu sehr gedrängt hat. Das soll natürlich nicht nur heißen, dass das Volk zu sehr gedrängt hat, was ich verstehe, sondern dass eben auch die Politik die Situation genutzt hat, um vieles einfach vorwärts zu bringen, was sonst gar nicht möglich gewesen wäre. Insofern sind Genscher und Kohl für mich keine großen Helden. Denn sie haben dabei ganz eigene Ziele verfolgt und im Grunde genommen auch ein bisschen Glück gehabt, dass es so eine Opposition in der DDR gab. Wobei ich leider sagen muss, dass diese intensive Diskussion unter den Bürgern nach den Wahlen im März eigentlich sehr schnell wieder abhanden kam. Ab März war die nächste Zeit eigentlich nur noch vom Wahlkampf geprägt und nach dem Oktober 1990 kam erst das „geordnete Leben" wieder. Viele, die zu dieser Zeit sehr aktiv waren, zogen sich später zurück. Viele schlugen ganz andere Richtungen ein oder gingen weg. Das empfand ich als sehr schade, weil ich die Bürgerbewegung eigentlich sehr interessant und auch vermittelnd fand. Aber sie fiel einfach in sich zusammen. Es war dann wieder die Zeit der Parteien.

Überdies zweifelt Karin Schrappe, ob es im Zusammenhang mit dem Ende der DDR angemessen ist, von einer wirklichen „Wende" zu sprechen.

Eigentlich war es ein Systembruch. Denn es bleibt die Frage, wohin ich mich gewendet habe; und im Grunde genommen kann ich sagen, ich habe mich rückwärts gewandt. Das ist aber nicht gut, weil ich von einer Gesellschaftsordnung wieder in die zurückgefallen bin, in der ich schon mal war. Deshalb sage ich immer, dass ich eigentlich schon mal was erlebt habe, was erst danach kommen sollte. Also, eigentlich war es keine Wende, sondern ein Systembruch, und zwar wirklich ein Systemzusammenbruch. „Wende" ist für mich immer ein bisschen einfach, denn aus dieser Sicht hätte es auch in der alten Bundesrepublik eine Veränderung geben müssen. Die gab es auch, irgendwann über die vielen Jahre, doch eher zum Schlechten. Dabei haben aber nicht nur wir hier im Osten verloren, sondern auch viele Menschen in den alten Bundesländern. Ebenso wenig hat sich das politische System gewandelt, denn eigentlich war es ja nur der Versuch einer Anpassung an die politischen Vorstellungen der alten Bundesrepublik.

Dabei ärgert mich aber manchmal, dass man sich gar keine Zeit genommen hat, das gründlicher zu machen, sondern dass die Bundesrepublik heute an sich nicht viel weiter ist als 1990. Ich würde mich jedenfalls heftig dagegen wehren, zu sagen, dass alles, was wir in der DDR an Wirtschaft gemacht haben, einfach nicht konkurrenzfähig gewesen sei. Umformtechnik war schon ein Schwergewicht auf dem Markt, die haben in über hundert Länder exportiert. Und die Mikroelektronik war auch nicht ganz ohne. Nachdem die Treuhand das alles zerschmettert hatte, fiel diese Konkurrenz auf jeden Fall erst mal weg. Aber wenn ich mir die Entwicklung der Wirtschaft seitdem betrachte – Bruttosozialprodukt, Verschuldung und so weiter –, wo sind wir denn da ein Stück weitergekommen?

Wir sind im Grunde genommen auch in der Demokratie nicht viel weiter. Volkes Stimme konnte Hartz IV und die Rente mit 67 auch nicht verhindern. Und die Möglichkeit, eine Wahlkabine aufzusuchen, ist für mich auch nicht der Kern von Demokratie und Freiheit. Die Wahlkabine hätte jeder, wenn er gewollt hätte, auch in der DDR aufsuchen können, und den direkten Kontakt zu den Abgeordneten schätze ich für die damalige Zeit immer noch höher ein als gegenwärtig die großen „Bühnen-Jubelveranstaltungen", wo der Kandidat kommt, redet und geht.

Wendegewinner und -verlierer gibt es für Karin Schrappe auf beiden Seiten der ehemaligen Grenze.

Man hat insofern etwas gewonnen, dass es die Möglichkeit gibt, alles anders zu gestalten. Aber es sind noch zu wenige, die das erkennen und vor allen Dingen auch die Kraft zum Mitmachen haben. Und ehe wir in eine neue Richtung steuern, dauert das meines Erachtens nach noch ein Stückchen, weil auch in der alten Bundesrepublik vieles erst einmal überwunden werden muss. Das hieße natürlich auch, dass sich in der Politik Wesentliches verändern müsste, doch dafür sind die konservativen Kräfte – und damit meine ich nicht nur die CDU – noch zu stark. Aber dabei darf man die Geduld nicht aufgeben, denn die letzten Jahre haben ja gezeigt, dass die progressiven Kräfte zunehmen und die konservativen zunehmend unter Druck geraten. Nun haben wir schon fast zwanzig Jahre hinter uns und die nächsten zwanzig Jahre kommen wir auch noch ein Stück weiter. Da bin ich Optimist, da gebe ich nicht auf. Ich habe schon gesagt, dass sich das zwar nicht einfach gestaltet hat; aber dadurch, dass ich immer den Willen habe, auch mitzugestalten, ist das nach wie vor manchmal ganz schön spannend. Und ich bin immer neugierig, was da noch kommt.

Heute arbeitet Karin Schrappe im Europabüro der Partei „Die Linke" in Weimar. Dabei ist sie besonders froh, wieder im Rahmen ihrer ursprünglichen Ausbildung als Diplom-Gesellschaftwissenschaftlerin arbeiten und sich wieder aktiv mit Politik beschäftigen zu können.

Interview geführt und bearbeitet von Timo Leimbach

„Dir wurde nichts mehr in den Schoß gelegt."
Ellen Sanow

Du wusstest wo du hingehst. Du hattest dein Einkommen. Du wusstest, dein Kind ist versorgt. Heut musst du dich um deinen Kindergartenplatz selber kümmern. Heute musst du dich kümmern: In welche Schule schickst du dein Kind? Ist es sinnvoll auf eine Privatschule, kann das dein finanzielles Budget? Das sind Fragen, die brauchten wir uns früher nicht zu stellen. Insofern hatten wir es etwas leichter, aber das Eingeschlossensein ... Ob es das alles aufwiegt, weiß ich nicht.

Ellen Sanow wurde am 12.4.1958 in Cronschwitz bei Wünschendorf geboren und lebt seit dieser Zeit dort in ihrem Elternhaus.

In dem Haus haben auch meine Großeltern mit gewohnt und wir waren quasi ein Mehrgenerationenhaushalt, in dem ich mich immer sehr wohl gefühlt habe. Dort lernte ich auch Toleranz zu üben und sich nicht immer selber so wichtig zu nehmen, weil man auf Ältere Rücksicht nehmen musste, oder auch oft gemerkt hat, dass die Lebensweisheiten, die man in dem Moment zwar noch nicht so verstanden hat, eigentlich doch richtig waren. Es fiel aber manchmal schwer, das zu verstehen, weil ich selbst anderer Meinung war, diese aber nicht durchsetzen konnte, weil die anderen in der Überzahl waren.

Ihre Kindheit und Schulzeit empfand Ellen Sanow als sehr glücklich. Sie erzählt, was ihr aus dieser Zeit besonders in Erinnerung geblieben ist.

Wir haben immer schöne Geburtstage miteinander gefeiert. Weil ich ja immer Ostern Geburtstag hatte, wurden Osternester von meiner Mutter versteckt und da hat dann die Geburtstagsbande, wir waren dann acht bis zehn Kinder insgesamt, in unserem großen Garten gesucht. Das Haus steht ja unmittelbar am Wald, und dahinter auf der Waldwiese waren fünf Eichen, da wurden dann die Osterkörbchen versteckt.

Wir hatten uns auch immer in der Küche zu den gemeinsamen Mahlzeiten versammelt. Es wurde gemeinsam Fernsehen geschaut, gerade auch an den Wochenenden, denn sonst unter der Woche hatten wir mit unserm Viehzeug zu tun. Wir hatten ja noch einen kleinen Bauernhof mit Schafen, Enten, Hühnern, Tauben, anfangs auch noch eine Kuh mit Kälbchen, Schweine, da gab es immer viel Arbeit. Es gab auch ein Feld und insofern sind wir abends wenig zusammengekommen, weil der Tagesablauf sehr lang war. Es war meist schon dunkel und man ist ins Bett gegangen und hat kaum noch die Zeit gehabt, sich gemeinsam hinzusetzen.

Nach der Schulzeit studierte sie in Zwickau Lehramt mit den Fachrichtungen Deutsch und Musik. Während dieser Zeit lernte sie ihren späteren Ehemann kennen, den sie 1979 heiratete.

Ich hatte eine ganze Menge Blumen in einem großen Wassereimer und bin mit dem Zug nach Wünschendorf zur Trauung gefahren. Jedenfalls waren es ein oder zwei Eimer, riesig viel Blumen und ich komm da in den Bahnhof rein und die Leute gucken mich an. „Verkaufen sie die?" Ich sage: „Nein, das sind meine Hochzeitsblumen." Weil zu dem damaligen Zeitpunkt war das ja eine Rarität, wenn du Blumen gekriegt hast, das war ja nicht so wie heute.
Die Hochzeit war einer meiner schönsten Momente und dann natürlich auch die Geburt meines Kindes. Vom Studienablauf war das Kind ja ohnehin in der Zeit, als ich die Diplomarbeit geschrieben habe und das wurde zu Hause gemacht, da hat das an sich weniger gestört. Und dann hatte ich meine Eltern im Hintergrund, die mir viel Arbeit abgenommen haben und dann konnte ich auch das große Schulpraktikum durchführen, weil das Kind halt in Obhut von meiner Mutter war.

In Crossen bei Bad Köstritz nahm Ellen Sanow eine Arbeitsstelle am Institut für Lehrerbildung und Unterstufenlehrer mit Wahlfachausbildung Musik an. Wegen ihrer Familie und wegen des langen Fahrtweges entschied sie sich später, ihre Arbeit in Crossen aufzugeben und ging an eine Schule in Gera, die heutige Otto-Dix-Schule.

Dort war ich aber nur anderthalb Jahre, denn dann holte uns die Wende ein. In dieser Zeit gab ich den gesamten Musikunterricht der

Schule, was mir sehr gefallen hat. Ich war auch Klassenlehrerin, hielt den Deutschunterricht, habe mit einer vierten Klasse begonnen. In der Zeit der Wende aber sind viele Lehrer von der Schule weggegangen in den Westen, einfach so, von heut auf morgen. Sodass ich laufend Vertretungen hatte. Dann auch noch insgesamt die Deutschklassen, plus den ganzen Musikunterricht, plus meine Klasse mit Pioniernachmittagen, plus die Arbeitsgemeinschaft „Singeklub"; weshalb ich dann einfach gesagt habe: „Hier kommen mir meine Instrumente zu kurz, du musst hier weg!" Und deswegen habe ich dann im Februar 1990, oder war es schon ein halbes Jahr eher, nein es war mitten im Schuljahr, meine Arbeit dort aufgegeben und im Musikkabinett, einer damaligen Zweigstelle der Musikschule Gera, meine Arbeit auf Honorarbasis begonnen.

Der Abschied vom Schuldienst hatte aber auch politische Gründe.

1989 war eine Wahl. Da ich ja eine Klasse hatte, hatten wir das Wahllokal auszugestalten und natürlich die Wähler mit Blumen und einem Programm zu begrüßen. Mein Wahllokal lag in Tieschitz, das war circa 20 Kilometer von meinem Heimatort entfernt. Weil das Schuleinzugsgebiet auch zu Tieschitz gehörte. Und wir hatten uns da um neun Uhr im Wahllokal einzufinden, weil die Wahllokale ja ab früh um sechs geöffnet wurden, weil es ja auch noch Schichtarbeiter gab und welche, die rollende Schicht hatten. Und wir hatten die Aufgabe, die Wähler mit einem musikalischen Programm irgendwie auf den Tag einzustimmen. Dann bin ich nach Hause in mein Wahllokal gefahren und habe mir dort erlaubt, erst um elf zu wählen. Das war einfach viel zu spät. Und ich habe mir auch erlaubt, in die Wahlkabine zu gehen und dort mein demokratisches Recht zu nutzen. Damit war ich natürlich bei der Stimmauszählung die einzige und es wurde unmittelbar nach meiner Stimmabgabe der entsprechende Wahlleiter informiert. Auch der Schuldirektor und der Schulrat meinten, dass sich eine Lehrerin in dieser Richtung wohl sehr seltsam verhalten hätte. Daraufhin wurde ich am Montag früh aus dem Unterricht geholt und musste Stellung beziehen, was ich mir erlaube, so spät meine Stimme abzugeben und dann noch in dieser Form. Ich habe natürlich meine Meinung vertreten, weil die Kandidaten die dort standen mir nicht gepasst haben und ich anderen, die auch auf dem

Ellen Sanow in den 1990er-Jahren.

Wahlzettel standen, meine Stimme geben wollte und nicht diesen. Ich hatte dann viele Hospitationen am Hals, weil es hieß: „Die Lehrerin ist nicht mehr im Sinne unseres Staates tätig". Dann sind die ganzen Deutschlehrer beispielsweise, das betraf diese Schule besonders, einfach im Westen geblieben und da war man froh, dass ich noch da war, aber es war dann kein gutes Arbeitsklima mehr, weil man irgendwie angeschwärzt war. Das habe ich auch im Kollegium zu spüren bekommen; die einen begegneten mir mit Achtung, dass ich mir erlaubt habe, meine eigene Meinung zu äußern, die anderen, da wurde ich halt von der Seite angeguckt und wurde nicht mehr geschätzt.

Im Musikkabinett fühlte sich Ellen Sanow wohler als an der Schule.

Ich habe dort meine Instrumente wieder unterrichtet, weil mich das eigentlich mehr befriedigt hat als die Lehrtätigkeit mit Kindern in Deutsch und dieser ganze Kram da. Das war mir eigentlich schon wichtig, dass ich da meine musikalische Ausbildung auch an die Kinder weiter vermitteln konnte. Und die Zeit blieb überhaupt nicht im Schulbetrieb. Im Zuge der Wende, die ja im Juni 1990 massiv einsetzte, kam es dann auch zu Umstrukturierungen in der Musikschule. Das Musikkabinett wurde gestrichen, abgewickelt, wie man damals so schön sagte, und ich stand quasi wieder leer da. Hatte aber einen festen Schülerstamm, der mir dann geraten hat, das doch freiberuflich weiter zu machen.

Die Wende brachte Veränderungen in ihrem familiären und häuslichen Leben. Ihr Mann diente in der DDR bei der Nationalen Volksarmee, verlor diese Arbeit jedoch mit dem Jahr 1989, womit sein Leben und daraufhin auch das seiner Familie aus den Fugen geriet.

Das war natürlich für unsere Beziehung nicht gut. Weswegen wir dann auch in einer Familientherapie waren, wegen seines Alkoholproblems, was sich im Laufe der Zeit durch den Wegbruch seiner Arbeit und der Umschulung mit der Aussicht, keine Arbeit zu haben, weiter verstärkt hat. So dass ich dann diejenige war, die versucht hat, uns Hilfe zu holen über die Suchtberatung in Gera. Wir haben dann auch die Familientherapie gemacht, die er aber abbrach, weil er der Meinung war, er weiß mehr als der Therapeut. Und damit war an sich unsere Beziehung erledigt. Weil ein Zusammenleben nicht mehr möglich war, war an sich der Weg gegeben, dass er aus dem Haus raus musste. Zum Glück war dies durch die Wende möglich, da es Wohnungen gab. Und er ist dann auch schweren Herzens, endlich nach vielem Hin und Her, ausgezogen.

Die neue Situation nach der Wiedervereinigung machte es möglich, dass Ellen Sanow endlich ihr Haus sanieren konnte.

Das Haus in den 1970er-Jahren vor der Sanierung.

Durch die Wende war es aber auch möglich, dass sich meine Wohnsituation verbesserte. Es war ja nur ein kleines Fachwerkhaus, mit einer gemeinsamen Stube, einem gemeinsamen Bad, gemeinsamer Küche, Außentoilette und jeder hatte noch einen Raum. Das Haus hatte eine Bausubstanz von 1860 und war dann dermaßen baufällig, dass es einfach nicht mehr ging. In der DDR-Zeit waren wir leider nicht so prädestiniert, dass wir Handwerker gekriegt haben, weil wir keine Beziehungen hatten. Mein Vater leitete zwar in der Baustoffversorgung eine Abteilung und baute Eigenheime, aber er war nicht in der Partei und hielt sich deshalb auch sehr zurück. Er hat das also immer rundweg abgelehnt und er hat anderen geholfen, aber nicht uns. Das Haus verfügte über keine Heizung, sondern nur über einen Küchenofen und einen Ofen in der Wohnstube, alle anderen Zimmer waren nicht beheizbar, und die Fenster ließen sich in den letzten Jahren nicht mehr öffnen, weil das Haus am Berg stand, Nordseite, und der Berg hat gedrückt. Die Fassade kippte nach vorn. In meiner Stube im ersten Stock hatten wir ein Gefälle von zwölf Zentimetern. Wenn wir also zur Tür hereinkamen, dachten wir gleich zum Fenster durchzufallen.

Meine Mutter hatte es so gemacht, weil mein Vater zu diesem Zeitpunkt ja dann schon verstorben war, dass sie nur mir das Haus überschreiben wollte. Mein Mann hat das auch unterschrieben und somit war ich alleiniger Besitzer des Hauses und im Falle einer Scheidung wäre das Haus außen vor, würde also da nicht berücksichtigt werden. Insofern hatte ich dann auch die Aufgabe, mich um die Projektierung, um Handwerker und eben das ganze Drumherum zu kümmern, weil ich dann immer gehört habe: „Es ist ja nicht mein Haus!" Die Seitengebäude, was die ehemaligen Kuh- und Schweineställe waren, mussten abgebrochen werden. Es musste ja Platz geschafft werden für den Neubau. Das hab ich alleine mit einem Rentner gemacht. Ich habe auch alleine die ganzen Fachwerkbalken gesägt. Ich hab den Bau gekehrt. Ich habe mich teilweise um Material gekümmert, das ging ihn alles nichts an!

Ellen Sanow ist froh darüber, dass ihre Beziehung zu dem inzwischen erwachsenen Sohn diese Auseinandersetzungen unbeschadet überstanden hat.

Und er fühlt sich halt nach wie vor bei mir und meiner Mutter in dem Haus sehr wohl. Er hat jetzt zwar seine Wirkungsstätte in Braunschweig, aber ist jedes Wochenende zu Hause. Was mich natürlich auch als Mutter insofern freut, dass er einsieht, wie viel Kampf uns das auch gekostet hat, so eine Beziehung, wenn sie dann auseinander geht, mehr oder weniger versuchsweise sauber zu beenden. Was halt aber doch immer nicht so möglich ist. Er stand ja nun zwischendrin, hat dann aber trotzdem wohl verstanden, dass es für ihn wichtig ist, dass eine Person ihm unter die Arme greift, gerade im letzten Studienjahr. Er hat ja dann kein Bafög mehr bekommen und er lag uns dann völlig auf der Tasche. Wo ihn eben auch seine Großmutter finanziell doch sehr unterstützt hat und das weiß er jetzt auch zu schätzen. Das freut mich als Mutter, weil man dann doch irgendwo merkt, man hat trotz der schweren Zeiten, die man durchgemacht hat, etwas erreicht. Denn ich musste mich ja auch durch die Wende beruflich neu orientieren, hatte den Hausbau am Hals, den Beziehungsbruch, musste dann meine Mutter, sie ist ja mittlerweile 81 Jahre, durch gesundheitliche Gebrechen doch mehr unterstützen, als es vor Jahren noch war. Und man hat das alles irgendwie geschafft und hat trotzdem auch noch selber seine Freiräume.

Die Konflikte und Anstrengungen hinterließen Spuren in der Gesundheit von Ellen Sanow. Sie rappelte sich jedoch wieder auf und vollendete mit freundschaftlicher Hilfe den Bau ihres Familienhauses und erneuerte gleichzeitig ihr privates Glück.

Zu meiner jetzigen Situation kann ich sagen, dass ich dann durch meinen Umbau des Hauses, der sich, wie gesagt, über diesen langen Zeitraum hingestreckt hat, auch schauen musste, dass ich im Freundeskreis Handwerker gefunden habe, die mir da unter die Arme gegriffen haben, weil ich das finanziell alles gar nicht von Firmen hätte machen lassen können. Und durch diese Nachbarschaftshilfe habe ich dann wieder einen Lebenspartner kennen gelernt, bei dem ich mich eigentlich sehr wohl fühle, weil ich da auch meine Eigenständigkeit bewahrt habe, weil die Woche mir gehört und Sonnabend, Sonntag bin ich bei ihm. Und damit kommen wir an sich ganz gut klar, weil jeder seine Freiräume hat.

Der Mauerfall war für Ellen Sanow ein bewegendes Ereignis.

Wir sind dann unmittelbar an dem Wochenende nach Berlin, weil meine Schwiegereltern dort gewohnt haben, und der erste Weg führte an die Mauer und ich habe mir Mauersteine mitgenommen. Als ich mich dann so an die Gespräche zurück erinnert hab, von meinem Vater und meiner Tante, die immer gesagt hat: „Die Mauer wird fallen!", das war für mich als Jugendliche ... ich dachte: „Na das kann überhaupt nicht sein." Und mein Vater war auch der Meinung: „Die sitzen so fest im Sattel, die DDR, das kann nicht sein!" Er hat es leider nicht miterlebt. Er starb 1981, aber meine Tante hat es miterlebt. Sie ist dann noch viel gereist. Das war für mich auch immer dieser unerschütterliche Glaube, dass sich gesellschaftlich was ändern kann, wenn die Menschen es wollen.

Diese Erfahrungen prägten ihre Sicht auf die Veränderungen von 1989/90.

Für mich war es auf alle Fälle ein Gewinn. Weil ich mich dadurch ganz anders verwirklichen konnte, weil gewisse gesellschaftliche Schranken weg waren und man einfach diesen Hauch von Freiheit gespürt hat: Du kannst alles werden, wenn du die Kraft investierst. Das gab es vorher nicht, da hat die Partei gesagt, wo es lang geht, da hatten gewisse andere Leute das Sagen, wo du dich fügen musstest und wenn du aufbegehrt hast, wurde dein Leben noch schwerer. Das waren ganz andere Möglichkeiten, die man jetzt nutzen konnte und die ich, denke ich, auch für mich genutzt habe.

Gut war für mich, dass ich bauen konnte, weil mir sonst mein Haus zusammen gefallen wäre und auch die freie Entwicklung, die mein Kind nehmen konnte, weil, wenn wir so geblieben wären, hätte er die Laufbahn seines Vaters auch einschlagen sollen, also sprich, in die Armee gehen.

Letztlich ist meine Ehe an der Wende zerbrochen, denn da waren unsere beiden Berufe plötzlich weg. Wir mussten uns beide neu orientieren. Der eine hat`s geschafft, der andere vielleicht weniger.

Die DDR, so wie sie bestand, wünscht sie sich nicht zurück, aber vor allem auf dem Gebiet der Schulbildung findet sie nicht alle Veränderungen sinnvoll.

Eine gewisse Systematik würde ich mir wünschen. Weil es kann nicht sein, dass innerhalb einer Stadt jede Schule ein anderes Konzept fährt, andere Lehrbücher hat, und wenn die Eltern gezwungen sind, auf Grund ihrer Arbeit umzuziehen, dem Kind die Beine weg gehauen werden, weil bestimmte Lehrgebiete vielleicht dann dort nicht mehr gelehrt werden oder schon gelehrt wurden und das Kind dann irgendwo bisschen wie blöd da steht. Das find ich nicht gut. Da war dieser zentrale Lehrplan, den es da früher für die gesamte DDR gegeben hat, schon, denk ich mal, besser, und wenn da jemand weggezogen ist dann hatte er nur ne Spanne von 14 Tagen, maximal drei Wochen Unterschied, die konnte man aufholen. Da gab es auch keine Nachhilfelehrer. So lange habe ich ja nun nicht im Beruf in dieser Zeit gearbeitet, aber das war halt so angelegt, dass man immer wieder mitgekommen ist und auch untereinander Lernpatenschaften waren, wo einer dem andern geholfen hat, was, ich glaube, heute nicht mehr so der Fall ist. Da heißt es eher: „Naja, der ist, ja blöd, der wird Hauptschüler!" Das, denk ich, war ein anderes kollektives Zusammenhalten und dadurch waren vielleicht auch andere Lernfortschritte möglich, was es heute nicht mehr gibt. Also ich denk mal schon, dass wir das Bildungswesen, was wir aufgegeben haben, – nicht der ideologische Bereich, aber das Fachwissen – ruhig wieder gebrauchen könnten.

Ellen Sanow sieht die Ereignisse des Jahres 1989 zwar als persönlichen Gewinn, aber sich selbst nicht grundsätzlich als Gewinnerin.

Ich musste mir alles erkämpfen, was ich wollte. Ob es mein neuer Beruf, oder meine Lebenssituation war. Es wurde mir nichts mehr in den Schoß gelegt, früher war es ja doch anders. Wie ich schon sagte, da hattest du nach dem Studium deinen Arbeitsplatz, der wurde dir zwar nicht in den Schoß gelegt, aber er war dir garantiert. Insofern hatten wir es etwas leichter, aber das Eingeschlossensein ... Ob es das alles aufwiegt, weiß ich nicht.

Bis heute unterrichtet Ellen Sanow Klavier, Akkordeon, Gitarre und andere Instrumente in ihrem Haus in Cronschwitz.

Interview geführt und bearbeitet von Carolin Mittenentzwei

„Ich wollte lange Zeit die DDR, aber eine bessere."
Wolfgang Höwing

Als wir in der DDR lebten, haben wir bestimmte Gegebenheiten nicht hinterfragt. Man hat das alles einfach hingenommen. Wir waren wie Fische im Aquarium, die nichts anderes kannten und deswegen zufrieden waren. Doch Kolumbien war außerhalb des Aquariums. Das war eine andere Welt. In dieser Welt sahen wir auch unser Aquarium DDR mit ganz anderen Augen.

Wolfgang Höwing wurde 1938 in Ost-Brandenburg (heutiges Polen) geboren. Er wuchs bei der Familie seiner Tante auf. Onkel und Tante, beide ungelernte Landarbeiter, wurden für ihn Mutter und Vater. 1945 musste die Familie nach Brandenburg umsiedeln.

Hier bin ich das zweite Mal eingeschult worden. Das erste Mal war bereits während des Krieges. Mein Vater hat immer gesagt, ich solle es mal besser haben. Damit meinte er vor allem, dass ich die schulischen Möglichkeiten wahrnehmen sollte. Ich habe also in meinem Dorf die Einklassenschule besucht, in der sämtliche Jahrgänge gemeinsam saßen. Von der ersten bis zur vierten Klasse. Danach ging ich auf die weiter entfernte Zentralschule.

Dort habe ich den Abschluss in der achten Klasse gemacht. Anschließend war empfohlen worden, dass ich die Oberschule in unserer Kreisstadt besuchen solle. Die tägliche Fahrt zu dieser Schule wäre aber sehr umständlich gewesen. In einer ganz schön weit von uns entfernten Stadt wurde eine Mittelschule aufgemacht, mit einem Internat. Dort legte ich dann die Mittlere Reife ab. Die Erweiterte Oberschule besuchte ich nachher in Angermünde. Hier machte ich 1957 das Abitur.

Während meiner gesamten Schulzeit habe ich nebenbei gearbeitet. Mein Vater kam als Invalide aus dem Krieg. Ich musste also im Sommer bei der Ernte mitarbeiten, um ein bisschen Geld zu verdienen, damit wir Kleidung kaufen konnten.

Als Wolfgang Höwing 18 Jahre alt war, trat er in die SED ein.

Ich muss dazu sagen, ich bin nicht in die SED gegangen, weil ich mir irgendwelche Vorteile erhofft hatte. Sondern ich bin aus Überzeugung eingetreten. Bei dieser Entscheidung hatte ganz bestimmt auch ein Lehrer seinen Anteil, den ich sehr verehrt habe. Aber es war bei mir auch so, dass ich von der Herkunft meiner Eltern wusste und ich wusste, wie diese früher gelebt haben. Mir wurde bereits während der Schulzeit bewusst, dass mir im Unterschied zu meinen Eltern, also zumindest was den Bildungsweg angeht, alles offen steht. Deswegen fand ich diese Ordnung, in der wir damals in der DDR gelebt haben, gut. Ich wollte helfen, diese gute Ordnung mitzugestalten. Daher war ich weitestgehend überzeugt von dieser Politik. Vor allem war ich von der Theorie des Marxismus überzeugt.

1957 kehrte Wolfgang Höwing seiner brandenburgischen Heimat den Rücken und ging zum Studium der Rechtswissenschaft nach Jena.

Dann war die Frage, ob studieren? Natürlich! Mir saß ja immer der Wunsch meines Vaters im Nacken, ich solle es einmal besser haben als er, als ungelernter Landarbeiter. Da hatten wir einen Verwandten. Dieser arbeitete im Außenministerium. Das ist natürlich irgendetwas Romantisches. Außenministerium. Außenpolitik machen. Ins Ausland und so weiter und dann habe ich mich für solch ein Studium beworben. Ich wurde aber nicht angenommen, weil in dem Jahr keine Studenten immatrikuliert worden sind. Doch mir wurde empfohlen zu warten oder Geschichte zu studieren oder Jura, und da habe ich Jura studiert. Hier in Jena.

Jetzt bin ich also beim Studium, das ich erfolgreich als Jurist abgeschlossen habe. Dann gab es in meinem Leben einen mächtigen Knick oder eine mächtige Wandlung, da ich nicht so recht wusste, was ich mit diesem Abschluss anfangen wollte. In der Zwischenzeit lernte ich meine Frau kennen und wir heirateten. Nach dem Studium stand die Frage nach dem weiteren Berufsweg im Raum: Was mache ich jetzt? Wo gehe ich hin? Ich war als Jurist mehr theoretisch als praktisch orientiert. Also Richter wollte ich auf keinen Fall werden.

Wolfgang Höwing entschied sich aus privaten Gründen dafür, weiter an der Friedrich-Schiller-Universität zu bleiben. Seine Familie fühlte sich in Jena wohl. Er wollte an der Philosophischen Fakultät weiter im Bereich der Rechtsphilosophie forschen. Doch in diesem Forschungsfeld waren keine Kapazitäten frei. So nahm er das Angebot der Universität an, in der Sektion Marxismus/Leninismus (ML)[26], im Bereich der Philosophie der Naturwissenschaften, zu promovieren.

Im Bereich ML wurde eine Arbeitsgruppe für die Philosophie der Naturwissenschaften aufgebaut. Da es aus privaten Gründen mein Hauptanliegen war, in Jena zu bleiben, habe ich mir gesagt, na ja gut, das mache ich auch. Dann ging meine wissenschaftliche Laufbahn los.

Mein Doktorvater schickte mich los, um mich um ein Dissertationsthema zu kümmern. Ich habe also eins gewählt. Das war sehr reizvoll: „Zum Verhältnis von Struktur und Funktion unter Berücksichtigung biologischer und medizinischer Probleme". Ich habe fleißig gearbeitet und nach vier Jahren war die Arbeit fertig. Nach vier Jahren war ich promoviert.

1967 wurde Wolfgang Höwing als FDJ-Sekretär der Friedrich-Schiller-Universität Jena eingesetzt. Hier begann seine politische Arbeit.

Die SED stellte fest, dass ich einen viel zu glatten Lebensweg hatte. Als ich zur Schule ging, als ich studiert habe, war ich sozusagen ein Elitekandidat deshalb, weil ich zu DDR-Zeiten Arbeiter- und Bauernkind war. Es war eben ganz toll, dass ich das mit der Schule und dem Studium so gemacht habe, weil meine Eltern ungelernte Landarbeiter waren. Und ich war nun in der Zwischenzeit Doktor der Philosophie. Bis dahin war alles ganz prima. Dann hat man aber festgestellt, dass mit mir irgendetwas passieren muss. Die Partei war der Auffassung, dass ich keine Lebenserfahrung hatte. Das war ärgerlich. Weil ich doch in der Jugendzeit jeden Sommer in den Ferien gearbeitet habe – auf dem Dorf, in der Landwirtschaft. Es war ein bisschen unfair, mir das vorzuwerfen. Auf jeden Fall musste ich irgendetwas Praktisches machen.

---

26 Als Marxismus-Leninismus (ML) werden die von Karl Marx, Friedrich Engels und Wladimir I. Lenin begründeten Lehren bezeichnet. In der DDR war der Marxismus-Leninismus die allein gültige Staatsideologie. An den Universitäten war ML für alle Studenten Pflichtfach.

Wer schon akademisch ausgebildet war, der musste meist in die Verwaltung oder in die Parteibürokratie. Da bin ich dann auch gelandet. Ich wurde dazu verdonnert, zwei Jahre FDJ-Sekretär an der Uni zu sein. Nach den zwei Jahren wollte ich wieder zurück in meine berufliche Tätigkeit. Ich wollte kein Funktionär sein, kein Funktionär werden. Ich war es ja zum Glück nur zwei Jahre. Die Arbeit als FDJ-Sekretär mit den Studenten hat Spaß gemacht. Aber der Umgang mit den übergeordneten Organisationen war höchst ungemütlich. Da habe ich viele Federn gelassen, obwohl ich kein Querulant war. Ich bin schon angeeckt, habe etliche Canossagänge mitmachen müssen.

Wolfgang Höwing kehrte in den Wissenschaftlerkreis in der Sektion ML zurück. Hier habilitierte er sich 1977. 1978 wurde er zum Professor ernannt. 1980 übernahm Höwing für ein Jahr eine Gastprofessur an der Universität von Havanna in Kuba. Ein zweiter Auslandsaufenthalt sollte bald folgen.

1984 wurde ich eingeladen, ins Ministerium zu kommen. Dort wurde mir nahe gelegt, für drei Jahre eine Gastprofessur in Kolumbien anzunehmen. An einer Privatuniversität. Diesmal war es angenehm, da meine Frau mit konnte. Wir waren dann drei Jahre in Bogotá.

Da fand an einer Universität für Naturwissenschaftler und Technikwissenschaftler ein Fortbildungskurs auf dem Gebiet der Philosophie statt. Ich habe Erkenntnis- und Wissenschaftstheorie gelehrt. Es war eine schöne Zeit. Wir haben sehr viel gelernt. Ich muss dazu sagen, sehr viel gelernt, nicht nur was Lateinamerika angeht, sondern auch sehr viel gelernt, was wir an der DDR haben und was wir nicht haben. Zum ersten Mal spürten wir, wo die DDR wurmstichig ist, was nicht hinhauen kann. Wir haben in Kolumbien den ganzen Unwillen zunehmend wahrgenommen. Da haben wir uns schon ganz heftig geärgert! Wir lasen ja Zeitung aus der DDR in Kolumbien. Die kam zwar später dort an, denn über Post durfte ja nichts gehen. Es wurde alles von Kurieren aus der DDR gebracht. Das kam alles immer später. Radio und Fernsehen aus der DDR gab es natürlich nicht. Aber ich erinnere mich, es kamen oft nette Dienstreisende. Dienstreisende waren welche, die im Auftrag von Carl Zeiss Jena oder irgendwelcher Firmen reisten. Ich erinnere mich, dass wir oft gesagt haben, wenn wir mit einem zusammen saßen, was macht ihr denn zu Hause? Das ist doch unmöglich! In Kolumbien haben wir uns auch Gorbatschows Perestroika in Spanisch gekauft. Denn es war unmöglich, das Buch aus der DDR zu bekommen. Ich war natürlich begeistert! Und dann sagt Kurt Hager in der DDR über das Buch: „Damit kann man sich das Zimmer tapezieren!"[27] Das ist auch solch ein Beispiel, bei dem wir unter anderem zu den Dienstreisenden gesagt haben, was soll denn das! Das ist doch respektlos! Ich habe zunehmend ein differenziertes Verhältnis gehabt. Daher habe ich auch von der SED-Parteileitung ein politisch kritisches Urteil bekommen: Politisch nicht ganz einwandfrei!

Außerhalb seiner Heimat war Wolfgang Höwing besonders sensibel für die „Schieflage" zu Hause. In diesen drei Jahren Südamerika veränderte sich sein Blick auf die DDR-Politik. Probleme und Defizite wurden intensiver wahrgenommen.

Ich habe die Schwachstellen durch viele Kleinigkeiten wahrgenommen. Die setzten sich mosaikartig zusammen. Ich kann jetzt nicht sagen, in der oder der Situation ist uns das Licht aufgegangen. Dieses Erkennen entstand durch die vielen klitzekleinen Erlebnisse von dort – außerhalb des Aquariums DDR. Dann guckt man auf die DDR, einschließlich der Information, die es von hier gab und dann kann man nur sagen: Das haut doch alles nicht hin! Man kann nur den Kopf schütteln. Was machen die denn da bloß? Das geht doch vor den Baum! Das Schlimmste dabei war ja immer die Reaktion in der DDR und der Führung darauf. Da wurde nicht zugehört, da wurde nichts zugegeben. Das Gegenteil passierte: Die DDR-Führung hielt immer dagegen.

Das war mehr und mehr reines Administrieren! Vor allen Dingen von der Verwaltung! Es reihten sich da viele alltägliche Begebenheiten aneinander, die mir das bewusst machten. So fiel uns nach unserer Rückkehr zunehmend die Verkaufskultur in der DDR negativ auf! Ich weiß noch, wo meine Frau ausgerastet ist im Sommer. Da wollten wir irgendetwas auf dem Markt kaufen. Meine Frau fragte die Verkäuferin, ob diese nicht eine Tüte oder ähnliches hätte. Die Verkäuferin sagte nur patzig: „Nee! Haben Sie denn nicht eine Zei-

---

27 Kurt Hager, der damalige SED-Kulturchef, sagte tatsächlich: „Würden Sie, wenn Ihr Nachbar seine Wohnung neu tapeziert, sich verpflichtet fühlen, ebenfalls neu zu tapezieren?".

Wolfgang Höwing

tung oder irgendetwas?" Das ist auch die DDR gewesen. Es gab natürlich auch freundliche Verkäuferinnen. Ich will das ja gar nicht generalisieren. Aber nur zur Unterstreichung meines Gedankens. Unfreundlichkeit, kein Service und Administrieren! Das war zunehmend die DDR.

Wolfgang Höwing wurde nach seiner Rückkehr Prorektor für Ausbildung und Erziehung an der Friedrich-Schiller-Universität in Jena und erlebte in dieser Funktion die Wende.

Zwei Tage nach der Ankunft wurde ich in die Uni bestellt. Dort wurde mir vom Prorektor und vom Parteisekretär gesagt, dass ich jetzt lange genug unter Palmen gelegen hätte und dass ich endlich mal eine Funktion an der Universität übernehmen solle. Ich sollte entweder Gewerkschaftsvorsitzender oder Prorektor werden. Da habe ich entschieden, dass, wenn ich eine von diesen Funktionen übernehmen muss, so werde ich Prorektor. Allerdings habe ich gesagt, dass ich das während meines Urlaubs überlege. Jetzt mache ich erstmal Urlaub! Da gab es natürlich Ärger. Denn wenn einem so etwas angetragen wird, dann braucht man nicht im Urlaub groß darüber nachzudenken. Da hat man Ja zu sagen. Das verlangt allein schon die Parteidisziplin. Nun war ich Prorektor. Dann kam die Wende.

Ich bin nicht demonstrieren gegangen! Meine ganze Familie ging nicht auf die Straße! Ich habe meinen ganzen Ehrgeiz darin gelegt, dass wir andere Verhältnisse an der Universität schaffen. Ich hatte von früh bis abends zu tun. Es war in unserer Familie durchaus Zorn und Unmut über die Gesellschaftsverhältnisse vorhanden, aber wir zeigten es nicht nach außen. An diesem Abend, an dem die Mauer fiel, waren wir hier im Haus. Ich hatte in der Woche Urlaub. Wir haben den Dachboden ausgebaut. Der Handwerker, der uns helfen sollte, hatte uns verlassen. Der kam nämlich nicht mehr, weil er annahm, wir würden mit Dollar bezahlen, denn wir waren ja nun vorher gerade aus Kolumbien gekommen. Wir hatten aber keine Dollar und nun kam der nicht mehr und das Dach war offen!

Da bin ich in die Uni gegangen und habe erzählt: „Ich brauche eine Woche Urlaub." Wir mussten ja das Dach zumachen. Meine Frau hat dann auch Urlaub gemacht und gemeinsam haben wir am Haus gebastelt. Deswegen heißt das Zimmer da oben auch unser Wendezimmer! Wir haben den ganzen Tag gebaut. Abends haben wir dann Abendbrot gegessen. Dabei hatten wir den Fernseher an. Da war dann diese ominöse Pressekonferenz und dann gingen die alle rüber. Wir haben nur staunend vor dem Fernseher gesessen. So haben wir die Wende, also den Tag des Mauerfalls erlebt.

An der Universität beteiligte sich Wolfgang Höwing aktiv an der Erneuerung der Leitungsstrukturen.

Es wurden wieder Fakultäten gebildet; Senat und Rektor wurden neu gewählt. Wir wollten klare, saubere, durchsichtige Verhältnisse. Richtige Demokratie, wo Mehrheiten bestimmen. Ich habe mit meinen Sekretären nächtelang gesessen, in denen wir uns Statuten ausgedacht haben. Auf die Schnelle hat man die auch nicht aus Westdeutschland gehabt. Außerdem lag uns das Abschreiben sowieso nicht. Wir wollten etwas Eigenes machen. Das musste alles ordentlich sein. Es war schon alles sehr turbulent. Dann wurden zwei Prorektoren entlassen und 1989 war ich amtierender Erster Prorektor. Da war ich verantwortlich für die Finanzen, Material und Personal. Als Prorektor erhielt ich aber viele, viele Anfeindungen: Ich wäre ein Roter und ähnliches. Aber nichts Konkretes. Mir war nichts vorzuwerfen. Ich kannte alle brenzligen Situationen, die ich durchmachen musste. Aber die Anfeindungen waren sehr heftig. Es machte keinen Spaß mehr. Vor allen Dingen musste ich sehen, wo ich beruflich bleibe. Ich war damals 54 oder 55 Jahre alt. Ich konnte nicht ständig gegen irgendwelche Heckenschützen kämpfen, die anonym angerufen und an den Rektor Briefe geschrieben haben ohne Unterschrift. Da habe ich mich gefragt, warum ich mich so rumärgern muss. In der Zwischenzeit schwimmen mir beruflich sämtliche Felle davon. So habe ich dann von mir aus meinen Rücktritt angeboten. Ich bin nicht abgewählt worden, sondern ich habe dem Rektor gesagt, solange ich da wäre, würden die Anfeindungen nicht aufhören. Ich belastete ihn und die Universität nur. Ich bat um Rücktritt.

Nach seinem Rücktritt arbeitete Wolfgang Höwing wieder als Wissenschaftler am Philosophischen Institut. Doch die Umstrukturierung der Universität sollte ihn ein zweites Mal beruflich treffen.

Ich bekam einen Brief, dass das Philosophische Institut geschlossen wird. Geschlossen zum 1. Januar 1991 oder 1992. Ich weiß es nicht mehr ganz genau. Es gab keine Arbeit mehr. Ich bin aber trotzdem hingegangen. Das, was nun geschah, war dermaßen hinterhältig. Ich bekam einen Brief, in dem es ein gesondertes Blatt, d.h. einen zweiten Brief gab. Im ersten Brief stand, dass die Landesregierung meine Einrichtung nicht übernommen habe. Deshalb laufe mein Arbeitsverhältnis aus. Das war insofern hinterhältig, weil meine Einrichtung die Friedrich-Schiller-Universität gewesen ist und die wurde übernommen. Das hat mit dem Philosophischen Institut überhaupt nichts zu tun. Dann lag ein zweiter Zettel dabei, dass ich mit der vorläufigen Wahrnehmung meiner bisherigen Hochschullehrerstelle beauftragt werde. Das Irrwitzige daran ist, die Hochschullehrerstelle war an einer Einrichtung, die von der Landesregierung nicht übernommen wurde. Damit sollte die Landesregierung die Möglichkeit haben, die Eignung zu prüfen. Das ist verständlich. Das war auch meiner Meinung nach in Ordnung. Ich habe mir auch keine Sorgen gemacht, meine Eignung überprüfen zu lassen. Denn ich hatte in der Zwischenzeit, als Prorektor, mitbekommen, dass die aus Westdeutschland drängen, dass eine Evaluation stattfindet: Wer nicht wissenschaftlich und menschlich überprüft ist, vor allen Dingen dessen wissenschaftliche Eignung, der wird nicht in die neue Universität übernommen. Bevor es dazu kam, habe ich meine wissenschaftlichen Arbeiten vervielfältigt und zwei Pakete gemacht. Ich habe aus westdeutschen Hochschulführern zwei oder drei Lehrstühle herausgesucht und deren Inhaber. Der eine hat sich geziert. Somit habe ich den anderen beiden alles geschickt. Im Anschreiben habe ich sie darüber unterrichtet, dass ich mich in ihre Hände begebe. Ich hoffe sehr, dass sie sachlich urteilen. Das Ergebnis würden sie entscheiden, es möge aber bitte sachlich sein.

Wolfgang Höwing sah dieser Überprüfung seiner wissenschaftlichen Leistung sicher entgegen. Doch die für ihn beruflich größte Enttäuschung sollte folgen.

Die zwei Gutachten waren ausnehmend positiv. Es wurde dem Rektor empfohlen, mich weiter zu beschäftigen. Da ich das hatte, habe ich mir eigentlich eingebildet, dass die Evaluierung stattfinden könnte. Nach einiger Zeit wollte ich aber wissen, was aus meiner Evaluierung geworden ist. Ich bekam die Mitteilung, dass sich die Landesregierung doch dazu entschlossen hat, die Stellen durch Neubewerbungen wieder zu vergeben. Nun hatte ich schon keine Lust mehr. Der Abgang von der Universität stand dann fest. Ich bin sozusagen anlässlich meines 30-jährigen Dienstjubiläums rausgeflogen. Aber ich wollte es nun darauf ankommen lassen. Ich habe mich doch beworben. Das Merkwürdige war, dass ich anderthalb Jahre nach meiner Bewerbung eine Mitteilung bekommen habe, dass ich nicht in Frage komme. Somit war ich am 31. Oktober 1991 draußen. Ich war arbeitslos. Dann folgte der Gang zum Arbeitsamt. Die Bundesanstalt für Arbeit richtete einen Fortbildungskurs ein: Die Fortbildungsakademie der Wirtschaft. Dabei sollten innerhalb eines Jahres führende Leute aus der DDR durch Managementfähigkeiten rundum erneuert werden.

Durch diese neuen Kenntnisse und Fähigkeiten sollten wir dann im neuen Deutschland neue Positionen einnehmen können. Das waren alles ökonomische Leute. Die meisten waren von Carl Zeiss Jena oder Schott. Ich habe mich schon gefragt, was ich dort drinnen als Geisteswissenschaftler soll. Ich dachte, das wird doch nie etwas. Aber der Vermittler vom Arbeitsamt verpflichtete mich, dort teilzunehmen. Unsere Dozenten waren hoch qualifizierte Leute aus dem Westen. Damit möchte ich nichts gegen DDR-Leute sagen. Aber Managementkenntnisse, Psychologie der Personalführung und ähnliches waren in der DDR nicht gerade unsere Stärken. Ich habe dort wahnsinnig viel gelernt. Es war fantastisch, obwohl ich mich sehr quälen musste. Besonders Betriebswirtschaft und Volkswirtschaft fielen mir schwer. In der Zwischenzeit habe ich Bewerbungen geschrieben.

Die 169. Bewerbung schließlich hatte Erfolg und brachte den Abschied vom wissenschaftlichen Leben.

Beim Suchdienst Hamburg des Deutschen Roten Kreuzes wurde ich Leiter der Abteilung Familienzusammenführung. Warum die mich genommen haben, weiß ich nicht, das hat der Chef mir nie verraten. Ihn schienen nur meine Kenntnisse und Fähigkeiten zu interessieren. Vor allen Dingen waren meine Kenntnisse über Osteuropa wohl ein Gesichtspunkt. Da ich ein Jahr in Kiew studiert hatte, kannte ich die Sowjetunion. Außerdem war ich sehr oft in Rumänien, Ungarn und in anderen osteuropäischen Ländern. Die Abteilung Familienzusammenführung hat vor allen Dingen mit Deutschen aus Russland, Rumänien und Kasachstan zu tun. Da waren meine Kenntnisse natürlich von Vorteil, das habe ich schon gemerkt. Ich kannte die Lebensumstände dort. Ich habe in Hamburg eine sehr große Abteilung gehabt. Wir haben mit 160 Leuten angefangen. Es wurde dann immer weiter zusammen gespart. Natürlich hatte ich anfangs Bedenken, ob die mit mir, mit einem aus dem Osten klarkommen und ob ich mit der Mentalität zurechtkomme.

Denn es gab schon bestimmte Dinge in der DDR, die es im Westen nicht gab.

Zum Beispiel spricht man in der West-Öffentlichkeit nicht über Gehälter und Leistungszulagen. Das sind so kleine Dinge, mit denen man aber Porzellan zerschlagen kann. Ich hatte Sorgen, ob ich damit zurechtkomme. Ich kam blendend zurecht. Ich könnte Ihnen meine

Abschiedsmappe holen, die mir meine Leute gemacht haben, als ich in den Ruhestand gegangen bin. Da können einem die Tränen kommen. Ich war wirklich angesehen. Es hat mir auch einen wahnsinnigen Spaß gemacht. Die Arbeit war klasse und der Umgang mit meinen Leuten war klasse. Es war sehr schön. Wir haben zehn fantastische Jahre in Hamburg verbracht. Unheimlich ausgefüllt und wir sagen beide manchmal, das hätten wir doch schon früher machen sollen. So befriedigend war das.

Nach zehn Jahren kehrten Wolfgang Höwing und seine Frau als Rentner 2003 wieder nach Jena zurück. Hier genießen beide ihren Ruhestand.

Als ich 64 ½ war, habe ich gekündigt. Ich habe zwei Arbeitsstellen in meinem Leben gehabt. Aus einer wurde ich rausgedrängelt und bei der zweiten Arbeitsstelle habe ich selbst entschieden, wann ich gehe. Da lass ich mich nicht wieder herausdrängeln, und wenn es nur der Grund ist, dass man mit 65 Jahren gehen muss. Nun sind wir hier, sind Rentner und total zufrieden. Vor allen Dingen völlig ausgebucht. Rentner haben niemals Zeit. Ein erfülltes Leben also.

Nach dieser persönlichen Sicht auf sein Leben zieht Wolfgang Höwing noch einmal eine politische Bilanz.

Ich war nicht von „jedem Quark", den wir in der DDR gemacht haben, begeistert. Nun bin ich allerdings auch nicht auf den Markt gegangen und habe ein Schild hochgehalten mit irgendeiner Losung. Ich wollte lange Zeit die DDR, aber eine bessere.
Natürlich ist ein grausamer „Murks" gemacht worden. So musste ich meinen Studenten erklären, warum es eine Zeit lang kein Toilettenpapier gab. Rechtfertigen Sie mal, dass es kein Toilettenpapier gibt. Da gibt es nichts, aber auch gar nichts, zu rechtfertigen! Oder etwas anderes: Warum konnte man nicht nach Westdeutschland fahren? Warum nicht? Was soll man daran rechtfertigen? Wir haben Angst gehabt, die Menschen hauen ab.
Ich bin aber mit der Entwicklung der neuen Bundesländer seit der Wende heute eher zufrieden! Es hat sich vieles zum Positiven gewandelt. Wir brauchen uns ja nur umzugucken: Wenn man sich

ansieht, was in der Zeit an Infrastruktur, an Straßen, Licht, Gas, Abwasser gemacht wurde, muss man sagen, das wäre alles unter DDR-Bedingungen irgendwann zusammengebrochen. Das hätte eine Katastrophe gegeben. Wir hätten kein Wasser mehr gekriegt, weil die Leitungen nicht mehr funktionieren. Es gibt allerdings Dinge, die das Leben noch angenehmer machen könnten, wenn sie aus der DDR erhalten worden wären. Damit meine ich zum Beispiel die viel gerügten Ärztehäuser, die ja nun so langsam wieder erfunden werden. In der DDR waren das die Polikliniken. Ebenso die Kindereinrichtungen und die Kinderbetreuung. Deswegen mache ich den Politikern den Vorwurf, sowohl den ost- als auch den westdeutschen, dass nicht sorgfältig genug geprüft worden ist: Was ist erhaltenswert aus der DDR und was nicht! Es ist alles auf den Müll gehauen worden! Besonders erschreckend ist, wie viel menschliche Intelligenz weggekippt wurde, nicht nur von Universitäten, sondern auch aus der Wirtschaft.

Interview geführt und bearbeitet von Marleen Poenicke

„Eine Art Opposition"
Baldur Schlegel

Aufgrund des frühen Todes meines Vaters mit 37 Jahren, ich war gerade erst fünf Jahre alt, und eben dieser Vorgeschichte mit Bautzen, hat meine Mutter mir immer gesagt: „Benimm dich, dass du nie aus der Reihe fällst! Nie auffällst! Und du musst immer daran denken, dein Vater war eben acht Jahre in Bautzen!" Und dadurch sind wir als Familie irgendwo in der DDR gekennzeichnet gewesen. Und ich sollte eben politisch keinerlei Seitenschritte machen und so weiter, eben absolut nicht auffallen!

Baldur Schlegel wurde am 10. Mai 1956 in Saalfeld/Saale als Sohn einer Gastwirtin und eines Industriekaufmannes geboren. Außer der sozialistischen Jugendweihe erhielt er im Frühjahr 1970 auch die Konfirmation. Baldur Schlegel schloss 1975 eine Lehre als Elektroinstallateur ab. Im Jahr 1983 heiratete er die Wolgadeutsche Maria Schmidt, die er auf einer Reise in Alma-Ata kennengelernt hatte. Sie brachte einen Sohn - Valentin - mit in die Ehe und 1985 wurde die gemeinsame Tochter Nina geboren. Ab dem Jahr 1992 betrieb er zusammen mit seiner Frau die Gastwirtschaft im Dorf Unterloquitz, die er von seiner Mutter 1990 geerbt hatte. Allerdings mussten sie im Jahr 2001 Insolvenz beantragen. Seither arbeitet er wieder auf Montage in seinem früheren Beruf. Bis 1990 war Baldur Schlegel Mitglied der Ost-CDU, bis heute ist er aktiv im Kirchenältestenrat seiner Gemeinde tätig.

Mein Vater war acht Jahre von 1946 bis 1954 in Bautzen unschuldig eingesperrt worden. Dies wusste zu DDR-Zeiten niemand, beziehungsweise konnte es niemand erfahren. Mein Vater sprach nicht über diese Zeit. Selbst meine Mutter hatte da nur ganz geringfügige Kenntnisse, da die Gefangenen zum Schweigen über diese Zeit verpflichtet worden sind. In allem, was ich im Nachgang nach 1990 an Papieren besorgen konnte und von den Behörden bekommen habe, war auch ersichtlich: Diese Jahre sind selbst aus dem Arbeitsbuch meines Vaters gestrichen worden oder im FDGB-Buch – im Gewerkschaftsbuch – nirgendwo tauchte diese Haft auf. Also konnte er niemals nachweisen, wo er die acht Jahre überhaupt zugebracht hat, wo er war. Das ist eben gezielt und bewusst verschleiert worden.

Ich wusste einfach nur: Mein Vater war im Gefängnis. Als ich gerade fünf Jahre alt war, hat der Vater meiner Mutter mir gesagt: „Mein Junge, ich will Dich mal aufklären, was Dein Vater für ein Verbrecher, für ein Lump und für ein Tagedieb war!" Genau diese Worte! Und das war zu Weihnachten 1961, kurz nachdem mein Vater gestorben war. Diese Worte werden mich bis zu meinem letzten Atemzug begleiten.

Meine Mutter hat versucht, mir den Vater zu ersetzen, was schlecht möglich war. Der Staat selber hatte es bis 1971 nicht fertiggebracht, meine Mutter finanziell zu unterstützen, in Bezug auf eine Halbwaisenrente für mich. Die habe ich erst Ende 1971 bis 1972 in der Schule selbst ausbezahlt bekommen. Da gab es jeden Monat im Direktorat 50 Mark. Dafür musste ich quittieren und habe die 50 Mark als Halbwaisenrente bekommen. Sonst gab es über die Zeit von 1961 bis 1971 keinerlei Unterstützung.

Mit 19 Jahren trat Baldur Schlegel in die CDU ein. Er schildert dies als Reaktion auf das Schicksal seines Vaters.

Ich wusste zwar, der Vater war in Bautzen. Doch muss ich wirklich sagen, dass ein Kind niemals denkt, dass die Eltern irgendetwas Böses machen. Und da ist für mich als Kind so eine Art Opposition - schon als kleiner Schüler - entstanden. Ich habe gesagt: Wenn niemand sagt, dass er irgendetwas getan hat und zu Recht dort war, dann ist doch daran zu zweifeln! Also dieser Gedanke ist in mir gewachsen. Und hat mich natürlich geprägt und hat auch dann einen Oppositionscharakter geprägt und mich auch veranlasst zu sagen - gezielt: Du gehst in die CDU!

Die SED-Genossen, hier speziell noch auf dem Dorf, haben uns nicht nur als Kritiker, sondern auch als Bösewichte angesehen. Aber wir waren eigentlich nur im Interesse der Gemeinde tätig. Veränderungen wollten wir bewirken. Wir waren eine relativ große Gruppe, über zwanzig Mann – 1975. Es war eine tolle Zeit, muss man schon sagen.

Wir als CDU mussten auch praktisch auf Wahllisten erscheinen. Und es waren insgesamt drei Mitglieder der CDU dort zu finden. Es waren, außer zwei Leuten der Bauernpartei, nur Genossen im Gemeinderat. Da war das schon ein gewichtiger Gegenpol. Obwohl diese Genossen, muss ich auch sagen, nicht in erster Linie als Parteimitglieder den Gemeinderat gebildet haben, sondern schon als Einwohner des Ortes und Mitglieder der Dorfgemeinschaft. Wir haben konstruktive Einwände angebracht, die registriert worden sind. Aber diese sind immer ein bissel skeptisch begutachtet worden. Wir haben aber auch viele Dinge gemacht, die uns gelungen sind. Zum Beispiel waren unser CDU-Ortsgruppenchef und ich am Wasserleitungsbau beteiligt. Wir haben über zwei Jahre Wasserleitungen hier im Ort gebaut. Dazu war die damalige Wasserwirtschaft im Kreis nicht in der Lage. Da haben wir das dann in eigener Regie – die Gelder sind vom Staat gekommen – gemacht. Oder zum Beispiel waren wir als CDU auch massiv am Antennenbau beteiligt. Damit der Fernsehempfang in unserer Tallage gewährleistet wird, natürlich auch Fernsehempfang aus der Bundesrepublik. Ich habe mich dann speziell noch 1989 um einen letzten Ortsstreifen, der ohne Straßenbeleuchtung war, gekümmert. Also, wir haben da schon eigentlich insgesamt alle an den Ort gedacht und etwas dafür getan, wenn es auch schwierig war - wir haben es probiert. Und 1983 ist hier die Schule entstanden, die ja nach der Wende vor vier Jahren weggerissen worden ist. Die alten Schulgebäude sollten dann für die Gemeinde genutzt werden. Und da haben wir uns auch eingesetzt und dort Arbeitsleistung und Stunden erbracht. Da haben wir eben gezeigt, dass auch wir als CDU-Mitglieder wollen, dass es im Dorf irgendwo wieder vorwärts geht – speziell wir wollen das. Als Opposition aber haben wir zum Beispiel uns als Ortsgruppe beim Gerald Götting, dem Vorsitzenden der DDR-CDU, gegen den Wehrunterricht beschwert. Der ist 1978 eingeführt worden. Wir wissen zwar nicht, ob der Brief angekommen ist, aber das ist auf alle Fälle schriftlich verfasst und weitergegeben worden.

Im Dezember 1989, als ich mit meiner Frau für zwei Tage bei der Tante in Heppenheim zu Besuch war, habe ich dort in der Zeitung gelesen, dass der CDU-Vorsitzende Gerald Götting sich 120.000 oder 130.000 Mark irgendwie persönlich angeeignet hat. Es war auch eine Briefmarkensammlung darunter, die ausgewiesenen Familien weggenommen worden ist. Damit war für mich schlagartig eine Welt zusammengebrochen. Ich erkannte, dass die CDU doch eine Art Splitterpartei der SED war. Das hatte ich nie so gewollt und deshalb bin ich im Frühjahr 1990 aus der CDU ausgetreten. Und bin danach auch, muss ich sagen, froh gewesen. Zu DDR-Zeiten habe ich mich eigentlich mit der Partei identifiziert. CDU – da habe ich doch nie gedacht, dass das doch mehr oder weniger nur ein Zweig der SED ist. Wir haben das im Ort anders gesehen und haben auch anders gehandelt.

In den 1980er-Jahren arbeitete Baldur Schlegel einige Zeit direkt im Sperrgebietsbereich und an den Grenzzäunen.

In Probstzella ist eine Art Niederlassung von den Saalfelder Elektroanlagen gegründet worden. Wir als Firma waren für die Errichtung und Unterhaltung der Anlagen direkt im Sperrgebietsraum, also im Grenzraum zuständig. Das heißt, wir mussten Reparaturen an den Türmen, an den Grenzwachtürmen durchführen, beziehungsweise Neuinstallationen vornehmen. Oder wir haben eben zum Beispiel zwei Jahre lang eine Grenzbeleuchtung gebaut. Auf die muss man zwar nicht stolz sein. Aber das war eben einfach unsere Arbeit, wir haben das getan. Wir waren zehn Kollegen in Probstzella. Von den zehn Kollegen war ich der einzige, der bis an den letzten Zaun durfte. Da ist ja auch noch nicht die Grenze - die Grenze ist ja – je nachdem – zwischen fünf Metern und fünfhundert Metern weiter im Hinterland verlaufen. Zumindest bin ich bis an diesen Metallzaun herangekommen. Die anderen Kollegen haben im Sperrgebietsbereich gewohnt und hatten offiziell keinerlei Verbindung zu irgendwelchen Verwandten, sonstigen Leuten aus der BRD. Ich wiederum hatte eine Patentante in der Bundesrepublik, deren Bruder und gute Bekannte meine Mutter und mich häufig besuchten. Wir hatten jedes Jahr, immer wieder, viele Besucher aus der BRD. Und ich war noch der Einzige, der ledig war, das muss man auch sagen! Das war den Leuten mit Sicherheit bekannt und trotzdem war ich der Einzige... Ich weiß nicht, ob das mit meiner beruflichen Qualifikation zusammenhing, dass ich bis dorthin gekommen bin.

Während der Arbeit an der Grenze wurde Baldur Schlegel Augenzeuge von zwei gescheiterten Fluchtversuchen.

Direkt vor meinen Augen haben zwei Mann praktisch versucht, die Grenze zu überschreiten. Sie sind in unserem unmittelbaren Arbeitsbereich angeschossen worden. Entsprechend wurden sie dann von dieser Stelle weggebracht. Und wir mussten dort alles schlagartig verlassen, damit wir nicht mitbekamen, wie diese Abläufe vonstatten gingen. Das Ganze wurde von den Behörden, beziehungsweise von den Grenzleuten untersucht, damit festgestellt werden konnte, wie viele Leute da unterwegs waren, wer, warum, wieso, weshalb. Beide Fälle waren Ende 1976. Der eine Mann ist inhaftiert worden und für eineinhalb Jahre ins Gefängnis gekommen. Also erst angeschossen worden. Der eine ist am Oberkörper angeschossen worden, der andere ins Bein getroffen worden. Der mit dem Bein war aus unserer Nähe – hier von Schweinbach. Der ist zu eineinhalb Jahren verurteilt worden und hat drei Jahre Kreisverbot bekommen. Nach wenigen Wochen, ich glaube so nach drei bis vier Monaten schon, ist er das erste Mal wieder in Probstzella gesehen worden. Und hat dann auch in Probstzella gelebt. Das heißt, der ist mit Sicherheit innerhalb von wenigen Tagen oder Wochen übergesprungen, ist praktisch auf die Staatssicherheitsseite gewechselt. Denn sonst wäre er niemals so schnell aus dem Gefängnis herausgekommen und noch dazu ins Sperrgebiet gezogen. Das war eigentlich unmöglich.

Und der andere war aus Sachsen. Da kann ich nichts dazu sagen. Das haben wir erst im Nachgang gehört, dass der aus Sachsen war und hier versucht hat die Grenze zu überschreiten. Solche Erlebnisse prägten mich auch in meiner Einstellung zum Staat.

Im Jahr 1983 verweigerte Baldur Schlegel den Dienst an der Waffe in der NVA.

Ich wurde mit 26 Jahren zur Nationalen Volksarmee einberufen. Da hatte ich schon zur Musterung verständlich gemacht, dass ich den Dienst mit der Waffe ablehnen werde. Ich hatte praktisch keine Möglichkeit, den Armeedienst insgesamt zu verweigern, das hätte definitiv Gefängnis bedeutet und der Preis war mir zu hoch. Also habe ich mich rechtlich kundig gemacht. Hatte ja den „Vorteil", dass ich an der Grenze gearbeitet habe. Dort habe ich mich in Diskussionen mit Soldaten, auch mit Offizieren kundig gemacht, was da möglich ist. Und daraufhin habe ich den Dienst mit der Waffe verweigert. Als ich nach Hagenow kam, sagte ich: „Das ist mir alles egal. Ihr könnt mir auch eine Waffe in die Hand geben, die werde ich aber niemals benutzen. Damit müsst ihr praktisch leben." Ich habe den Eid nicht ableisten müssen, habe keine Waffe in die Hand bekommen und habe eben dort nur Theorie und Fahrschulausbildung gemacht. Ich wurde dort eingesetzt als Fahrer und Fahrlehrer für Schützenpanzerwagen (SPWs). Speziell nannte sich das Hilfsfahrlehrer für Panzertechnik. Ich habe Waffentechnik durch die Gegend gefahren. Aber unmittelbar habe ich nie eine Waffe benutzt! Hätte sie auch nicht benutzt! Eben ganz frei oder unschuldig kann man sich da nicht sprechen, will ich aber auch nicht.

Die Ausbilder haben mich das im ersten halben Jahr massiv spüren lassen. Zum Beispiel gab es bei uns zwei Mal im halben Jahr Urlaub. Dieser war auf ein halbes Jahr im Voraus festgesetzt worden. Für die eineinhalb Jahre standen diese sechs Mal Urlaub ganz klar fest. Und der erste Urlaub war Weihnachten. Da war ganz klar, dass ich keinen Urlaub bekomme. Ein Drittel hat Urlaub bekommen, das andere Drittel - das zweite Drittel - hat Silvesterurlaub bekommen und das dritte Drittel dann im neuen Jahr. Ich war eben von vornherein bei dem dritten Drittel dabei. Das war mir auch klar. Es war so ausgelegt, dass es keinerlei Ausgang oder Ähnliches über diese Tage gab. Ich habe vom ersten Wochenende an schon den ersten Ausgang beantragt für den Ewigkeitssonntag, das heißt den Totensonntag Ende November. Der ist abgelehnt worden. Daraufhin habe ich sofort an Gerald Götting in Berlin geschrieben, den CDU-Vorsitzenden. Dort ist mir geantwortet worden, dass das eigentlich nicht sein kann und es solche Ablehnungen nicht geben darf laut Verfassung. Aber dann zu Weihnachten durfte ich am Heiligen Abend und am Silvesterabend jeweils in den Gottesdienst nach Hagenow. Und das ist mir auch sehr schwer gemacht worden. Aber ich wusste diese kleinen Spitzen und diese kleinen Dinge hinzunehmen und habe das eben durchgestanden. Ich hatte ja einfach das große Ziel: Wenn ich schon nicht zu Hause sein kann, dass ich wenigstens in Hagenow den Gottesdienst besuche. Und das ist mir dann zwar sehr widerwillig, aber es ist mir genehmigt worden. Ich habe da jeweils als einziger von mehreren tausend Soldaten Ausgang gehabt.

Bin in Hagenow, muss ich sagen, von den Bürgern – ich war ja von weitem durch die Uniform gekennzeichnet – sehr, sehr freundlich aufgenommen worden. Bin danach zum Essen eingeladen worden und habe das aber immer abgelehnt, um so schnell wie möglich in die Kaserne zurückzukommen. Eben zu zeigen, dass ich nicht aus irgendwelchen anderen Gründen, sondern nur deshalb zum Ausgang will: In den Gottesdienst. Auch Belehrungen, die vorher gelaufen sind, waren für mich kein Thema. Freilich waren das immer spezielle Belehrungen und auch noch mal Maßregelungen. Das ging

Familie Schlegel 1987.

bis zur letzten Sekunde, damit es ganz eng wird, in den Gottesdienst zu kommen. Aber funktioniert hat es ja am Ende dann doch!

Zum Schluss meiner Armeezeit bin ich sogar mehrfach von hochrangigen Offizieren angesprochen worden, die gesagt haben: „Mensch, solche Leute wie dich, die brauchen wir, die fehlen uns! Würdest du nicht länger bleiben wollen? Du kriegst mehr Geld und mehr Urlaub!" Das ist doch ein absoluter Wahnsinn! Wenn man sich überlegt, wie die Leute mich vorher behandelt hatten, weil ich den Dienst mit der Waffe verweigert habe, und dann nach anderthalb Jahren werben wollen für einen längeren Dienst. So ist diese Zeit der Armee gelaufen.

Ende der 1980er-Jahre war Baldur Schlegel mit seiner Familie sehr aktiv an den Friedensdemonstrationen im Kreis Saalfeld beteiligt.

Wir haben selbst jeden Tag zum Beispiel Kerzen in die Fenster gestellt, um unsere Denkweise im Sommer und Herbst 1989 zu zeigen. Alles sollte friedlich ablaufen. Es sollte nicht der Eindruck entstehen, wir wollten auch in Unterloquitz das Regime stürzen. Wir wollten einfach zeigen, dass es so nicht gehen kann. Die Probleme sollten nur im friedlichen Miteinander bewältigt werden. Später hörte ich von zwei Rentnern, die Mitglieder der Partei im Dorf waren, dass unsere Familie Thema in Parteiversammlungen war. Da wurde auch direkt gesagt: „Wenn der nicht bald das mit den Kerzen lässt, dann blasen wir ihm das Licht aus, dann sperren wir den ein."

Den Mauerfall selbst wollte ich nicht! Genau, wie wir – ich – damals eigentlich strikt dagegen war, als es zu den ersten Demos hieß: „Stasi raus!" und „Stasi in die Produktion!". Das war nie meins. Oder dann war ja ganz schnell: „Wir wollen ein Land sein!" und die „D-Mark muss her!" Meine Ziele waren das nicht. Mein Ziel war, dass sich die Politik in der DDR verändern muss, weil das so nicht weitergehen kann. Ich bin heute zwar dankbar, dass wir wieder ein Land sind und dass es vor allem friedlich, ohne Blutvergießen abgegangen ist. Aber damals habe ich das so nicht angestrebt. Und ich glaube auch, dass der Großteil der Leute, die bei uns zu den Demos mit waren, das auch nicht in dieser Form so schnell wollte. Die beiden Staaten sollten sich sicher annähern und auch irgendwann zusammen laufen. Aber dies sollte ein bisschen anders vonstatten gehen, als es eben gekommen ist.

An dem Abend, als diese Pressekonferenz war und die eigentliche Grenzöffnung von politischer Seite aus kundgetan wurde, saß ich gerade hier in der Gaststätte vor dem Fernseher. Ich habe dann am nächsten Tag direkt in Probstzella schon gemerkt, dass die Straßen verstopft waren. An dem darauf folgenden Wochenende habe ich das erstmals so richtig begriffen, dass die Grenze offen ist. Aber immer noch mit dem Gedanken: Das wird nur eine vorübergehende Lösung sein, das wird nicht eine Dauerlösung sein.

Ja, über die damaligen Flüchtlinge gibt es viele zweigeteilte Meinungen. Meine Meinung ist, wenn die Leute damals hier geblieben wären, wäre das sicher günstiger gewesen. Andererseits muss man natürlich auch wieder sagen, dass diese vielen Tausend Menschen es bewirkt haben, dass der Vorhang gefallen ist.

Die erste Fahrt in die alte Bundesrepublik mit der Ehefrau und der kleinen Tochter unternahm Baldur Schlegel im Dezember 1989. Das riesige Warenangebot war ein Schock für ihn.

Wir sind ja dann erst fast vier Wochen später rübergefahren. Das war in der ersten Dezemberwoche. Da sind meine Frau, die Nina und ich gefahren. Der Valentin musste in die Schule. Schule ist immer vorgegangen. Er war ja versorgt durch die Schwiegereltern, die seit kurzem bei uns wohnten. Und wir sind für zwei oder drei Tage nach Heppenheim gefahren. Ohne Voranmeldung. Wir hatten zwar Telefon, aber die telefonischen Verbindungen waren schwierig. Gespräche mussten immer langfristig beim Fernmeldeamt angemeldet werden, das hat Stunden gedauert. Dann musste ja auch der Teilnehmer am anderen Ende da sein. Das war alles viel zu schwierig. Briefe haben wir auch nicht geschrieben. Wir sind einfach hin. Die Tante hat sich riesig gefreut.

Wir haben bewusst keine Autobahn genutzt. Sind mit dem Lada nach Heppenheim gefahren. Meine persönlichen ersten Eindrücke, als wir dann ankamen und in die Supermärkte schauten – an den Fleischtheken, den Fischtheken – waren folgende: „Wie kann das nur gehen – so viel? Und was wird mit den ganzen Sachen? Da wird doch viel weggeworfen?! Es entsteht viel mehr Müll am Ende als Nutzen und muss das überhaupt so sein?" Und speziell hat es mich dann bei der Tante gewundert, dass es in der Wohnung relativ kühl war. Es war ja Jahreswende und Winter. Heute verstehe ich, warum: Weil ja auch damals für die Verhältnisse die Heizungspreise hoch waren. - Aber sie stehen in keiner Weise in Relation zu den heutigen. - Die Tante hat eben sparen müssen. Die Heizung ist da nur auf Minimalbetrieb gelaufen - es waren vielleicht so 18 Grad in der Wohnung. Und das war aber nicht nur bei ihr so. Das haben wir ja nicht gekannt in dieser Form. Weil hier in der DDR die Energiepreise sehr niedrig waren. Ging natürlich zu Lasten der Umwelt, dass mit Kohle geheizt worden ist. Es ist eben angenehm warm geheizt worden. Da ist nicht auf die Umwelt geachtet worden.

Als wir mit dem Lada zu der Tante unterwegs waren, hat uns da in so einer kurvenreichen Strecke jemand versucht zu überholen. Er gab ständig Lichthupe und alles. Und ich habe zu meiner Frau gesagt: „Guck doch mal! Irgendetwas stimmt nicht. Der zeigt immerzu was!" Ich dachte, es ist etwas mit dem Auto. Dann hat er doch überholt. Er fährt rechts ran und zeigt, wir sollen anhalten. Das haben wir auch gemacht. Er hat uns eine Flasche Sekt gegeben und gesagt: „Ich freue mich, dass ihr da seid!" So ein ganz wildfremder Mensch und ist einfach wieder weitergefahren. Ja, wir standen dort: Flasche Sekt in der Hand. Mund und Ohren offen. Und gar nicht begriffen, was jetzt hier eigentlich los war. Und das war ein sehr positives Erlebnis.

Wir hatten dann aber auch ein Dreivierteljahr später – also im Sommer 1990 – ein negatives Erlebnis: Wir waren wieder mit dem Lada unterwegs. Da wollten wir nach Coburg, um für den Valentin mal nach einem Anzug zu gucken. Der war für seine Konfirmation nötig. Bei uns im Saalfelder Raum haben wir für ihn definitiv nichts Ansprechendes gekriegt, weil er so groß ist. In Coburg hat uns direkt an einer Kreuzung ein Mann, Mitte 50, auf das Auto gespuckt: „Verpisst euch!" Das war die Kehrseite der ganzen Medaille.

Anfang 1990 beantragte Baldur Schlegel die Einsicht in die Stasi-Akten seines Vaters, seiner Mutter und auch für sich selbst.

Nach der Wende und nach dem Tod meiner Mutter – im Januar 1990 – habe ich mich dann sofort aufgemacht und habe die ersten Anträge auf Einsicht in die Stasiakten gestellt. Ab Februar 1990 waren Anträge möglich. Dann im Sommer bekam ich die ersten Absagen. Von mir liegen keine Unterlagen da. Obwohl ich mir das nicht so richtig vorstellen kann, gerade auf Grund der Waffenverweigerung beim Wehrdienst und der Arbeit im Grenzbereich. Ich glaube das nicht. Die Unterlagen meiner Eltern belegen - dass speziell der Vater zu Unrecht in Bautzen war. In diesen ganzen Jahren habe ich viele, viele Unterlagen in einem dicken Ordner gesammelt. Jetzt bin ich in der Lage, den Lebenslauf meines Vaters auf den Tag genau nachzuvollziehen. Es fehlt eigentlich keine Zeit - sein Armeedienst, alles was er gemacht hat, nach der Armee, Gefangenschaft, danach diese sieben Jahre Arbeitsleben noch. Ich habe jetzt alles vollständig zusammen. Und habe das auch die Kinder wissen lassen, damit das für das spätere Leben klar ist: So eine Ungerechtigkeit soll nicht vergessen werden! Und immer wieder soll erinnert werden, dass das die Folgen des Krieges waren. Man muss einfach daran arbeiten, dass so etwas in Deutschland nicht wieder vorkommt!

Heute arbeitet Baldur Schlegel wieder in seinem Beruf als Elektroinstallateur auf Montage.

Naja, ich arbeite ja nun heute in Hessen. Dort komme ich eigentlich gut bis sogar sehr gut mit den Menschen zurecht. Aber das betrifft eben nur die Arbeit. So richtig – wie soll ich sagen – heimisch fühle ich mich

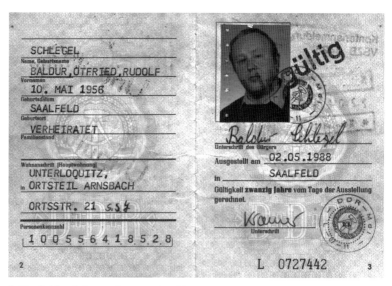

Baldur Schlegels Personalausweis der DDR vom Jahre 1988

dort absolut nicht. Die Heimat ist die Heimat. Auch wenn wir wirtschaftlich sehr zu kämpfen haben, unsere ganze Region hier. Aber es ist irgendwie ein anderer Menschenschlag. Es ist über Jahrzehnte hinweg eine andere Erziehung, eine andere Bildung. Das wird sicher auch noch ein, zwei Generationen brauchen, bis das einigermaßen ausgeglichen wird.

Das Bedauerliche ist, dass in diesem Gesellschaftssystem oder in dieser Gesellschaftsordnung nur alleine das Geld zählt. Das ist für mich sehr bedauerlich. Es gibt keine ... wie soll ich sagen – naja, die menschliche Wärme fehlt. Ob das mit den Menschen selbst zu tun hat – jeder zieht sich zurück. Oder wenn ich auch sehe: Welche, die jetzt wenig verdienen, können nicht an irgendwelchen Dingen teilnehmen, können nicht zu Konzerten, können nicht..., weil das Geld hinten und vorne nicht reicht. Das finde ich schon bedauerlich. Das war früher anders. Diese Sachen waren möglich, sie waren erschwinglich. Heute ist man irgendeine Zahl, eine Ziffer, eine Nummer und da wird das vom Schreibtisch aus entschieden und so ist es und fertig aus.

Interview geführt und bearbeitet von Nina Schlegel

„Im Zweifelsfalle immer für die Kunst."
Dietmar Ebert

In dem Haus, in dem ich aufgewachsen bin, wohnten Leute unterschiedlichster Weltanschauung. Da war ein in der Kirche sehr aktiver älterer Herr, der Prokurist in einer Weberei war. Da wohnte ein Schuldirektor. Da wohnten zwei ältere Damen, die unverheiratet waren und Lehrerinnen an der Schule waren. Meine Eltern wohnten dort. Mein Vater war damals Mitarbeiter der SED-Kreisleitung, meine Mutter war beim Rat der Stadt. Die Villa war nach 1945 in Staatseigentum übergegangen und hieß im Volksmund „Die Rote Villa". Es war nicht üblich, dass an allen Häusern an Staatsfeiertagen die Schwarz-Rot-Goldene Flagge mit Hammer, Zirkel, Ährenkranz und die Rote Fahne rausgehangen wurden. In diesem Hause war das aber so.

Dietmar Ebert wurde 1953 in einer sächsischen Kleinstadt geboren und absolvierte 1971 in Bischofswerda sein Abitur. In dieser Zeit wurde nicht nur seine Liebe zur Literatur geweckt und angefacht, sondern auch die Fundamente für seine sozialistische Weltanschauung gefestigt, die er von Kindesbeinen an durch die Familie mitbekommen hat.

Dort beginnt sozusagen das, was ich als meine „Verführung zum Marxismus" bezeichnen würde, die sich später fortgesetzt hat. Hier beginnt das. Natürlich auch im Elternhaus, aber da mehr auf einer emotionalen Ebene. Rational beginnt das mit dem 16./17. Lebensjahr. In der Schulzeit bin ich von Elternhaus und Schule in diese Richtung gegangen und es war für mich eigentlich so, dass die Geschichte eine Geschichte des Fortschritts ist. Das war tief in meinem Kopf drin. Nach meiner Habilitation, nach der Verteidigung, hat mir mein Vater zum ersten Mal erzählt, dass sein Vater in einem Speziallager des Russischen Innenministeriums umgekommen ist. Davon hat er nie geredet. Und ich muss sagen, wenn ich so etwas gewusst hätte, dann wäre vielleicht meine Sympathie für diese Weltanschauung zögerlicher gewesen. Der zweite große Verführer zum Marxismus war mein Doktorvater, natürlich durch das Studium. Ich bin auch im Studium ein überzeugter Marxist gewesen.

Nach dem Abitur studierte Herr Ebert Kulturwissenschaften in Leipzig. Den Dienst in der NVA konnte er aus gesundheitlichen Gründen noch nicht antreten. Im Studium gefiel ihm nur das Nebenfach Literaturwissenschaft. Zu ersten Unstimmigkeiten zwischen der erlernten Theorie und erlebter Praxis kam es innerhalb eines Studentensommers, als Dietmar Ebert in einem Hühnerschlachthof arbeitete.

Und ich werde es nicht vergessen. Es war furchtbar. Es stank und wir mussten eine Schicht aufmachen, weil der Export in die Sowjetunion nicht gesichert war. Ich habe mich damals ernsthaft gefragt, was die mit diesen kleinen, armen Hühnerchen, die aus den Hühner-KZ's kamen, anstellen wollten. Das war so schrecklich. Es war so unhygienisch. Ich war mit meinen Kommilitonen dafür verantwortlich, die Kisten von den LKWs zu holen und wir merkten da schon, dass die Kisten überladen waren. Ein Teil der Hühner war auf dem Weg in den Schlachthof erstickt. Ich hatte dann die Aufgabe, die toten Hühner herauszusuchen und auf einen Haufen zu legen. Dann zu Beginn des Studienjahres war das erste Thema Arbeitskultur. Sozialistische Arbeitskultur. Da haben die erklärt, wie toll das alles war und ist und wir haben gesagt: „Wir können das überhaupt nicht bestätigen." Sagt der Dozent: „Sie immer mit Ihrem Geflügelschlachthof, ich habe Ihnen schon hundertmal erzählt, das Einzelne nicht für das Ganze zu nehmen." Und es wurde also schlechte Realität schön geredet.

Im weiteren Verlauf des Studiums lernte Dietmar Ebert seinen späteren Doktorvater, Dieter Strützel, kennen, dem er nach Abschluss seines Studiums nach Jena folgte. Dort begann er mit der Arbeit an seiner Dissertation zum Thema „Städtische Kultur. Wege zu ihrer Erforschung". Die Arbeit wurde vom Dienst in der NVA (1979-1981) unterbrochen. 1985 verteidigte er aber erfolgreich seine Dissertation. Zum gleichen Thema führte er später Großbefragungen durch. Mit seiner auf der Grundlage dieser Forschungsberichte entstandenen Habilitationsschrift war er noch nicht ganz fertig, als er den Auftrag bekam, in die Stadtverwaltung zu wechseln.

Nun kommt also die schwierige Geschichte. In Jena wurde die Funktion des Stadtrates für Kultur vakant. Das wurde sie deshalb, weil die bisherige Funktionsinhaberin, gelernte Philosophin, ein paar Dinge gemacht hatte, die im SPIEGEL zu lesen waren. Das hat den stellvertretenden Kulturminister der DDR verärgert, und der hat gesagt: „Ich will nicht jede Woche Skandale aus Jena im SPIEGEL lesen. Das muss doch anders gehen." In einem Hinterhof in der Johannisstraße fanden so genannte Hofvernissagen statt. Ausstellungsobjekte, die diese Frau nicht als Kunstwerke ansah, hatte sie von der Gebäudewirtschaft auf den Schutt fahren lassen.

Und nachdem mehrere Kandidaten ausgestiegen sind, haben sie mich in die Mangel genommen. Ich glaube, das Wort Parteiauftrag ist nicht gefallen, aber sie haben sehr deutlich gesagt, sie wünschten, dass ich das mache. Sie kamen immer wieder mit dem Satz: „Du hast die Forschungsberichte geschrieben. Du weißt, wie es besser gehen müsste. Du müsstest zeigen, dass du es besser kannst." Natürlich ist das noch lange keine Voraussetzung, wenn es jemand besser weiß, dass er es auch kann – überhaupt nicht. Und es waren zum Schluss mehrere Gespräche. Irgendwo, wenn ich ganz ehrlich bin, in einem Hinterstübchen hat es mich doch gereizt. Es muss doch irgendwie noch besser gehen als jetzt. Das ist auch einer der Punkte, der mit dahinter stand. Eigentlich habe ich es nicht gewollt, aber es war so das Goethische: „Halb zog sie ihn, halb sank er nieder", ein bisschen hat's mich doch gereizt, und ich habe dann gedacht, mich nur noch so teuer wie möglich zu verkaufen.

Er forderte Zeit, um seine Habilitationsschrift zu beenden. Anfang April 1989 begann er seine Tätigkeit im Rat der Stadt.

Ich bekam eine Ernennungsurkunde für diese Funktion und bin dann an einem Montagmorgen an meinen neuen Arbeitsplatz getappelt. Ich hatte vorher beim Bürgermeister darum gebeten, dass er mich dort einführt. Das wollte er nicht. Der wollte, dass ich da einfach hin gehe und sage: Guten Tag, hier bin ich. Und da habe ich gesagt, dass das so nicht geht. Ich muss doch den Leuten vorgestellt werden, mit denen ich arbeiten soll. Ich bin dahin gekommen und fand also, sagen wir mal, bis auf eine Mitarbeiterin, dort eine Katastrophe vor. Es war jedenfalls gar keiner da und ich hatte keine Ahnung von Geld und Finanzen, von praktischen Dingen sowieso nicht und habe dann Folgendes gemacht: Ich war dann einen halben Tag hier im Büro und abends ging ich in die Einrichtungen und stellte mich dort den Leuten vor, sagte wer ich bin und was ich will.

Kurz nach diesem wenig gelungenen Auftakt folgten die Kommunalwahlen 1989.

Es standen die Kommunalwahlen, die mit der berühmten Fälschung, bevor. Ich war für einen Wohnbezirk zuständig, zusammen mit jemandem von der SED-Kreisleitung und mit jemandem von der Gewerkschaft. Ich schäme mich bis heute dafür, wusste aber keine Alternative. Der damalige Oberbürgermeister der Stadt hat uns versammelt, die Stadträte, die Wahlverantwortlichen der Gewerkschaft, und hat die Wählerlisten mitgebracht, höchst persönlich. Er hat uns dort, die wir je für einen Wahlbezirk verantwortlich waren, angewiesen, jene Personen zu streichen, die bei den letzten Wahlen nicht da waren. Da habe ich gesagt: „Wie stellst du dir das vor?", und da hat er gesagt: „Frag nicht so dämlich. Tu, was man dir sagt." Und da habe ich, muss ich sagen, gekuscht und ich habe auch damals einfach nicht den Mut gehabt zu sagen, dass ich das nicht mache. Mir war damals klar, dass das Wahlfälschung nach den Gesetzen der DDR ist. Und mir war auch überhaupt nicht klar, ja wenn du das irgendjemandem sagst: Was passiert denn dann? Also ich wusste nicht, dass es in der Evangelischen Kirche diesen Arbeitskreis gab, der sich damit beschäftigt hat. Und ich wusste auch nicht, wenn ich denen das gesagt hätte, ob die wirklich in der Lage gewesen wären, jemanden zu schützen. Die hätten mich für verrückt erklärt. Die hätten gesagt, der spinnt. Der hat sich das ausgedacht oder irgend so was vermutlich. Aber das ist eine Sache, bei der mir heute sehr unwohl ist, wenn ich daran denke. Da habe ich einfach keinen Mut gehabt zu sagen, dass hier Schluss ist. Hier mach ich nicht mehr mit. Und das hängt mit zweierlei Dingen zusammen: Zu der damaligen Zeit hatte ich doch ziemliche Angst vor dem Sicherheitsapparat. Außerdem dachte ich, wenn ich jetzt wegen so einer Sache hier aufgebe, dann verlasse ich den Platz, obwohl ich für 350 Leute verantwortlich bin die unter mir arbeiten.

Dietmar Ebert fühlte sich hin- und hergerissen zwischen seinem Engagement für die Kulturszene in Jena und der Furcht vor Konse-

quenzen, falls er sich den Anordnungen nicht beugt. Seine damalige Zwiespältigkeit und sein Einverständnis zur Zusammenarbeit mit der Staatssicherheit beschäftigen ihn bis heute.

Also ich stelle mir heute die Frage, welche Alternativen ich gehabt hätte. Mein Grundfehler, meine grundfalsche Entscheidung ist nicht dort anzusetzen, als die zwei Stasileute kamen. Die grundfalsche Entscheidung war das Gespräch mit dem Rektor und dem Universitätsparteisekretär, als ich mich habe breit schlagen lassen. Dort fing es an. Und ich denke, dass von da an noch ein paar Freiheitsgrade da waren, aber dort fängt die Tür an, sich zu schließen. Das ist nicht so eine Tür, die zuschlägt, sondern eine Tür, die langsam zugeht. Dieses Gefühl habe ich bisher nur einmal gehabt. Das war, als sich das Kasernentor hinter mir geschlossen hat.

Ich habe nicht gewusst, was ich hätte machen sollen. Es war mir klar, du kannst zu keinem gehen. Du kannst das nicht bei der Staatssicherheit vorbringen, die stecken dahinter. Du kannst das keinem Juristen erzählen, die sind genauso mit drin. Ich habe nicht gewusst, dass es diesen Arbeitskreis Wahlforschung bei der Kirche gibt. Der hat sich dann ja erst um den Wahlsonntag, um die Auswertung gebildet. Was da vorher war, das weiß ich nicht. Damals hab ich das nicht gewusst und ich muss sagen, liegt auch an mir, ein Stück weit an mir, weil ich mich in meiner Unizeit nicht so in der Alternativszene der Evangelischen Kirche rumgetrieben habe. Ich habe relativ strikt an meinem Zeug gesessen. Und ich war auch ein bissel weltfremd. Die Universität hatte viele Freiräume, hatte aber auch die Möglichkeit, dass man bestimmte Formen der Realität ausblenden konnte.

Ich muss allerdings auch sagen, dass ich 1989 kein heuriger Hase mehr war und ich habe auch Angst gehabt. Heute sagt man ganz einfach dazu, dass man seine Seele verkauft hat. Als die Leute von der Staatssicherheit zu mir kamen, haben sie gesagt: „Wir wollen dich darüber aufklären, deine Vorgängerin hat nicht mit uns zusammengearbeitet." Und da habe ich für mich gedacht: Jetzt lügen die dich an. Es ist aber wirklich so gewesen. Die haben die umschifft und praktisch ihre Befehle über andere Leute, die in ihrer Umgebung saßen, durchgedrückt. Die arme Frau wusste dann nicht, was los ist am nächsten Tag. Und das wäre sozusagen die Alternative gewesen.

Ich muss sagen, der erste Schritt, dass so was passieren konnte, ist natürlich meine Zusage zu dieser Funktion gewesen. Das verzeih ich mir nicht. Dass man bestimmte Dinge vorher nicht weiß, ist klar. Dass ich aber zweitens nicht verstanden habe, dass die gerade so einen Typ suchten wie mich, der jetzt mit den Künstlern wieder Frieden stiftet und versucht, alles Mögliche wieder einzurenken. Ich hätte das sehen müssen. In diesem Gespräch mit der Staatssicherheit wurde noch folgende Festlegung getroffen – dass ich in künstlerischen Dingen freie Hand habe. Es konnte nicht sein, dass das vom Ministerium für Staatssicherheit bestimmt oder gesteuert wird. Ging also nur so, dass das über die fachliche Kompetenz gesteuert wurde. Das wurde mir zugesichert. Ihnen ging es noch um andere Dinge, beispielsweise um die Absicherung der Städtepartnerschaftsbesuche, wenn jemand aus der Partnerstadt Erlangen kam. Und es ging ihnen zweitens auch darum, dass ein bisschen Ruhe einkehrt. Das hätte ich sehen müssen. Drittens ging es ihnen darum, dass sie bei Neueinstellungen zu mir kommen konnten um die Kaderakten einzusehen. Ich habe auch heute ein sehr schlechtes Gefühl dabei, wenn ich daran denke, dass ich die Leute habe reingucken lassen.

Herr Ebert erinnert sich auch daran, wie einsam er sich damals fühlte.

Bei diesen Gesprächen in der Universitätsparteileitung haben die gesagt, der Rektor und der Universitätsparteisekretär: „Jede Hilfe kriegst du von uns." Meine Kollegen an der Sektion, mit denen ich ein wirklich sehr gutes Verhältnis hatte: „Also wenn du Probleme hast, du kannst abends immer bei uns vorbeikommen oder sonst was." Aber die Einzigen, die damals zu mir kamen, waren die zwei Herren von der Staatssicherheit nach 14 Tagen und haben gesagt: „Na wie geht's dir denn so?" Und natürlich fällt man dann darauf rein, wenn die so kommen und sagen: „Ja, wir möchten gerne wissen wie du dich einarbeitest, welche Probleme du hast." Ich glaube, dass die Leute psychologisch außerordentlich geschickt waren, dass die geschult waren und dass die bereit waren, auch eine ganze Reihe von Meinungen, die der ihren widersprachen, anzuhören, nur um durchzusetzen, was sie wollten.

Dietmar Ebert, Ende der 1980er-Jahre.

Im Laufe des Jahres 1989 kam es zu den ersten Protestveranstaltungen und Demonstrationen. Dietmar Ebert gewann immer mehr an Selbstvertrauen.

Es zeichnete sich ab, dass sich unter dem Dach der evangelischen Kirche neue Parteien bilden. So genau habe ich das nicht gewusst. Ich wollte gerne eine Veranstaltung machen. Zwei Studenten hatten mir einen Lyrikband von Peter Waterhouse mitgebracht und ich habe da natürlich reingeschaut und gesehen, wie gut der war. Ich wollte unbedingt, dass er in Jena liest. Die beiden wollten, dass der in ihrem Vernissagenhof liest, den die Stasi gesperrt hatte, und ich habe versucht, diesen Hof wieder frei zu bekommen. Das ist mir erst in der Wende gelungen, vorher habe ich den nicht frei gekriegt. Peter Waterhouse las dann in der evangelischen Studentengemeinde in der Friedrich-Ebert-Straße. Die zweite Sache ist, dass ich furchtbar gern dorthin gegangen wäre. Ich habe mit den Stasi-Leuten gehandelt und sie haben mir regelrecht verboten, dorthin zu gehen. Ich sagte, dass ich die Verantwortung für diese Veranstaltung übernehme und die meinten: „Das kannst du nicht." Hinterher bin ich froh, dass ich nicht hingegangen bin, denn das ist der Tag gewesen, an dem die SDP in Jena gegründet worden ist und ich hätte nicht gewusst, wenn ich das mitbekommen hätte, ob ich das nun melde oder nicht.

Es war schon von der Stimmung im Oktober zu merken, auch in Jena, dass sich hier was entwickelt. Am 7. Oktober stand ich an der Straßenbahn und hinter mir ein betrunkener Mann mit einer Schnapsflasche: „Alle feiern Geburtstag, aber das Geburtstagskind ist krank", sagte er. Dieser Mann brachte es auf den Punkt. Und das geht dann weiter, was können wir tun? An einem der Oktobersonntage habe ich mit einem Dirigenten aus Dresden telefoniert, der Interesse an der freigewordenen Stelle des Chefdirigenten der Jenaer Philharmonie zeigte. Und da hat er gesagt: „Wir könnten doch eigentlich was machen, so ein Benefizkonzert für die, die in Berlin durch die Schlägereien gesundheitliche Schäden erlitten haben." Ich sagte darauf, dass wir das schon könnten, ich weiß nur nicht, wie das Orchester dazu steht. Dann sagte ich, das war so eine Konferenzschaltung zwischen mir in Jena, dem Dirigenten in Dresden und der Soloflötistin der Jenaer Philharmonie aus Berlin: „Wie würdest du das sehen, können wir so was machen?" „Ach", hat sie gesagt: „Und da kenn ick Leute, mit denen können wir das über die Kirche organisieren." Jedenfalls haben wir das dann zu dritt ausgeheckt, dass wir im Volkshaus oder in der Kirche Anfang November die 7. Sinfonie spielen wollen.

Ich wollte natürlich dort was sagen, und wir standen dann da, eine Mitarbeiterin der Kreisleitung, der spätere Geschäftsführer von der Philharmonie und ich, standen da im Haus auf der Mauer. Was denn nun? Darf ich etwas sagen oder darf ich das nicht? Und Frau L. von der SED-Kreisleitung meinte: „Du musst jetzt abwägen zwischen deiner Liebe zur Kunst und deiner Treue zur Partei." Und da habe ich gesagt, was ich heute auch immer noch sagen würde: „Im Zweifelsfalle immer für die Kunst." Mittlerweile waren schon die ersten Großdemonstrationen auf dem Holzmarkt und auf dem jetzigen Eichplatz. Damals wollte ein stadtbekannter Pfarrer und Vorsitzender des Demokratischen Aufbruchs dem damaligen Bürgermeister händeringend in den Mund legen, dass er sich zu seiner Wahlfälschung bekennt, was er aber nicht getan hat. Ich habe dann vom Bürgermeister die Weisung bekommen, dass ich nicht auftreten sollte. Da haben die in der Philharmonie gesagt: „Na aber irgendwie müssen Sie doch was sagen, das geht doch nicht." Und da aktivierte ich zum letzten Mal den Kontakt zur Staatssicherheit und sagte: „Entweder darf ich dort reden oder ich gehe ab Montag nicht mehr zum Dienst." Und da haben die gesagt: „Naja, nicht so, nicht so erpresserisch." Dann, nach drei Stunden meinten die Leute von der Staatssicherheit: „Wir sind alle der Meinung, du solltest dort reden."

Dafür, dass ich noch einmal mit der Stasi in Kontakt getreten bin, habe ich mich jahrelang geschämt.

Die so gewonnene Sicherheit half Dietmar Ebert in dieser bewegten Zeit, die sich öffnenden Handlungsspielräume auszunutzen.

Im Januar 1990, wir kamen grade aus Erlangen zurück, gab es eine Ratssitzung. Der Rat der Stadt funktionierte ja noch, die saßen da und hatten keine Macht mehr. Sie beriefen keine Stadtverordnetenversammlung mehr ein, aber saßen noch da. Nun passierte folgendes, dass der Stadtrat für Inneres gesagt hat: „Wir haben keine Legitimation vom Volk mehr", es war ziemlich pathetisch und schwülstig, „und wir treten jetzt zurück." Da hat mich der Teufel geritten. Es fing gerade an, mir Spaß zu machen und da habe ich gesagt: „Ich trete nicht zurück. Ich bin für so und so viele Leute verantwortlich und erst wenn für die eine Lösung getroffen ist, dann gehe ich von Bord. So geht das nicht." Und dann habe ich gesagt, dass es zwei Möglichkeiten gäbe. Entweder der Runde Tisch übernimmt die Macht, oder wir finden eine Zwischenlösung. Der Oberbürgermeister war mittlerweile krank geworden. Der Rat trat also zurück und kein neuer Rat ist da. Und so haben wir dann folgende Lösung gefunden: Die Stadträte wurden direkt vom Runden Tisch eingesetzt.

Den weiteren Verlauf der Wende hat sich Dietmar Ebert anders gewünscht.

Ich habe der Partei relativ lange eine Chance gegeben. Ich glaubte, wenn das Land reformierbar ist, dann ist vielleicht auch diese Partei reformierbar. Aber in diesem Jahr, sagen wir von 1989 bis 1990, ist in meinem Leben mehr passiert als zehn lange Jahre vorher. Hätte ich das nicht hautnah miterlebt, ich hätte nicht gemerkt, wie uneffektiv dieser Apparat gearbeitet hat, wie er gleichzeitig so menschenverachtend geworden war. Aber es war nicht zu reformieren.

Ich hätte mir allerdings den Weg in den Westen langsamer gewünscht. Das kann man sehen wie man will, das hat so eine Rasanz genommen und ich habe dann auch gesagt, es gibt keine Alternative zur Währungsunion, keine zur Vereinigung. Die hätte es schon gegeben, aber dann wäre dieses Land noch mehr entvölkert worden als es jetzt schon ist.

Das Wort Wende gefällt mir auch überhaupt nicht. Was wendet sich wohin? Es ist ja so, dass der Schwung für die Gesamt-DDR da war. Ich würde schon von friedlicher Revolution sprechen und ich kann es nicht hoch genug bewerten, wie die Leute innerhalb der Bürgerbewegung, innerhalb der Kirchen ständig deeskaliert haben. Es hätte ja ganz anders kommen können. Es hätte auch zu Blutvergießen kommen können. Das alles ist nicht passiert und ich denke, dass wir der emanzipatorischen und der Gewalt abbauenden Kraft der Kirche sehr viel zu verdanken haben. Nur sie hat es gewusst, wie man deeskalieren kann. Der Staat ist ja letztlich vor den Kerzen zusammengebrochen und natürlich vor den Menschen, die gesagt haben: „So, und so nicht weiter."

Auf die Frage, was ihm im ersten Moment durch den Kopf ging, als er von der Grenzöffnung erfuhr, antwortet er:

Ich hab gedacht: Jetzt ist die friedliche Revolution zu Ende. Ich hab nicht zu den Euphorikern gehört und ich habe keine Verwandten im Westen gehabt. Ich habe ein paar gute Freunde dort, die aber alle irgendwo im linken Milieu gesteckt haben. Ich hatte keine gefühlsmäßigen Beziehungen zu diesem anderen Teil Deutschlands. Das erste Mal, wo ich es dann wirklich kapiert habe, das war im Hölderlinturm in Tübingen, als mir dann wirklich die Tränen gekommen sind. Als ich wirklich gedacht habe: Mein Gott. Das ist der andere Teil der deutschen Kulturgeschichte und den hast du 40 Jahre lang versäumt. Da hab ich es dann geschnallt. Für manches braucht der Mensch eben ein wenig länger.

Dietmar Ebert bewertet die Vor- und Nachteile der Wende aus heutiger Sicht so:

Wie das alles anfing, fand ich aber höchst schlimm, bevor der normale Alltag hier eingezogen ist. Ich fand, da ist vorher so richtig der Abschaum der Wirtschaft rüber gezogen, ehe die anderen aufgewacht sind. Ökonomisch und infrastrukturell halte ich es für einen großen Vorteil, dass wir angeschlossen worden sind – ich gebrauche mal den Begriff des Anschlusses. Mental ist es nicht aus eigener Kraft erreicht worden, das hätte wesentlich länger gedauert. Ich weiß nicht. Man kann nicht richten und rechten. Es ist so gelaufen und ich sehe heute noch Oskar Lafontaine auf dem Jenaer Marktplatz stehen, der gewarnt hat: „Leute, nicht so schnell!", und der ausgepfiffen worden ist, weil es keiner hören wollte: Wenn die D-Mark kommt, dann werden die Produkte massenhaft entwertet und so weiter, da geht die Industrie regelrecht den Bach runter. Das ist nun passiert und heute mag das ja alles schon wieder ein bisschen gehen, aber es ist auch ein ziemlicher Sturm über das Land hinweg gegangen. Es hat viele Lebensgeschichten zerstört.

Persönlich brachte die Wende für ihn Gewinne, aber auch Verluste.

Für mich ist es trotzdem eine Art Befreiung gewesen. Ich bin aus meinen ganz konkreten Zwängen im Rat der Stadt entlassen worden, befreit worden. Das ist für mich ein großes Gut gewesen. Ich kann heute, selbst wenn ich mal wieder ein halbes Jahr Hartz IV bekomme oder sonst was, kann ich frei denken und mir von niemandem vorschreiben lassen, was ich zu denken habe.

Ich kann lesen, was ich will. Ich kann denken, was ich will. Ich kann sagen was ich will, auch wenn es niemand hören will. Ich kann reisen, wohin ich will, wenn ich das Geld dazu habe. Und das ist das, was ich unter dem Freiheitsgedanken fassen würde. Vom Sozialstatus her hat es enorme Verluste gegeben. Es hat auch Verluste gegeben an sozialen Kontakten und Freundschaften, obwohl mein Freundeskreis sehr stabil geblieben ist, muss ich sagen. Aber beispielsweise so eine Geschichte, wenn dann in der Zeitung steht: pi pa po ist IM gewesen, wie machst du denn das? Wenn du einigermaßen in der Stadt bekannt warst und du gehst den nächsten Tag auf die Straße, du weißt nicht, wie du mit den Leuten umgehen sollst oder wie die reagieren. Ich habe dann jahrelang öffentliche Vorträge oder Diskussionen vermieden. Das habe ich erst in den letzten Jahren wieder gemacht, weil ich gesagt habe, dass ich die Dinge für mich durchdekliniert habe. Ich habe für mich eine Position gefunden und lasse mich auch nicht aus allem rausdrängen. Wenn ich glaube, dass ich was zu sagen habe, dann tue ich das auch.

Die Arbeit im Kunst- und Kulturbereich ist für Dietmar Ebert bis heute zentral.

Ich bin dann Ende 1990 raus aus der Stadtverwaltung. Ebenso bin ich aus der SED-PDS ausgetreten, nachdem Gregor Gysi die Partei umbenannt hat, um das Parteivermögen zu retten. Ich war dann bei der Kulturvereinigung KuKuK e.V. und habe dort über fünf Jahre ein Oral-History-Projekt betreut. Dann war ich etliche Jahre arbeitslos und mache jetzt wieder so kleine Projektgeschichten. Ich kann damit leben. Ich könnte damit nicht reich werden, nicht gut leben, aber ich kann ein Stück Identität bewahren. Ja, auch das versuchen zu tun, was mir liegt, was ich selber kann. Ich denke, wenn ich das richtig sehe, wird wohl das Schreiben mein Alterswerk werden.

Ich stehe als Konsultant ein paar Volkskundlern zur Verfügung und da können wir ein paar hübsche Projekte machen. Ich mach beispielsweise im Offenen Kanal in Jena Projekte, arbeite mit dem Stadtmuseum zusammen und habe jetzt wahrscheinlich ein Angebot, ein Buch für einen Verlag zu schreiben. Das kommt jetzt alles ein bisschen spät. Da sind, sagen wir mal, ziemlich magere Jahre dazwischen gewesen und auch Jahre, in denen es finanziell nicht reichlich geflossen ist. Da muss man sich entscheiden. Lieber ein Leben in Bescheidenheit als eins in Unfreiheit. Ich lass mir für mich die Wende auch nicht wegdiskutieren, selbst wenn mir heute vieles, vor allem in sozialer Hinsicht, nicht gefällt.

Interview geführt und bearbeitet von Michael Schneider

Wende-Bilanzen

Im Rahmen dieses Interview-Bandes wurden eine Reihe von Zeitzeugen mit höchst unterschiedlichen Biographien nicht nur nach ihren individuellen Erinnerungen an die Wende in Thüringen befragt, sondern auch nach ihrer ganz persönlichen Bilanz, die sie für die Entwicklungen seit 1989/90 ziehen. Eines muss bereits zu Beginn festgestellt werden, nämlich dass es „die" Wende als objektives Ereignis, mit dem alle Deutschen die gleichen Gedanken und Inhalte verbinden, gar nicht gibt. Vielmehr beinhaltet dieser Zeitabschnitt für jeden unterschiedliche Veränderungen und Entwicklungslinien und auch heute, fast zwanzig Jahre nach Mauerfall und Wiedervereinigung, herrscht immer noch Uneinigkeit, wie die Entwicklungen in der vereinigten Bundesrepublik zu bewerten sind. Zwar wird das Ende der DDR fast uneingeschränkt als positive Zäsur betrachtet; dennoch ziehen unsere Interviewpartner im Rückblick stark voneinander abweichende und zum Teil auch sehr kritische Bilanzen.

Was wendet sich wohin?

Schon bei der Benennung der Ereignisse von 1989/90 tauchen unterschiedliche Definitionen und Begriffe auf. Zwar benutzen die Interviewten – wie alle Deutschen – meist unwillkürlich den Begriff der „Wende", doch den wenigsten ist dabei bewusst, dass dieser Ausdruck ursprünglich von Egon Krenz bei seiner Regierungsübernahme geprägt und später von der Volksbewegung kurzerhand umgedeutet wurde. Bereits diese kurze wie wechselhafte Herkunftsgeschichte zeugt von der augenscheinlichen Unschärfe dieser Begriffsprägung, was nicht zuletzt auch der Grund für ihre allgemeine Akzeptanz und Verwendung in der Bevölkerung sein dürfte. Denn gerade dieser Mangel an inhaltlicher Klarheit ermöglicht es den Menschen, unter dem ebenso schlichten wie vieldeutigen Begriff der „Wende" all die komplexen und zwiespältigen Entwicklungen zusammenzufassen, die die Jahre 1989/90 ausmachen.

Daher verwundert es auch nicht, dass rund die Hälfte der Interviewten eher undifferenziert an der Bezeichnung „Wende" festhält, während die übrigen diesen Ausdruck kritisch hinterfragen. *„Was wendet sich wohin?"*, meint der ehemalige Kulturdezernent Dietmar

Ebert. *"Ich würde schon eher von friedlicher Revolution sprechen ... Der Staat ist ja letztlich vor den Kerzen zusammengebrochen und natürlich vor den Menschen."* Überdies finden sich auch noch weitere Bezeichnungen wie „Umsturz" oder schlicht „Vereinigung". All diesen Definitionen gemein ist die überwiegend positive Assoziation mit dem Sturz eines repressiven und maroden Systems sowie die Betonung des Wiederzusammenwachsens einer lange gespaltenen Nation. Dieses „befreiende Gefühl" dominiert besonders in den Schilderungen des zu DDR-Zeiten oppositionellen Schriftstellers Günter Ullmann, der daher auch den Begriff „Befreiung" synonym für die Jahre 1989/90 gebraucht.

Doch diese positive, die Wende begrüßende Sichtweise findet sich nicht bei allen Zeitzeugen wieder. Wolfgang Höwing, bis kurz nach der Wende Professor für Marxismus-Leninismus und Prorektor an der Universität Jena, die ehemalige SED-Kreissekretärin Karin Schrappe oder auch der 1980 aus der SED ausgeschlossene Liedermacher und Schriftsteller Reinhold Andert stehen den Ereignissen von 1989/90 weitaus kritischer gegenüber. Denn für sie ist es keine wirkliche Wiedervereinigung, sondern lediglich *„die Angliederung der DDR an die Bundesrepublik gewesen"*. Dabei sei den heutigen neuen Bundesländern das westdeutsche System einfach *„übergestülpt"* worden. Ausgehend von dieser eher systemischen Sichtweise, erscheint es ihnen zu pauschal, von einer wirklichen „Wende" für die Deutschen zu sprechen. Denn dann hätte es – laut Karin Schrappe – auch in der alten Bundesrepublik eine Veränderung geben müssen. Stattdessen habe man es aber nur mit einer Anpassung an die westdeutschen Strukturen zu tun, wofür die Akademikerin Christine Ott sogar den Begriff einer *„feindlichen Übernahme"* verwendet.

Bemerkenswert an all diesen Äußerungen ist die ganz unterschiedliche Beurteilung der einzelnen Ereignisse von 1989/90. Das Auseinanderklaffen der Meinungen beruht dabei nicht nur auf dem jeweiligen Standpunkt des Betrachters, sondern hängt auch von den persönlichen Erfahrungen, Hoffnungen sowie der eigenen Rolle im Geschehen ab. Eine große Anzahl der von uns befragten Zeitzeugen befürworteten zunächst Reformen in der DDR, fühlten sich aber von der schnellen Entwicklung hin zur Vereinigung überrollt. Diese Haltung ist nicht auf Personen mit einem bestimmten Erfahrungshintergrund beschränkt. Sowohl ehemalige Partei- oder Staatsfunktionäre wie Wolfgang Höwing oder Karin Schrappe, als auch der Elektroinstallateur Baldur Schlegel oder der Künstler Reinhold Andert bringen auf sehr unterschiedliche Weise ihr Unbehagen oder ihre Vorbehalte gegenüber den Wendereignissen zum Ausdruck. Im direkten Vergleich offenbart sich daher nicht nur das Auseinanderfallen unterschiedlicher Wendebewertungen, sondern vor allem auch der subjektive Charakter, der aus jedem Urteil spricht. Dieser lässt es erst zu, dass mit dem schwammigen Begriff der „Wende" jeweils ganz verschiedene Einzelereignisse und Ereignisketten assoziiert und davon ausgehend unterschiedlich bewertet werden. *„Wende ist für jeden subjektiv ein Thema"*, meint daher Jakob Arnold, heute Angestellter im Öffentlichen Dienst, *„Wende ist für die Gesellschaft glaub ich auch ein besonderes Thema, für die verschiedenen Gruppen innerhalb der Gesellschaft noch mal ein separates Thema und sie wird nach meinem Dafürhalten uns noch lange beschäftigen. Wende findet in Zukunft weiter statt, hoffentlich immer mit einer vernünftigen Orientierung und nicht noch mal mit 180 Grad in die Gegenrichtung – Das würde ich mir nicht wünschen."*

Die Wende hätte eigentlich eine große Chance geboten.

Angesichts dieses breiten Spektrums von Wende-Bewertungen greift keine einfache Unterscheidung, etwa in „Wendegewinner" und „Wendeverlierer", sondern es zeigt sich zudem, welche unterschiedlichen Erwartungen (und Befürchtungen) an die Ereignisse von 1989/90 geknüpft wurden.

In der Rückschau auf die Entwicklungen vor und unmittelbar nach dem Mauerfall ist für Dietmar Ebert und die damals in einem Produktionsbetrieb tätige Carola Müller immer noch die Angst vor einem blutigen Ausgang der Ereignisse greifbar. Zwar hatten sich nicht alle DDR-Bürger aktiv an den immer größer werdenden Demonstrationen beteiligt, doch alle spürten die gleiche Besorgnis, dass der bis dahin friedliche Protest in eine blutige Auseinandersetzung umschlagen könnte. Im Rückblick zeigt sich der kurz nach der Wende pensionierte Facharbeiter Hans Schneider besonders erleichtert, dass die sowjetischen Truppen, die zum damaligen Zeitpunkt in Ostdeutschland stationiert waren, in ihren Kasernen blieben. Viele fühlten sich an den missglückten Arbeiteraufstand von 1953, die gewaltsame Niederschlagung des Prager Frühlings 1968 oder die noch nicht lange zurückliegenden Ereignisse im Nachbarland Polen 1980 erinnert. Doch glücklicherweise blieb eine solch fatale Wendung der Ereignisse aus.

Nicht nur in Deutschland nahm man den Mauerfall und die Grenzöffnung vielerorts zunächst mit Unglauben auf. Auch der Kabarettist Karl-Heinz Rothin, der am 9. November 1989 noch in Moskau gastierte und dort die Übertragung der Berliner Ereignisse im Fernsehen sah, hielt den Fall der Mauer zusammen mit seinen Kollegen zunächst für ein „*Fernsehspiel*" oder schlicht „*Science Fiction*". Ebenso zweifelten viele, dass die Grenzöffnung eine Dauerlösung darstelle oder gar eine Wiedervereinigung in greifbare Nähe gerückt sei. Stattdessen hoffte etwa Baldur Schlegel, dass sich die beiden deutschen Staaten nun annähern und vielleicht irgendwann „*zusammenlaufen*" würden, doch der tatsächliche Verlauf der Ereignisse entsprach nicht seinen Erwartungen. Statt der Wiedervereinigung hätten sich auch Wolfgang Höwing und Günter Ullmann lieber „eine bessere DDR" mit einem „demokratischen Sozialismus" gewünscht; Dietmar Ebert träumte sogar kurzzeitig von der Umsetzung einer Räterepublik, was er im Rückblick als schöne Illusion beschreibt.

Spätestens nach den Volkskammerwahlen im März 1990 war für Christine Ott klar, „*dass die DDR übernommen*" und „*nicht mehr viel übrig bleiben wird von irgendwelchen Idealen, Wünschen oder Möglichkeiten, tatsächlich eine Alternative zum Kapitalismus aufzubauen*". Große Teile der Bevölkerung wurden zu dieser Zeit von einer „Westeuphorie" erfasst, die in vielen Betrieben verlassene Arbeitsplätze zur Folge hatte. Reisefreiheit, ein überwältigendes Warenangebot und die Westmark lockten die DDR-Bürger über die Grenze. Es wurden auch erste Rufe laut, die D-Mark in Ostdeutschland einzuführen. Doch über die Folgen einer Währungs- und Wirtschaftsunion machten sich die Wenigsten zu diesem Zeitpunkt Gedanken. „*Na klar hat man sich auf die D-Mark gefreut*", gibt Bernd Henning offen zu. „*Es hatte jeder seine Arbeit und alle haben gedacht, es geht so weiter. Du arbeitest in deinem Betrieb weiter und verdienst jetzt Westgeld.*" Doch mit der Währungs-, Wirtschafts- und Sozialunion vom 1. Juli 1990 brach noch eine ganze Masse an ande-

Die „Straße des Sozialismus" in Erfurt, seit 1991 Schlehdornweg.

ren Neuerungen über die DDR-Bürger herein. Manch einer fühlte sich überfordert angesichts so vieler Veränderungen.

Infolge der jahrzehntelangen unterschiedlichen Entwicklung der beiden deutschen Staaten hatten viele gar nicht mit der Möglichkeit einer Wiedervereinigung gerechnet. Jakob Arnold beschreibt diese Vorstellung sogar mit der Metapher von *„Feuer und Wasser"*, wobei sich seine Zweifel nicht nur auf die Gegensätzlichkeit der beiden Staats- und Gesellschaftsformen bezogen, sondern auch auf das Aufeinanderprallen der unterschiedlichen Mentalitäten in Ost und West. Doch trotz solcher und ähnlicher Skepsis schien es bald schon keine Alternative zu Währungsunion und Wiedervereinigung mehr zu geben. Zwar war oft die Rede vom sogenannter „Dritten Weg", von einer Reform der DDR oder dem fortgesetzten Nebeneinander der beiden deutschen Staaten; doch die allgemeine Westeuphorie wie auch die Akteure auf der Bühne der Politik bestimmten die folgenden Ereignisse, weshalb Karin Schrappe resümiert: *„Die Wende hätte eigentlich eine große Chance geboten, aber es ist vieles vergeben worden, weil man ganz einfach zu sehr gedrängt hat."* Doch im gleichen Atemzug relativiert sie ihre Aussage, da sich diese Kritik keinesfalls allein gegen die ehemaligen DDR-Bürger richten soll: *„Das soll natürlich nicht nur heißen, dass das Volk zu sehr gedrängt hat, was ich verstehe, sondern dass eben auch die Politik die Situation genutzt hat, um vieles einfach vorwärts zu bringen, was sonst gar nicht möglich gewesen wäre."*

> *Ich kann alles kaufen, wenn ich das Geld habe, aber wer hat das? Ich kann überall hinfahren, aber wer kann es? Ob das wirklich die Freiheit ist?*

Die Fragen, die der ehemalige Bürgermeister Erwin Brand aufwirft, gehen vielen Menschen durch den Kopf. Die Freiheit – als eines der zentralsten Themen des Jahres 1989 und der folgenden Jahre – beschäftigt die Menschen in verschiedensten Zusammenhängen. Es ist nicht nur die Reisefreiheit, die zwar mit Freuden auf- und angenommen wurde, die aber nicht jeder nach freiem Wunsch nutzen konnte. Nein, es ist auch die Meinungsfreiheit, ein freiheitlich demokratisches Mehrparteiensystem und die Freiheit, sich selbst und sein Leben zu verwirklichen. Oft wurden diese Freiheiten sehr positiv aufgenommen, aber – wie schon im Eingangszitat angedeutet – haben und hatten sie sogenannten „Fußfallen", die den Bürgern der ehemaligen DDR heute zu schaffen machen.

Hierunter wird zum Teil sogar die Redefreiheit gezählt, die in der DDR nur auf dem Papier bestand und schließlich im Herbst 1989 von den Demonstranten erstritten wurde. Doch auch in der wiedervereinigten Bundesrepublik scheint sie nach dem Urteil von Karin Schrappe noch gewisse Lücken aufzuweisen: *„Ich sage mal so: Früher konnte man seinen Meister beschimpfen – da ist nichts passiert. Man durfte nur Honecker nicht beschimpfen – das war kritisch. Heute ist es andersrum: Ich kann Angela Merkel sonst was erzählen – das juckt keinen Menschen. Aber wenn ich meinen Meister heute nicht respektiere, dann könnte ich morgen arbeitslos sein."*

Beleuchten wir diese Entwicklungen, die die Wende, der Umbruch oder welche Namen die Jahre 1989/90 darüber hinaus tragen mögen, mit sich brachte, einmal näher: Schon in der Nacht des 9. November 1989 nutzten die Menschen in Berlin und anderen Orten Ostdeutschlands die neu gewonnene Freiheit, um zu ihren Verwandten und Bekannten in die andere Hälfte des geteilten Landes zu reisen, auch wenn man es kaum als Reise im heutigen Sinne bezeichnen kann. Es war eher ein fluchtartiges Verlassen, wie Vögel, die aus einem Käfig befreit werden. Erst in den darauf folgenden Wochen oder Jahren wurden es richtige Urlaubsreisen in das westliche Europa, etwa nach Oberitalien und Österreich, wie Hans Schneider, oder in die Niederlande, wie die Musiklehrerin Ellen Sanow.

Die Öffnung aller Grenzen brachte zudem die Öffnung zum westlichen Wirtschafts- und Konsumsystem. Hans Schneider berichtet von seinen ersten Erfahrungen: *„Nach der Wende gab es doch alles. Das Angebot war ja so überwältigend, als man hier für die großen Handelsketten die ersten Zelte aufgebaut hat, weil ja keine Geschäfte da waren. Wenn man dort durch gegangen ist, hat einen das doch fast erschlagen."* Diese Vielfalt an neuen Artikeln, die man höchstens aus den Paketen der Westverwandten oder von den wenigen Reisen in die Bundesrepublik kannte, erschien den Menschen wie die später versprochenen „blühenden Landschaften"; kaum jemand war an so viel Auswahl gewöhnt. Hinzu kam die D-Mark, die von großen Teilen der DDR-Bevölkerung geradezu stürmisch begrüßt wurde, da es ihnen endlich möglich war, sich ein wenig Luxus zu leisten. Welche Probleme die D-Mark und das Wirtschaftssystem des Kapitalismus mit sich brachten, war zu diesem Zeitpunkt kaum jemandem bewusst. Nur ein Teil sah dem Kapitalismus von Beginn an skeptisch entgegen – zumeist aufgrund der Erziehung und des lange Zeit indoktrinierten Wissens, dass es ein *„faulender, sterbender Kapitalismus"* sei, wie Ellen Sanow berichtet.

Dass der Kapitalismus derart rasch auf den neu gewonnenen Märkten im Osten Fuß fasste, wird von den Zeitzeugen im Rückblick häufig bedauert. Natürlich befürwortet man die bessere Versorgung mit Lebensmitteln, Arzneien und Luxusgütern, doch dieses System brachte auch den Leistungsdruck, die Anonymisierung des Personals und das Profitstreben mit sich. *„Die Gesellschaft ist kälter geworden. Heute braucht man mehr Ellenbogen."* Mit dieser Ansicht steht Carola Müller nicht allein; viele Interviewpartner charakterisieren das westdeutsche System mit der Metapher der so genannten „Ellenbogen-Gesellschaft". Auch Baldur Schlegel bedauert den Verlust menschlicher Werte: *„Das Bedauerliche ist, dass in diesem Gesellschaftssystem oder in dieser Gesellschaftsordnung nur alleine das Geld zählt ... Die menschliche Wärme fehlt ... Jeder zieht sich zurück."* Mit der menschlichen Wärme sind auch alltägliche Dinge gemeint, wie der Gang zu Ämtern und Behörden. Man habe das Gefühl, nicht länger als Mensch betrachtet zu werden, sondern nur noch eine Zahl in irgendeiner Akte zu sein; und dementsprechend werde man auch behandelt.

Der Osten – das Armenhaus Deutschlands?

Die kritische Einschätzung der Gegenwart umfasst aber auch andere aktuelle Entwicklungen, wie etwa Hartz IV oder die steigende Armutsrate, die die Menschen beschäftigen und zu Vergleichen mit ihrem Leben in der DDR anregen. Viele stimmt es traurig, dass es heutzutage möglich ist, Menschen durch Arbeitslosigkeit oder andere Lebensumstände beinahe aus der Gesellschaft auszustoßen und kaum noch aktiv am öffentlichen Leben teilnehmen zu lassen. Denn auch hierfür benötigt man ein gewisses Budget, was etwa Karin Schrappe während ihrer Arbeitslosigkeit am eigenen Leib erfahren musste. Spätestens seit der PISA-Studie ist bekannt, dass Bildung in

Deutschland besonders stark von der sozialen Herkunft abhängt und dementsprechend nicht allen Bevölkerungsschichten im gleichen Maße zugänglich ist, sei es nun in Form privatisierter Schulen, die durch Schulgeld bessere Standards ermöglichen, oder Studiengebühren, die einigen Studienwilligen die Bildungstür buchstäblich vor der Nase zuschlagen. Selbst Kindergärten werden nicht in allen Belangen gefördert. Es ist wieder Baldur Schlegel, der diese vielfältigen Gedanken auf einen Nenner bringt: *„Welche, die jetzt wenig verdienen, können nicht an irgendwelchen Dingen teilnehmen, können nicht zu Konzerten ..., weil das Geld hinten und vorne nicht reicht. Das finde ich schon bedauerlich. Das war früher anders. Diese Sachen waren möglich, sie waren erschwinglich ... Auch Bildungsmöglichkeiten lassen sich heutzutage oft nur mit Geld erschließen – nicht immer, aber oft. Und das finde ich nicht so richtig toll."*

Aus diesem Blickwinkel erscheinen vielen der Befragten die sozialen Ansätze der DDR im Nachhinein doch bewahrenswert. Manches sei eben besser gewesen, etwa das Schulwesen oder die günstigen Mieten und gesicherten Arbeitsplätze. Hinzu kommt ein starkes Gefühl der Benachteiligung gegenüber den alten Bundesländern. Erwin Brand geht sogar so weit, die neuen Bundesländer schlichtweg als das *„Armenhaus"* Deutschlands zu bezeichnen. Wie viele andere vermisst er heute die sozialen Werte der DDR; besonders im Schulwesen würde sich Ellen Sanow mehr Einheitlichkeit wünschen: *„Uns ist einfach was übergestülpt worden, wie das schon so oft gesagt wurde. ‚Wir machen das jetzt einfach mal anders. Gewisse Dinge heißen jetzt anders, beinhalten aber dasselbe.' Etwa diese Ganztagsschulen, die es früher schon immer gegeben hat, die hießen nur anders. Das hat die Eltern kein Geld gekostet. Es gab eine ordentliche Betreuung, es gab ausgebildete Arbeitskräfte und kein wechselndes Personal, wie das derzeit häufig der Fall ist."*

Wolfgang Höwing ist der Meinung, dass die Menschen der DDR zum Teil selbst daran schuld seien, dass das westdeutsche System mit all seinen Problemen und Schattenseiten ihrem ehemaligen Staat einfach „übergestülpt" wurde. Unmittelbar nach der Wende, als es alles gab und viele Produkte aus der Bundesrepublik auch zunehmend die ostdeutschen Warenregale füllten, vernachlässigten die DDR-Bürger die einheimischen Produkte, deren Hersteller in der Folge um ihr wirtschaftliches Überleben kämpfen mussten. Viele

Demonstration am 18. Dezember 1989 in Erfurt.

schienen zunächst nur die Vorteile des westlichen kapitalistischen Systems wahrzunehmen. Erst sehr viel später sei die Einsicht gekommen, was es wirklich heiße, im Kapitalismus zu leben – eine Erkenntnis, die Bernd Henning schlicht als das *„Wolfsgesetz des Kapitalismus"* beschreibt: *„Der eine frisst den anderen auf. Man hat sich ja gar keine Gedanken gemacht, dass das alles eine Frage des Geldes war."* *„Die Gesellschaft hat schon einen ganz schönen Dämpfer bekommen"*, so Carola Müller, *„weil eben doch viele so blauäugig waren und dachten, das geht jetzt so weiter mit unserer sozialen Sicherheit und den Errungenschaften des Westens."* Nach der Meinung Reinhold Anderts war dies auch der Hauptgrund für die Wahlerfolge der CDU bei den Kommunal- und Volkskammerwahlen sowie den ersten gesamtdeutschen Bundestagswahlen. Alle hätten gedacht, jene Partei würde den Reichtum des Westens zu den Menschen im Osten bringen.

Doch trotz aller Kritik werden sowohl die wirtschaftlichen als auch die politischen Verbesserungen in den neuen Bundesländern durchaus wahrgenommen. Nach Meinung der Interviewten sei vieles vorangekommen, etwa in der Infrastruktur durch den Ausbau der Autobahnen und des Schienennetzes. Die Baumöglichkeiten haben sich verbessert, da man nicht länger nur durch gute Beziehungen ein Haus bauen kann, sondern alle Materialen auf dem freien Markt erhältlich sind. Auch die Demokratie und das damit zusammenhängende Mehrparteiensystem sowie das Recht auf freie, geheime und gleiche Wahlen werden als wichtige Errungenschaft angesehen. Es gibt aber auch andere Stimmen, wie etwa Reinhold Andert, der sich nach wie vor für den Sozialismus ausspricht und daher der Meinung ist, dass eine Reformierung der DDR besser gewesen wäre als dieser totale staatliche Zusammenbruch. Auch Günter Ullmann stimmt dem im Grunde zu, doch relativiert er die Radikalität dieser Ansicht: *„Wir wollten an und für sich nicht das eine Deutschland. Wir wollten eine bessere DDR. Aber im Rückblick muss ich einmal sagen, wäre eine bessere DDR wahrscheinlich nicht möglich gewesen. Wir waren Utopisten."*

Einheit – Das ist ein Prozess, an dem wir werkeln.

Zusammenfassend lässt sich feststellen, dass die meisten Interviewten die Wende und die damit einhergehenden demokratischen Veränderungen zwar begrüßen, doch ihre konkrete Umsetzung sowie einzelne Bereiche in Staat, Wirtschaft und Gesellschaft werden stark kritisiert. Dabei ziehen sie immer wieder Vergleiche zur DDR-Vergangenheit, in der doch nicht alles schlecht gewesen sei.

Die gleiche Botschaft vermittelte auch die vor nicht allzu langer Zeit beobachtbare „(N)Ostalgiewelle", die eine ganze Reihe von TV-Sendungen sowie eine Renaissance von verschiedenen ostdeutschen Produkten, Filmen und Rock-Klassikern mit sich brachte. Karin Schrappe sieht dieses kurzlebige Phänomen jedoch etwas nüchterner: *„Ich glaube, wir haben gar keine Ostalgie-Welle. Das Problem ist nur, dass mit der Verschlechterung der Lebensverhältnisse und der zunehmenden Kompliziertheit gewisse Dinge in einem ganz anderen Licht erscheinen als sie wirklich waren. Und es ist ganz natürlich, dass die Menschen sich auch nach einer gewissen Geborgenheit in einem Staat sehnen."*

Dass die Kehrseite dieser Geborgenheit die Repression und ein völlig verschuldeter Staat war, scheint mittlerweile ein wenig aus dem Blick geraten zu sein. Viele Ostdeutsche, die in der DDR aufwuchsen oder dort den größten Teil ihres Lebens verbrachten,

An einer Fassade in Jena 1990.

haben auch heute noch das Gefühl, nicht wirklich in diesem neuen Staat, diesem anderen System angekommen zu sein. In zu vielen Bereichen sind die Lebensverhältnisse in beiden Teilen Deutschlands noch immer nicht vollständig angeglichen. Den empfindlichsten Punkt bilden die nach wie vor bestehenden Lohnunterschiede zwischen den alten und den neuen Bundesländern. Davon betroffen ist etwa Baldur Schlegel, der als Elektriker auf Montage in Hessen arbeitet und dort die gleiche Arbeit wie seine einheimischen Kollegen leistet, dafür jedoch weniger Lohn erhält: *„Wenn ich überlege, dass ich jede Woche fast tausend Kilometer fahren muss, um zu arbeiten, und am Ende für die gleiche Arbeit gegenüber meinen Kollegen aus Hessen weniger Geld bekomme, dann bleibt mir gar nichts anderes übrig, als kritisch zu sein."*

Aber nicht nur an den materiellen Dingen zeigt sich, dass die Wiedervereinigung und der damit einhergehende Integrationsprozess der neuen Länder in die Bundesrepublik nach fast zwanzig Jahren noch nicht vollständig abgeschlossen sind. Viele Regionen Deutschlands sind heute unterschiedlich weit entwickelt und es herrscht nach wie vor ein starkes Ost-West-Gefälle, was Wirtschaftskraft und Standortattraktivität betrifft. Aber auch die Mentalität der Menschen in beiden Landesteilen ist sehr verschieden und viele fühlen sich in einem geeinten Deutschland noch nicht wirklich zu Hause, was in zahlreichen Äußerungen der Zeitzeugen zum Ausdruck kommt. Der 1927 geborene Karl-Heinz Rothin bildet da eher eine Ausnahme. Für einen Vertreter seiner Generation stellt die vereinigte Bundesrepublik an sich keine Neuerung dar, da er in einem Deutschland vor der Teilung aufgewachsen ist. Jüngere Interviewpartner, die in der DDR aufgewachsen sind, können nicht an frühere Erfahrungen anknüpfen und tun sich schwer mit der sogenannten „Mauer im Kopf". Sie bezeichnen den anderen Teil des Landes häufig als „Drüben", womit nicht einfach nur eine Unterscheidung zwischen den Himmelsrichtungen Ost und West gemeint ist. Nach wie vor schwingt hier die geistige Präsenz eines anderen Staates oder einer anderen Teilnation mit, von der man sich selbst ein wenig oder deutlich abgrenzen möchte. Nach Meinung Jakob Arnolds jedoch sollte die Bezeichnung „Ost-West" genauso verstanden werden wie die Begriffe „Nord-Süd". Dabei räumt er jedoch ein, dass viele in seiner Generation dieses abgrenzende Denkschema immer noch in sich tragen: *„Obwohl es mir trotzdem bewusst ist, dass die Menschen hier und da noch lange mit den Unterschieden beschäftigt sein werden, die dank 40-jähriger getrennter Entwicklung entstanden sind."* Mit dieser Meinung steht er nicht allein. Viele verbinden mit ihrer begrenzten oder breiten Kritik an der Wiedervereinigung und dem heutigen Zustand der Bundesrepublik die Überlegung, dass der Prozess, der vor rund zwanzig Jahren mit dem Mauerfall begonnen hat, noch nicht vollständig abgeschlossen ist. *„Da gehen noch zwei Generationen ins Land, bis alles aus der Welt geschafft ist. Das ist nicht so leicht zu bewerkstelligen"*, so Karl-Heinz Rothin. Und genau wie Baldur Schlegel ist auch Wolfgang Höwing der Ansicht, dass es wohl noch zwei Generationen dauern wird, ehe alle Unterschiede und Vorbehalte aus der deutsch-deutschen Welt verschwunden sein werden, sowohl in den Sichtweisen und möglichen Vorurteilen über den jeweils anderen Landesteil als auch in den realen wirtschaftlichen und politischen Belangen: *„Das ist ein Prozess, an dem wir werkeln."*

Carolin Mittenentzwei & Timo Leimbach

Glossar

Abschnittsbevollmächtigter: Abkürzung ABV; Angehöriger der Volkspolizei, der für ein bestimmtes Wohngebiet zuständig war

Amiga: Plattenlabel für zeitgenössische Unterhaltungsmusik des volkseigenen Betriebes Deutsche Schallplatten

Banner der Arbeit: staatlicher Orden der DDR

Bautzen: Stadt in Sachsen, hier als Synonym für die beiden Gefängnisse gebraucht. In „Bautzen II" (im Volksmund als „Stasi-Knast" bezeichnet) wurden politische Gefangene inhaftiert. Das Gefängnis unterstand dem Ministerium für Staatssicherheit.

Begrüßungsgeld: einmaliges Geldgeschenk beim Erstaufenthalt Ostdeutscher in der Bundesrepublik Deutschland, das bis 1989 gezahlt wurde

Bewaffnete Organe: DDR-Terminologie für die NVA

BGL: Betriebsgewerkschaftsleitung, Grundorganisation des FDGB in Betrieben oder in der Verwaltung

Blockpartei: alle Parteien, außer der SED, die dem antifaschistisch-demokratischen Block angehörten

Carl Zeiss Jena: Jenaer Unternehmen, das feinmechanische und optische Produkte herstellt, heute: Jenoptik

CDU: Christlich-Demokratische Union Deutschlands war in der DDR eine Blockpartei

DEFA: Deutsche Film AG, volkseigenes Filmstudio der DDR

Die Linke: siehe PDS

DKP: Deutsche Kommunistische Partei; Partei, die sich 1968 in der Bundesrepublik gründete

Eingabe: Beschwerde oder Bitte an die Verwaltung oder Politik (heute als Petition bezeichnet)

Erweiterte Oberschule: Abkürzung EOS; Schulform, die zum Abitur führte

FDGB-Buch: Mitgliedsbuch des Freien Deutschen Gewerkschaftsbundes (FDGB), in das monatlich Beitragsmarken eingeklebt wurden

FDJ: Freie Deutsche Jugend, Jugendorganisation der DDR

FDJ-Sekretär: Vorsitzender der FDJ-Organisation auf der Klassen-, Schul-, Kreis- oder Bezirksebene

Grundwehrdienst: 18-monatiger Dienst bei der NVA
IM: Inoffizieller Mitarbeiter des Ministeriums für Staatssicherheit
Ikarus: Markenname für einen ungarischen Stadtbus
Jungpioniere: Kinderorganisation der DDR, 1.-3. Klasse, blaues Halstuch
Kaderakte: Bezeichnung für eine Personalakte
Kampfgruppen: paramilitärische Organisation neben der NVA und der Volkspolizei-Bereitschaft
Kombinat: Konzernartiger Zusammenschluss von mehreren Volkseigenen Betrieben (VEB)
Lada: Markenname für ein sowjetisches Auto
LPG: Landwirtschaftliche Produktionsgenossenschaft
Mittlere Reife: Schulabschluss nach der 10. Klasse
Moskwitsch: Markenname für ein sowjetisches Auto
Musikkabinett: Fachraum für den Musikunterricht, hier: Einrichtung für die Freizeitgestaltung
Neues Forum: Im September 1989 gegründete Bürgerbewegung
Nudossi: Markenname eines Brotaufstriches aus Haselnuss-Nougat-Creme
NSW: Nichtsozialistisches Wirtschafsgebiet, Gebiet außerhalb des Ostblocks
NVA: Nationale Volksarmee, Armee der DDR (1956-1990)
Pädagogische Hochschule: Abkürzung PH, Hochschule für die Ausbildung von Lehrern
PDS: Partei des Demokratischen Sozialismus, aus der SED hervorgegangene Partei, seit 2007: Die Linke
Pionierorganisation: Kinderorganisation der DDR, Untergliederung in Jungpioniere (1.-3. Klasse, blaues Halstuch) und Thälmann-Pioniere (4.-7./8. Klasse, rotes Halstuch)
Polytechnische Oberschule: Abkürzung POS; allgemeinbildende Schule (1. bis 10. Klasse)
Rat des Kreises: untere staatliche Verwaltungsebene (heute mit Kreisverwaltung vergleichbar)
Rat des Bezirkes: mittlere staatliche Verwaltungsebene (heute mit einem Regierungspräsidium vergleichbar)
Reisekader: Personen aus Politik, Wirtschaft, Sport oder Wissenschaft, die in den Westen reisen durften

Rote Woche: Studentensprache; Einführungswoche mit sozialistischem Politikunterricht zu Beginn eines jeden Studienjahres

Runder Tisch: Die Bürgerbewegung „Demokratie Jetzt" richtete den Runden Tisch als Übergangsmöglichkeit der direkten Kommunikation und der gemeinsamen politischen Entscheidung zwischen den alten politischen Kräften und den Oppositionsgruppen sowie neugegründeten Parteien ein.

S50: Simson S50, Kleinkraftrad aus Suhl, wegen seines sportlichen Aussehens bei Jugendlichen beliebt

SAG-Betrieb: Betriebe der Sowjetischen Aktiengesellschaft (bis 1954)

SDP: Sozialdemokratische Partei in der DDR, 1989 gegründet, 1990 mit der SPD vereinigt

SED: Sozialistische Einheitspartei Deutschlands, Staatspartei der DDR

Sektion: Abteilung an Universitäten, heute mit Fakultäten vergleichbar

Staatssicherheit: umgangssprachlich für das Ministerium für Staatssicherheit (MfS), dem Geheimdienst der DDR. Weitere Abkürzungen und Umschreibungen sind: Stasi, Firma

Stalinlager: meint das als Gulag bezeichnete Zwangsarbeitslager in der Sowjetunion

Studentensommer: Ferienarbeitsprogramm; Studenten sollten drei Wochen im Sommer z.B. in der Landwirtschaft arbeiten

Thüringer Allgemeine: Thüringer Tageszeitung, die seit 1990 in Erfurt erscheint

Trabant: Markenname für ein Auto, das in Zwickau hergestellt wurde; umgangssprachlich auch als Trabi bezeichnet

Treuhand: umgangssprachlich für die Treuhandanstalt, deren Aufgabe es war, die volkseigenen Betriebe der DDR zu privatisieren

Umformtechnik: Kombinat in Erfurt, das Maschinen für die Metallverformung und die Plastikverarbeitung herstellte und exportierte

Vaterländischer Verdienstorden: staatliche Auszeichnung der DDR

Volkskammer: (Schein-)Parlament der DDR

Weltfestspiele der Jugend und Studenten: Internationales Treffen vorwiegend kommunistischer Jugendverbände, das 1973 in Ost-Berlin stattfand

Zeittafel

1989

19. Januar 1989
Erich Honecker versichert, dass die Mauer „in 50 und auch in 100 Jahren noch bestehen bleiben [wird], wenn die dazu vorhandenen Gründe noch nicht beseitigt sind".

2. Mai 1989
Ungarn beginnt mit dem Abbau der Grenzbefestigungen zu Österreich.

7. Mai 1989
Bei den DDR-Kommunalwahlen werden von Oppositionellen zum ersten Mal Wahlfälschungen festgestellt.

19. August 1989
In Sopron/Ungarn flüchten über 600 DDR-Bürger beim „Paneuropäischen Picknick" nach Österreich.

4. September 1989
In Leipzig findet die erste Montagsdemonstration statt.

11. September 1989
Ungarn öffnet seine Grenze zu Österreich. Ohne vorherige Abstimmung mit der DDR kommen so bis Ende September 25.000 Flüchtlinge in die Bundesrepublik Deutschland.

30. September 1989
Bundesaußenminister Hans-Dietrich Genscher teilt den über 5.000 DDR-Flüchtlingen in der bundesdeutschen Botschaft in Prag mit, dass sie in die Bundesrepublik Deutschland ausreisen dürfen.

7. Oktober 1989
Feier zum 40. Jahrestag der DDR in Ost-Berlin. Der sowjetische

Partei- und Staatschef Michael Gorbatschow fordert die DDR zu umfangreichen Reformen auf. In Jena und anderen ostdeutschen Städten werden Demonstrationen für mehr Meinungsfreiheit und Reformen gewaltsam aufgelöst und dabei mehr als tausend Menschen festgenommen.

9. Oktober 1989
In Leipzig demonstrieren 70.000 Menschen friedlich für eine demokratische Erneuerung der DDR. Die Sicherheitskräfte greifen nicht ein.

16. Oktober 1989
Mehr als 120.000 Menschen fordern in Leipzig Reformen und eine demokratische Erneuerung; wieder greifen die Sicherheitskräfte nicht ein.

18. Oktober 1989
Erich Honecker tritt aus „gesundheitlichen Gründen" von allen politischen Ämtern zurück. Neuer Generalsekretär des Zentralkomitees der SED wird Egon Krenz.

Ende Oktober 1989
Beginn der Demonstrationen in den Thüringer Städten Erfurt, Mühlhausen, Jena, Gera und Eisenach.

4. November 1989
Nahezu 1 Million Menschen demonstrieren auf dem Alexanderplatz in Ost-Berlin für Demokratie in der DDR. In Suhl findet mit 25.000 Menschen eine friedliche Protestkundgebung statt. In Jena demonstrieren 40.000 Menschen in der Innenstadt.

6. November 1989
In Heiligenstadt im Eichsfeld (damals 16.500 Einwohner) demonstrieren 25.000 Menschen.

9. November 1989
Die DDR öffnet – nach massivem Druck der Berliner Bevölkerung – die Grenzübergänge nach West-Berlin und in die Bundesrepu-

blik. Zehntausende demonstrieren in Erfurt und Gera für freie Wahlen und Reisefreiheit. Kurz nach Mitternacht überquert ein Worbiser den Grenzübergang Duderstadt/Worbis in Richtung Niedersachsen. Bald darauf öffnete der Grenzübergang Rudolphstein/Hirschberg in Richtung Bayern.

11./16. November 1989
Erst jetzt werden im Eichsfeld die alten Verbindungen nach Hessen und Niedersachsen wieder geöffnet.

28. November 1989
Bundeskanzler Helmut Kohl legt ein „Zehn-Punkte-Programm zur Überwindung der Teilung Deutschlands und Europa" vor. Ziel ist die Wiedervereinigung Deutschlands.

3. Dezember 1989
Das Zentralkomitee der SED und das Politbüro treten zurück. Drei Tage später tritt Egon Krenz als Staatsratsvorsitzender zurück. Hunderttausende Menschen bilden eine Menschenkette durch die DDR und fordern so die demokratische Erneuerung des Staates.

4. Dezember 1989
Die Erfurter Gruppe „Frauen für Veränderung" besetzt die Bezirksverwaltung der Staatssicherheit Erfurt und verhindert so die Vernichtung der Akten. In den Bezirken Gera und Suhl findet die Besetzung der Bezirksverwaltungen bis zum 5. Dezember statt.

7. Dezember 1989
Der „Runde Tisch" – ein Diskussionsforum der alten Parteien und der Opposition – tagt zum ersten Mal in Ost-Berlin. In Erfurt demonstrieren 15.000 Menschen gegen Gewalt.

9. Dezember 1989
Im seit 41 Jahren geteilten Dorf Mödlareuth wird der Grenzübergang eröffnet.

11. Dezember 1989
Auf der Leipziger Montagsdemonstration mit über 100.000 Teilnehmern werden erstmals „Deutschland einig Vaterland"-Rufe laut.

19./20. Dezember 1989
Bundeskanzler Helmut Kohl und DDR-Ministerpräsident Hans Modrow verhandeln in Dresden über eine deutsch-deutsche Vertragsgemeinschaft.

22. Dezember 1989
Das Brandenburger Tor in Ost-Berlin wird für den Besucherverkehr geöffnet.

1990

13. Januar 1990
Erstausgabe der „Thüringer Allgemeine" in Erfurt als erste unabhängige Tageszeitung der DDR. Sie entstand aus der Zeitung „Das Volk", dem Parteiorgan der SED-Bezirksleitung.

15. Januar 1990
Mehr als tausend Demonstranten besetzen in Ost-Berlin die Zentrale der Staatssicherheit.

10. Februar 1990
Michael Gorbatschow gibt in Moskau Helmut Kohl und Hans-Dietrich Genscher sein Einverständnis zur Einheit Deutschlands.

13. Februar 1990
Beginn der Zwei-plus-Vier-Gespräche.

12. März 1990
In Leipzig findet die letzte Montagsdemonstration mit rund 40.000 Teilnehmern statt.

18. März 1990
Landesweit findet die erste freie Volkskammerwahl der DDR statt. Die Wahlbeteiligung liegt bei 93,4 %. Die „Allianz für Deutschland" (CDU, DA, DSU) gewinnt die Wahl mit 48 % der abgegebenen Stimmen.

13. Juni 1990
Der Abriss der Berliner Mauer beginnt.

1. Juli 1990
Die Währungs-, Wirtschafts- und Sozialunion tritt in Kraft. Die D-Mark wird auch in der DDR alleiniges Zahlungsmittel.

16. Juli 1990
Helmut Kohl und Michael Gorbatschow beraten im Kaukasus über die Bündniszugehörigkeit eines wiedervereinten Deutschlands. Gorbatschow sichert Deutschland die volle Souveränität zu.

20. September 1990
Verabschiedung des Einigungsvertrages im Deutschen Bundestag.

3. Oktober 1990
Die DDR tritt dem Geltungsbereich des Grundgesetzes bei. Deutschland verfügt nun über seine volle Souveränität und ist nach 41 Jahren wiedervereinigt. Gleichzeitig entsteht der Freistaat Thüringen wieder als Bundesland.

Zusammengestellt von Tom Fleischhauer

Bildnachweise

Stiftung Archiv der Parteien und Massenorganisationen der DDR im Bundesarchiv (SAPMO-DDR): S. 98
Deutsch-Deutsches Museum Mödlareuth: S. 11
Heimatmuseum Greußen: S. 32
Jürgen Hohmut: S. 26, 70, 74, 120, 140
Privatarchiv Scherzer: S. 54, 62
Privatarchive: S. 47, 82, 90, 96, 108, 113, 125, 130, 153, 155, 165, 178, 182, 189
Stadtarchiv Erfurt: S. 199
Thüringer Archiv für Zeitgeschichte (Sammlung Bley): S. 17
Thüringer Archiv für Zeitgeschichte (Sammlung Sengewald): S. 204
Thüringer Archiv für Zeitgeschichte (Sammlung Ulf Launhard): S. 206
Tom Fleischhauer: Titelbild